Claus Hipp
Das Hipp-Prinzip

Claus Hipp

Das Hipp-Prinzip

Wie wir können, was wir wollen

HERDER

FREIBURG · BASEL · WIEN

© Verlag Herder GmbH, Freiburg im Breisgau 2012
Alle Rechte vorbehalten
www.herder.de

Redaktionelle Mitarbeit: Enrik Lauer, Berlin

Umschlaggestaltung:
Agentur RME Roland Eschlbeck und Rosemarie Kreuzer
Umschlagmotiv:
© FinePic®, München / Helmut Henkensiefken

Satz: Layoutsatz Kendlinger Mediendesign, Freiburg
Herstellung: fgb · freiburger graphische betriebe
www.fgb.de

Printed in Germany

ISBN 978-3-451-32347-8

Inhalt

„Wer hohe Türme bauen will, muss lange beim Fundament verweilen"
Warum neue Ideen eine feste Basis brauchen

„Den Fortschritt", so der britische Schriftsteller Aldous Huxley, „verdanken die Menschen den Unzufriedenen."

Als grundsätzlich bedächtiger und wertkonservativer Mensch halte ich es allerdings eher mit dem habsburgischen Kaiser Franz-Joseph, der einmal gesagt hat, seine Politik sei dann richtig, wenn alle Völker seines Reiches gleichmäßig unzufrieden seien. Allgemeiner gesagt: Den Menschen geht es dann am besten, wenn sie ein wenig, aber nicht allzu unzufrieden sind. Und wenn der gefühlte Abstand der besonders Unzufriedenen zu den scheinbar Zufriedenen nicht zu groß ist. Unmäßige Unzufriedenheit ist das Ergebnis von Not oder Angst. Daraus folgen Verzweiflung und Lähmung, im schlimmsten Fall nackte Gewalt. Oder sie ist eine Folge menschlicher Gier. Dann macht sie rücksichtslos und lässt uns das Maß für das Machbare und Nützliche verlieren. Ist dagegen für das Notwendige gesorgt, und bewahren wir in unserem Streben zugleich das rechte Maß, dann macht Unzufriedenheit kreativ.

Nur wer glaubt, alles sei vollständig zum Besten bestellt, hat keinen Anlass, Bestehendes verändern oder auch bloß verbessern zu wollen. Er hat nicht einmal Anlass, sich über das Bestehende groß den Kopf zu zerbrechen. Er nimmt die Dinge einfach, wie sie sind. Der rundum Zufriedene möchte, dass im Wesentlichen alles so bleibt wie es ist.

Gewiss, auch zufriedene Menschen haben Wünsche. So wünschen sie sich ganz gerne mehr vom Gleichen. Oder etwas Abwechslung. Mal den Schweinsbraten mit einer Maß Bier, mal eine Forelle mit einem Gläschen Wein. Zufriedene Menschen unterbreiten Vorschläge. Ins Kino oder ins Theater zu gehen. Dieses Jahr in den Bergen, nächstes Jahr am Meer Urlaub zu machen. Zufriedene Menschen haben Einfälle. Eine neue Frisur. Einen Modellwechsel beim Auto. Es mal mit Tennis zu versuchen. Ebenso gehen sie in allerlei Fragen des Geschmacks mit der Mode. Oder sie suchen eine „neue Herausforderung" im Beruf – vornehmlich im bereits ausgeübten, versteht sich.

Wohlgemerkt: Gegen all dies ist überhaupt nichts einzuwenden. Im Gegenteil, ein großer Teil unseres Lebens steht nun mal im Zeichen der Wahl zwischen bekannten Möglichkeiten. Wollten alle ständig alles anders machen und niemand auf Vertrautes und Bewährtes setzen, dann würde die Welt nicht funktionieren. Doch Wünsche, Vorschläge, Einfälle, Moden, Wechsel von Geschmäckern, Besitztümern, Wohnorten oder Arbeitsstellen sind eben dies: Varianten des Bekannten. Wenn solche Entscheidungen „Ideen" genannt werden, ist das eher ein Missverständnis.

Tatsächlich haben Menschen, die mit sich und der Welt rundum zufrieden sind, höchst selten Ideen, jedenfalls nicht in einem anspruchsvollen Sinne des Wortes. Denn eine Idee, das ist eine zunächst rein geistige Vorstellung von etwas, das es zumindest in der gedachten Form nicht gibt. Wer eine Idee nicht nur hat, sondern auch verfolgt, der glaubt, dass das von ihm Erdachte die Welt bereichern, die eigenen Möglichkeiten oder diejenigen anderer Menschen auf irgendeine Weise erweitern wird. Dass das Neue besser sein wird als das Alte. Insofern sind Ideen stets Kinder der Unzufriedenheit mit dem Bestehenden und Bekannten.

Ideen weisen über die vorgefundene Realität hinaus. Wer eine Idee hat, möchte die Welt im Großen oder im Kleinen verändern. Zumindest versucht er, sie im Lichte seiner Idee von einer anderen Warte aus zu betrachten – und andere von dieser neuen Sicht der Dinge zu überzeugen. Auch eine solche Veränderung der Perspektive führt dann häufig zum Wunsch, die betrachtete Sache nicht nur neu zu *sehen*, sondern künftig auch besser, jedenfalls anders zu *machen*.

Damit das gelingt, muss eine gute Idee freilich nicht nur ihren Urheber, sondern möglichst viele Menschen inspirieren und begeistern. Oft sprechen wegweisende Ideen uralte Wünsche und Hoffnungen der Menschen an. Dass es in der Welt gerecht zugehen möge. Dass Hunger, Not, Krankheit und Leid so weit als irgend möglich vermieden oder vermindert werden. Zumindest sollten andere den Eindruck gewinnen, durch unsere Idee würden die Möglichkeiten ihres Daseins spürbar erweitert. Denn so gerne die Menschen auch auf vertrauten Pfaden gehen, so sehr haben sie zugleich Verlangen nach Neuem und nach Überraschungen. Dieses Verlangen treibt Forscher, Entdecker, Pioniere und Visionäre an – und es lässt ihnen schließlich auch weniger wagemutige und fantasievolle Menschen folgen.

Zündende Ideen vermitteln uns das Gefühl, mit ihnen komme etwas wirklich Neues in die Welt. Insofern eignet ihnen im Wortsinne immer auch ein utopisches Element: dass hier etwas bislang Unmögliches vom „Nicht-Ort" (gr. ου τοπος) in die Welt unserer Möglichkeiten befördert werde.

Ideen in diesem Sinne – Bestehendes kritisch zu überdenken, Neues zu planen und ins Werk zu setzen – können sich auf die verschiedensten Bereiche unseres Lebens beziehen. In unserer Zeit rasanten technischen Wandels denken wir bei Ideen oft zuerst an neue Geräte oder verbesserte technische Prozesse. Etwas voreilig verwenden wir dann die Begriffe „Idee" und „Erfindung" synonym. Umgangssprachlich ist das nicht verkehrt. Doch grundsätzlich ist eine Idee etwas viel Abstrakteres als eine Erfindung. Beruht letztere doch mehr oder weniger auf bereits vorhandenem Wissen und technischem Können, die neu kombiniert oder anders genutzt werden. Wogegen eine Idee etwas gedanklich Mögliches gar nicht sofort auf seine praktische Realisierbarkeit hin formulieren muss. Als rein geistige Vorstellungen sind Ideen zunächst hypothetisch. Dass sie logisch schlüssig und gedanklich plausibel sind, ist dabei wichtiger, als dass sie sofort „machbar" erscheinen.

Erfindungen geht denn ja auch sehr oft eine Art von Ideen voraus, die wir als Entdeckungen oder Erkenntnisse bezeichnen. Hier wird die Realität sozusagen nicht umgebaut, sondern zunächst einmal umgedeutet. Im Lichte neuer Konzepte, Modelle oder Theorien erschließen sich dabei neue Sichtweisen auf den Zusammenhang von Ursachen und Wirkungen in der Natur. Wodurch wir dann in diese Zusammenhänge gestaltend eingreifen können – sehr oft, aber keineswegs immer mit segensreichen Wirkungen für Mensch und Natur.

So sehr gegenständliche Ideen, so sehr wissenschaftliche Erkenntnisse und Erfindungen die Menschheit vorangebracht haben, noch wichtiger sind wohl jene Ideen, dank derer wir nicht das *Was*, sondern das *Wie* unseres Handelns verändern. Dank derer wir die Art und Weise unserer Zusammenarbeit und unseres Zusammenlebens neu gestalten. Die Abschaffung von Sklaverei und Leibeigenschaft, die Formulierung allgemeiner Menschenrechte, Freiheit und Selbstbestimmung, Demokratie und Gewaltenteilung, freie Marktbeziehungen anstelle unkündbarer Abhängigkeiten und Abgabenzwang. All das sind Ideen, die das Gesicht der Welt grundlegend verändert haben – und immer noch verändern.

Andere, manchmal bloß gut gemeinte, manchmal schlechte und manchmal auch schon im Ansatz schreckliche Ideen haben die Menschheit aber auch mit den Abgründen ihres Denkens und Handelns konfrontiert. Vor allem die totalitären Ideologien des 19. und 20. Jahrhunderts – Rassismus, Antisemitismus, Faschismus und Kommunismus – haben Abermillionen von Menschen Elend, Tod und systematische Vernichtung gebracht. Möglich war das, weil leider auch diese Ideen Massen mobilisieren konnten. Ebenso wie religiöser Fanatismus aller Art im Verlauf der Jahrhunderte seinen Blutzoll gefordert hat.

Wann immer Menschen eine Idee absolut setzen, wann immer sie andere Sichtweisen partout nicht gelten lassen wollen, wann immer sie Menschen mit anderen Ideen und Meinungen nicht bloß widersprechen, sondern diese als Feinde bekämpfen, droht ihre Idee ein Werkzeug des Bösen zu werden. Von Natur ist der Mensch weder gut noch böse. Er ist frei, zwischen beidem zu wählen. Doch wenn er seine individuelle Fähigkeit, zu urteilen und zu entscheiden, aufgibt, wenn er sich blind der Masse oder einzelnen Anführern unterwirft, dann gibt er nicht bloß seine persönliche Freiheit auf. Er verliert zugleich jeden Maßstab für sein Handeln. Fantasie, Kreativität, schöpferischer Geist und gestaltender Wille benötigen ein festes Fundament.

Dieses Fundament hat für mich zwei unverzichtbare Ecksteine: einerseits die Grundregel, nach der die Rechte und Freiheiten eines Jeden ihre Grenze in den Rechten und Freiheiten des Anderen finden; andererseits die Grundeinsicht, dass der Mensch nicht allmächtig und allwissend ist. Er ist das ebenbildliche Geschöpf Gottes. Aber er geht einen Bund mit dem Teufel ein, wenn er dessen erster Einflüsterung Glauben schenkt: dass er sein könne wie Gott.

Den ersten Grundsatz kennen wir als „Goldene Regel". Umgangssprachlich formulieren wir sie meist in dem etwas saloppen Merksatz: „Was Du nicht willst, das man Dir tu, das füg' auch keinem andern zu." Jede Religion, jede spirituelle oder philosophische Lehre, die Menschen je ersonnen haben, kennt eine Version dieser Regel. In der Bergpredigt (Mt 7,12) formuliert Jesus sie so: „Richtet nicht, damit ihr nicht gerichtet werdet! Denn wie ihr richtet, so werdet ihr gerichtet werden. (…) Alles, was ihr also von anderen erwartet, das tut auch ihnen! Darin besteht das Gesetz und die Propheten."

Welche Formulierung, welche gedankliche Ausprägung und genaue Begründung der Goldenen Regel jeder Einzelne auch immer für sich wählen mag – die Regel selbst kann schlechterdings nicht bestritten werden. Die Zustimmung zu ihr ist auch nicht von anderen Überzeugungen, von Religionszugehörigkeit, Weltanschauung oder Lebenslage abhängig. Sie gilt für den Gläubigen ebenso wie für den Agnostiker oder den Atheisten, für den Mächtigen wie für den Schwachen, für den Milliardär und den armen Schlucker. Selbst wer dem nackten Recht des Stärkeren huldigt, kann die Goldene Regel nur mithilfe eines geistigen Selbstbetrugs bestreiten: Er sieht sich selbst aufgrund höherer Fügung in jener Position der Überlegenheit, die er in Wahrheit bloß einer Anzahl von Zufällen verdankt. Der Sozialdarwinist formuliert damit sozusagen die Spielregeln des Lebens, *nachdem* die Mannschaften aufgestellt und die Seitenwahl vollzogen wurden. Nur weil das in Einzelfällen Vorteile verschaffen kann, ist dieser Irrtum unausrottbar.

Mit der Goldenen Regel setzt der Mensch sich in ein angemessenes Verhältnis zu sich selbst und zum Mitmenschen, nämlich in eines von gegenseitigem Respekt und Achtung. Mit der Einsicht in die grundsätzliche Fehlbarkeit seines Denkens und Handelns setzt sich der Mensch dagegen in ein angemessenes Verhältnis zur Welt als Ganzem. Er fügt sich in die Einsicht, dass er die Welt, in der er lebt, nicht selbst geschaffen hat; dass seine Erkenntnisse betreffs ihres Ursprungs, ihres Sinns und ihres Ziels sowie der Gesetze des Weltenlaufs niemals vollständig und niemals unbestreitbar wahr sein können. Beides zusammen führt letztlich zu einer Haltung der Demut und Selbstbescheidung. Anders als manche Zyniker meinen, hat Demut nichts mit Unterwürfigkeit zu tun, sondern mit Bescheidenheit und Respekt – Respekt vor dem Nächsten und Respekt vor der Schöpfung.

Mein Glaube – Wo die Gefahr ihren Schrecken verliert

Das gesamte Fundament all meiner Überzeugungen, Haltungen und Ideen ist für mich persönlich mein Glaube. Wohl umfasst mein Glaube als katholischer Christ eine ganze Reihe von Lehren und Überzeugungen, von lebenspraktischen Regeln und kultischen Gebräuchen, die über die eben beschriebene Grundhaltung hinausweisen. Aber die Ecksteine des Fundaments sind eben jene: Respekt vor dem Mitmenschen und Respekt vor der Schöpfung. Aus dieser Haltung heraus kann ich zugleich jedem begegnen, der andere, darunter durchaus auch zentrale Glaubensgewissheiten nicht mit mir teilt.

Würde ich die Lehren oder Gebote meiner Religion, des römisch-katholischen Christentums, gar noch ihre äußeren Formen absolut setzen, wäre ich bloß noch ein Fanatiker. Die Erfüllung formaler Vorschriften wäre mir dann wichtiger als deren Sinn. Fanatismus jedoch ist das Ende jeder lebendigen

Religion. Gerade in Fragen der äußeren Form ist mir der Geist wichtig, in dem sie geübt werden. Unbeschadet der Tatsache, dass die katholische Verwurzelung der Eigentümerfamilie jedem bekannt ist, arbeiten in unserem Unternehmen natürlich viele Menschen, die eher „religiös unmusikalisch" sind. Ebenso Angehörige anderer Religionsgemeinschaften, aufgrund unseres recht hohen Anteils türkischstämmiger Mitarbeiterinnen und Mitarbeiter vor allem viele Muslime.

Zu den Sitten und Gebräuchen unseres Unternehmens gehört es unter anderem, dass im Empfangsbereich der Verwaltung, in jedem größeren Büro sowie in den Werkshallen ein Kruzifix hängt. Ebenso wie wir nicht nur Weihnachten im Unternehmen feiern, sondern auch am Dreikönigstag die Räume räuchern und die Segensformel „C+M+B" („Christus mansionem benedicat" – „Christus segne dieses Haus") über viele Türen schreiben lassen. Immer wieder frage ich muslimische Mitarbeiter, ob sie solche christlichen Symbole und Riten stören, gar in ihren eigenen religiösen Gefühlen verletzen. Und immer wieder nehme ich angenehm erstaunt zur Kenntnis, wenn mir versichert wird, dass das schiere Gegenteil der Fall sei. Zwar teile man nicht die hinter solchen Formen stehenden Glaubenslehren, weshalb viele nicht aktiv an solchen Riten teilnähmen, manche ihnen auch fernblieben. Aber man fände es sehr gut, dass die Religion generell eine Rolle für das Unternehmen spiele – und nicht alles allein im Zeichen von wirtschaftlichem Erfolg oder finanziellem Profit stünde. In diesem Punkt habe Bayern mit seiner breit und tief verwurzelten christlichen Tradition weit mehr Ähnlichkeit mit der muslimischen Lebenswelt als andere, der Religion vielleicht fernere Regionen Deutschlands.

Glauben heißt, etwas für wahr zu halten, was ich nicht weiß. Sonst wäre es Wissen. Wissen wiederum beruht auf der Kenntnis von Fakten und auf der Plausibilität von Argumenten, mit denen Fakten zu einem sinnvollen Ganzen verknüpft werden. Aber Fakten gibt es eben unüberschaubar viele. „Die Welt ist alles, was der Fall ist", sagt der Philosoph Ludwig Wittgenstein. Manche Fakten mögen für meine Idee sprechen, andere dagegen, wieder andere habe ich womöglich übersehen. Ebenso ist noch das plausibelste Argument grundsätzlich bestreitbar. Im Ergebnis ist unser Wissen begrenzt. Auch in dem Sinne, dass es immer nur so weit reicht, wie andere bereit sind, es als halbwegs gesichertes Wissen zu akzeptieren.

Glaube ist demgegenüber etwas zunächst sehr Subjektives. Ich kann für meinen Glauben werben. Ich kann versuchen ihn so zu leben, dass mein Vorbild andere überzeugt. Aber ich kann im strengen Sinne nicht für meinen Glauben argumentieren. Im Gegenteil: Sogar von mir selbst fordert der Glaube, dass ich einen Willen zum Glauben habe; dass ich eben etwas für wahr halten und nicht alles immer diskutieren und in Frage stellen möchte. Auch der Glaube insgesamt bedarf also einer gewissen Demut: So klug bin ich nicht, dass ich alles wissen kann.

Jemand, der an Gott glaubt, der überzeugt ist, Gott hilft ihm, Gott meint es gut mit ihm; jemand, der davon ausgeht, dass es ein Leben nach dem Tod gibt, der ist in einer anderen Situation als ein kühler Realist, für den nur die sichtbare Wirklichkeit zählt, für den es darüber hinaus nichts gibt. Ebenso betrachtet er die Welt anders als ein strenger Rationalist, der überzeugt ist, alles sei der menschlichen Vernunft zugänglich.

Das zeigt sich spätestens dann, wenn ein Mensch an seine Grenzen stößt. Und das kommt ja öfter vor als den meisten lieb ist. Natürlich kann auch ein Atheist oder ein Agnostiker sehr gute Ideen haben. Er hat es zunächst ebenso schwer oder leicht, seine Ideen umzusetzen oder seine Ziele zu erreichen. Aber wenn er nicht nur auf normale Widerstände stößt, wenn er vielmehr von grundsätzlichen Zweifeln geplagt wird, wenn er strauchelt oder gar auf ganzer Linie scheitert, dann muss er nicht nur alles auf sich selbst oder auf die Uneinsichtigkeit und die Widerborstigkeit der Anderen schieben. Er steht dann auch meist ziemlich alleine da. Mehr noch: Je stärker er zuvor von sich und seiner Sache überzeugt war, je lauter er für sie getrommelt hat, umso kleiner wird oft die Zahl der Hände sein, die sich ihm nun helfend entgegenstrecken. „Hochmut kommt vor dem Fall", werden viele eher sagen.

Wenn ich dagegen als gläubiger Mensch in Schwierigkeiten gerate, wenn mir schwere Zweifel kommen, wenn mir der Boden unter den Füßen wegbricht und ich vermeintlich keinen Ausweg mehr sehe, dann habe ich eine zusätzliche Kraft, auf die ich vertrauen kann: Ich kann zu Gott beten. Das heißt, ich kann die Sorgen und (Irr-)wege meines Lebens vor ihm zur Sprache bringen. Es ist ganz natürlich, dass wir Menschen gelegentlich Zweifel haben, ob unser Tun gelingen wird. In solchen Situationen hilft die Hoffnung, dass es gut geht und wir beschützt werden. Wer an Gott glaubt, der weiß, dass Gott es gut mit uns meint. Auf Gott vertrauen wir im Gebet, und er hat uns versprochen, unser Gebet zu erhören. So ist der Gottgläubige in einer stärkeren Position, da er jemanden hat, an den er sich wenden kann.

Aber das ist eben eine ganz andere Form der Gewissheit als jene, die sich auf Wissen gründet. Diese innere Gewissheit muss ich weder wie eine Monstranz vor mir hertragen, noch muss ich andere ständig von ihrer Festigkeit überzeugen. Mein Glaube hilft mir auch nicht besser, wenn ich möglichst viele von seiner Wahrheit überzeuge. Für meine Ideen, Vorschläge oder Meinungen muss ich aktiv werben. Und wenn andere es dann am Ende besser wissen – auch gut. Für meinen Glauben dagegen kann ich nur einstehen. Aber niemand wird ihn mir abhandeln können. Er hat für mich eine höhere Wahrheit.

Nicht wenige Menschen halten den Gläubigen wegen seines „Drahtes nach oben" ja schnell für selbstgerecht. Und sicher finden sich immer auch Gläubige, die für diese Ansicht hübsche Beispiele liefern. Doch wahrer Glaube hat mit der triumphalen Gewissheit, es am Ende besser zu wissen, gar besser zu haben, nichts zu tun. Glaube macht stark, aber bescheiden. Wohl lässt er mich meine Grenzen *erkennen*. Auf das Höhere jenseits dieser Grenzen muss ich dagegen *vertrauen*. Doch vertrauen kann ich nicht einmal anderen Menschen, wenn ich mich selbst für besser oder weiser halte als sie. Wie sollte das also gegenüber Gott funktionieren?

Eine der für mich zugleich berührendsten und tiefgründigsten Passagen der Bibel findet sich im 18. Kapitel des Evangeliums nach Johannes, das von Jesu Verhör durch Pontius Pilatus berichtet. Dem Statthalter war von den Hohepriestern gesagt worden, Jesus beanspruche, der König der Juden zu sein. Ein durchaus raffinierter Vorwurf, könnte er damit doch zugleich die römische Vormacht in Palästina infrage stellen. Doch Jesus antwortet Pilatus:

Mein Königtum ist nicht von dieser Welt. Wenn es von dieser Welt wäre, würden meine Leute kämpfen, damit ich den Juden nicht ausgeliefert würde. Aber mein Königtum ist nicht von hier. Pilatus sagte zu ihm: Also bist du doch ein König? Jesus antwortete: Du sagst es, ich bin ein König. Ich bin dazu geboren und dazu in die Welt gekommen, dass ich für die Wahrheit Zeugnis ablege. Jeder, der aus der Wahrheit ist, hört auf meine Stimme. Pilatus sagte zu ihm: Was ist Wahrheit?

Nun wäre es ja ein Leichtes für den Evangelisten gewesen, Pilatus an dieser Stelle als den zynischen und rücksichtslosen Machtmenschen vorzuführen, der er tatsächlich wohl war. Und der ja am Ende auch im Evangelienbericht aus Sorge vor einer Rebellion der aufgepeitschten Menge einknickt. Stattdessen aber bringt Johannes Pilatus für einen Moment sozusagen auf Augenhöhe mit Jesus. Der bestreitet zunächst jede weltliche Ambition, nimmt dann aber eine offenbar höhere Wahrheit für sich in Anspruch. Nahe liegender Weise könnte Pilatus ihn nun fragen: Und welche Art von Wahrheit soll das sein? Worauf Jesus bekennen könnte, dass er Gottes Sohn sei – was der Polytheist Pilatus aber kaum angemessen verstehen würde. Oder Jesus könnte einige seiner Kernaussagen wiederholen, die wir zuvor beim Evangelisten nachlesen konnten, und die der Römer dann im Einzelnen be- oder verurteilen müsste.

Doch weder Pilatus noch Jesus zeigen sich an einem solchen äußerlichen Meinungsstreit interessiert. Auch Jesus sagt ja von sich aus nicht: Dies oder jenes ist meine Lehre. Er sagt schlicht, dass er – und zwar bereits im Angesicht des Kreuzes – für „die Wahrheit Zeugnis ablege".

Hinter der scheinbar so schlichten Frage des Pilatus steckt denn auch etwas weit Größeres als kriminalistische Neugier („Behauptest Du etwas, das ich als Machthaber nicht dulden kann?"), philosophische Skepsis („Wer kennt schon die Wahrheit?") oder Ratlosigkeit, was er mit dem Angeklagten machen soll („Wie lautet denn nun der Vorwurf gegen diesen Mann?"). All das klingt an, ist aber nicht der Kern der Frage. Liest man den Text genau, dann fragt Pilatus auch gar nicht Jesus, was Wahrheit sei. Er fragt es sich selbst.

Und damit lautet seine Frage eigentlich: Wie kann sich jemand seiner Sache so sicher sein, dass er bereit ist für sie zu sterben? Weiß dieser Mann etwas, das ich nicht weiß? Und wie könnte ich zu diesem Wissen – besser: zu dieser Gewissheit – Zugang erlangen? So nimmt der Dialog Jesu mit Pilatus die bekräftigende Schlusswendung des Evangeliums vorweg: „Dieser Jünger ist es, der all das bezeugt und der es aufgeschrieben hat; und wir wissen, dass sein Zeugnis wahr ist." Dies sagen zu können, fußt gerade nicht auf einer Haltung des Rechthabens. Es fußt auf dem eben so unerschütterlichen wie logisch unbeweisbaren Glauben, dass Gottes Sohn zur Vergebung unserer Sünden sein Leben hingegeben hat. Wen solcher Glaube hochmütig, selbstgerecht oder auch nur allzu selbstsicher macht, der hat etwas falsch verstanden.

Jeder religiöse Mensch – egal, ob Christ, Moslem, Jude oder Angehöriger einer anderen Religion – wird sein irdisches Handeln unter einem höheren Gesichtspunkt betrachten. Denn was bliebe, wenn wir nur an irdische Dinge glaubten? Die Antwort kann dann nur lauten: möglichst glücklich auf Erden zu werden. Wie dieses Glück aussehen soll, kann der nichtreligiöse Mensch sich ebenfalls nur selbst beantworten. So könnte er sein Glück in der Macht über andere suchen. Oder im Reichtum, letztlich auch einer Form der Macht über Sachen und Menschen. Er könnte eine möglichst umfassende leibliche Befriedigung für Glück halten, sei sie nun sexueller oder kulinarischer Natur. Und in der Tat könnte man den heutigen Trend zur „Wellness" ja auch als eine Art weichgespülter Ersatzreligion beschreiben.

Oder man strebt nach Glück in Form von Ruhm – also nach historischer „Unsterblichkeit" anstelle von seelischen oder spirituellen Formen der Erlösung. Aber was geschieht, wenn sich mein Nachruhm als überaus vergänglich erweist? Wenn die Nachfolgenden meine Lebensleistung gar negativ bewerten? War dann alles umsonst? Und was ist mit den vielen, an deren Leben sich außer ihren Kindern, Enkeln oder ein paar jüngeren Freunden niemand erinnert? Gibt es für diese Menschen letztlich keinen Sinn im Leben und kein Glück? Außerdem: Ist der in der Moderne so hingebungsvoll gepredigte „Glaube an sich selbst" nicht ebenfalls in Gefahr, eine fade Ersatzreligion zu werden?

Nach Anerkennung, nach einer gewissen materiellen Sicherheit, nach Befriedigung seiner Bedürfnisse – und wohl auch seiner Lüste – strebt jeder Mensch. Aber wenn derartiges Streben zum einzigen Lebensinhalt wird, wenn es ohne größeren Zusammenhang bleibt, dann liegt darin zum einen oft keine Wert- und Sinnschöpfung für die Allgemeinheit. Gerade wer hauptsächlich nach Macht, Geld oder materiellem Wohlstand als Selbstzweck strebt, wird viel nehmen und eher wenig geben. Und selbst wer als Politiker, Erfinder, Unternehmer oder Künstler seinen Absatz in den Geschichtsbüchern bekommt, steht zumindest immer in der Gefahr, dass er sich von dem Bild abhängig macht, das er von sich selbst gemalt sehen will. Statt zum Herrn seines Lebens macht er sich so zum Sklaven seines Nachruhms. Der Gläubige kann ebenfalls erfolgreich sein. Er kann Werte schaffen für die Menschheit, die bleiben. Aber er wird nicht so abhängig von seinem Tun sein, weil es für ihn noch etwas Wichtigeres gibt: vor dem Angesicht Gottes bestehen zu können.

Der Glaube macht frei. Frei von der Furcht, in der Not allein zu stehen. Frei von der dunklen Sorge, mit dem – womöglich auch noch unzeitigen – Tod könne alles vorbei sein. Vor allem aber macht die Freiheit des Glaubens mich unabhängig von irdischen Dingen. Als gläubiger Mensch kann ich schöne Dinge sehr wohl schätzen und genießen. Aber ich muss mich nicht an sie klammern. Ich kann mit Menschen lang anhaltende und innige Beziehungen eingehen und unterhalten. Aber ich stehe nicht allein da, wenn ich Freunde oder Angehörige verliere. Dadurch, dass ich mich als gläubiger Mensch an höheren Dingen orientiere, verlieren die irdischen nicht ihren Wert. Aber sie rücken in die rechte Relation. Sie mögen uns Freude bringen, aber es gibt immer eine Freude, die darüber steht. Natürlich gibt es sehr erfolgreiche Menschen, die sich selbst nicht als gläubig bezeichnen würden. Aber ihre Kandidaten für das höchste Gut sind in meinen Augen allesamt Wackelkandidaten: Reichtum, Macht, Wohlbefinden, Anerkennung, Ruhm – alle schön und gut, aber meist ebenso flüchtig.

Glaube ist natürlich kein Garant für die Verwirklichung und den Erfolg meiner Pläne und Ideen. Für beides muss ich schon auch in einem sehr irdischen Sinne wirken. Nur mit Hoffen und Beten allein ist es nicht getan. Vielmehr wäre es ein sehr merkwürdiges Gottvertrauen, das hauptsächlich in der Hoffnung bestünde, Gott nehme mir auch die Arbeit ab. So ist das schöne Gleichnis Jesu von den Lilien auf dem Felde und den Vögeln unter dem Himmel nicht gemeint. Ja, der himmlische Vater sorgt dafür, dass es geeignete Speise für sie gibt. Aber fliegen müssen die Vögel schon selbst.

Noch weniger ist Glaube deshalb eine Unterform des Wunschdenkens, gar noch mit einer Art Glücksgarantie. Mein Glaube ist nicht nur für die Sonnenseiten des Lebens zuständig. Gerade auch die dunklen Tage und die weniger guten Ereignisse des Daseins haben dort ihren Platz. Mehr noch: Im Gegensatz zu rein innerweltlichen Glückserwartungen hat der Glaube überhaupt keine abschätzige Meinung von Sorge, Angst, Not oder Scheitern. Er begreift all das als integralen Teil menschlicher Lebenserfahrung. Gerade deshalb ist der Gläubige überzeugt, dass der Gefallene auch wieder aufstehen kann, dass sich selbst eine übel stehende Sache zum Guten wenden lässt – wenn die Sache denn an sich vor Gott bestehen kann. Eines wird der Gläubige deshalb niemals tun: sich selbst zum Richter machen und einem Gestrauchelten auch noch hinterher treten.

Die Lebenshaltung, die ich als gläubiger Mensch einnehme, ist im Wesentlichen von Demut geprägt. „Demut" kommt von „Dien-Mut", der Bereitschaft zu Dienen. Wenn ich mein Handeln nur an irdischen Zielen orientiere, dann schmerzt mich jeder Fehlschlag, jedes Scheitern. Ich sehe in den Dingen immer schnell den scheinbar unersetzlichen Verlust. Als gläubiger Mensch vermag ich mich leichter zu trösten. Ebenso fällt es mir leichter, von einer Sache abzulassen. Aus dem Glauben heraus ist ein Verzicht nicht so schwer. Das gilt besonders dann, wenn ich im Zweifel bin, ob ich mein Ziel nur erreiche, wenn ich gegen meine Grundregel – Respekt vor dem Nächsten und Respekt vor der Schöpfung – oder gegen andere Gebote meines Glaubens verstoße. Zweifellos halten sich die allermeisten Menschen an Recht und Gesetz, ganz unabhängig davon, ob sie gläubig sind oder nicht. Unser Gewissen hängt nicht exklusiv an der Religion. Aber wer es sich in Gewissensfragen gerne leichter machen will, der hat doch immer dieses kleine Schlupfloch, das für den Gläubigen fest vernagelt ist: die Chance, vielleicht nicht erwischt zu werden.

Dagegen muss für einen gläubigen Menschen ein Fehler, selbst ein schrecklicher Schicksalsschlag kein Weltuntergang sein. Fehlschläge können auch eine Reifung bewirken und mich bereichern, selbst wenn ich den Weg aus dem Dunkel zunächst nicht sehen kann. Ich gehe daher mit einer gewissen inneren Ausgeglichenheit und Gelassenheit an die Dinge heran. Mein Glaube schützt mich vor Verkrampfungen und vor zu viel Ehrgeiz. Und wenn ich nicht weiß, wie es weitergehen soll, wenn mir der Überblick fehlt, wenn meine Hoffnung gerade auf dem Tiefpunkt ist – solche Momente verlieren durch gläubiges Gebet ihren Schrecken. Die „Erleuchtung", was ich tun kann, um mich aus einer unglücklichen Lage zu befreien, kommt dann meist ganz von selbst.

Mein Lebensthema – Bewahrung der Schöpfung und biologischer Landbau

Auch mein pragmatisches, wenn man so will mein „innerweltliches" Lebensthema fußt auf den beiden Grundprinzipien meiner Lebenseinstellung: dem Respekt vor dem Nächsten und dem Respekt vor der Schöpfung. Auf Basis dieser Prinzipien könnte ich mich selbstredend für Dutzende anderer vernünftiger Dinge engagieren: bei *Amnesty International* für die Menschenrechte, beim *Bischöflichen Hilfswerk Misereor* für die Linderung des Hungers in der Welt, beim *WWF* für die Tiere der Serengeti oder den heimischen Hirschkäfer. Als Unternehmer könnte ich statt Babynahrung aus biologisch erzeugten Lebensmitteln auch Solarmodule herstellen oder einen fairen Teehandel betreiben. Oder ich könnte in einem konventionellen Chemiewerk dafür Sorge tragen, dass dessen Produktion die Umwelt so wenig wie möglich belastet. Wenn ich also genau das tue, was ich tue, dann nicht, weil ich es für den Königsweg zur Rettung der Welt halte. In unserem Unternehmen habe ich in recht jungen Jahren Verantwortung übernommen, weil mein Vater, als ich 29 Jahre alt war, gestorben ist. Und auch die Entscheidungen für Biolandbau und biologisch einwandfreie Produktion waren in der Familie vorgeprägt. Neben der aktiv gepflegten Liebe zur Kunst stand mein „Lebensthema" schon deshalb für mich relativ früh fest.

Anders als Glaube und Grundüberzeugungen sind Lebensthemen von vielen Prägungen, sicher auch von den Zufällen der eigenen Lebensgeschichte abhängig. Wichtig scheint mir allein zu sein, *dass* es einem Menschen gut tut, wenn er für sich so etwas wie ein Lebensthema findet. Solch eine „Überschrift" für die eigene Biographie muss auch beileibe kein „großes" Thema ankündigen. Im Gegenteil: Wer sich in der Pflicht sieht, alle Probleme der Welt zu lösen, wird es schwerer haben, wirklich „sein" Thema zu finden, als der, der sich „nur" der Steuervereinfachung, dem Jugendtheater oder dem Kugelstoßen widmen möchte.

Ebenso wenig wird es jedem Menschen gelingen, „sein" Thema im beruflichen Umfeld zu finden. „Make your passion your profession", sagen die Angelsachsen. Doch nicht immer lässt sich aus einer Leidenschaft ein Geschäft machen. So wie es Berufe gibt, die einer gewiss mit Freude und dem nötigen Engagement ausübt, in denen er aber nicht unbedingt seine persönliche Erfüllung finden kann. Doch was Ihr Lebensthema auch immer sein möge: Sie sollten dafür schon etwas stärker „brennen" als für ein vorübergehendes Interesse oder Hobby.

Als ich geboren wurde, war Bayern nahezu ein reines Agrarland, sieht man von München und weiteren größeren Städten ab. Außerdem hat unsere Familie mütterlicherseits Schweizer Wurzeln, und dieser Zweig unserer Familie hat ursprünglich Landwirtschaft betrieben. Als Bub habe ich während des Krieges und auch in den Jahren danach viel Zeit auf dem Bauernhof meiner Großmutter Beatrice verbracht. So kam ich von Kindesbeinen an in engen Kontakt mit der Landwirtschaft. Ohne mich jemals zu langweilen, konnte ich stundenlang den Menschen bei ihrer Arbeit zusehen und meinem Alter entsprechend durchaus auch ein wenig mit anpacken. Heu zu wenden, Futter zu bereiten oder eine Kuh zu melken gehört deshalb für mich zu den Dingen, die ich buchstäblich im Schlaf beherrsche. Es machte mich damals sehr stolz, mitarbeiten zu können und gebraucht zu werden. Auch für meinen jüngsten Enkel Quirin, der noch keine zwei Jahre alt ist, gehört es zu einer seiner Lieblingsbeschäftigungen, wenn er mithelfen darf die Kühe und die Pferde zu füttern. Auch das Handwerkliche am und auf dem Bauernhof faszinierte mich von Kind auf. Damals sind auf einem Bauernhof viele Dinge des täglichen Bedarfs sowie etliche Werkzeuge ja noch selbst hergestellt worden. Schließlich habe ich dann auch den ökologischen Gedanken quasi mit der Muttermilch aufgesogen – auch wenn „öko" damals noch kein umgangssprachliches Präfix war. Aber ein sorgsamer und respektvoller Umgang mit allem Lebendigen, eine umfassende Verantwortung für die Natur, das war für mich nach der christlichen stets die zweite Botschaft.

Schon als Schüler lernte ich in der Schweiz den Nationalrat Dr. Hans Müller kennen, einen Lehrer und promovierten Agrarwissenschaftler, der zusammen mit dem Arzt, Mikrobiologen und Bodenkundler Dr. Hans Peter Rusch zu den Mitbegründern des organisch-biologischen Landbaus zählt. „Landbau lernst du bei mir", erklärte Müller kurz und bündig, worauf in den fünfziger und sechziger Jahren ungezählte Lehrstunden folgten. In deren Verlauf begriff ich immer besser, warum ein gesunder Boden die Grundlage einer gesunden Ernährung und einer nachhaltigen Landwirtschaft sind – und nicht eine an Masse und Preis, folglich am Einsatz von Kunstdünger, Turbosaaten und schwerer Maschinerie orientierte agrarindustrielle Bewirtschaftung.

Letztere führt nahezu zwangsläufig zu riesigen Monokulturen, die den Boden irgendwann komplett auslaugen. Sie macht die Bauern abhängig von Düngemittel- und Saatgutkonzernen. Sie hat vor allem in der EU und in Nordamerika zu sinnloser Überproduktion, in deren Folge zu einem nachgerade surrealen Subventionsunwesen geführt. Auf der anderen Seite wurde nicht nur eine wettbewerbsfähige Agrarwirtschaft in nahezu allen Entwicklungsländern ruiniert, in den ärmsten Regionen der Welt führte das zu Bodenerosion, Verarmung, massiven Hungersnöten und Landflucht – während die wohlgenährten Bürger des Nordens in schöner Regelmäßigkeit von Lebensmittelskandalen erfahren. Und die nächste Steigerung dieses Wahnsinns steht schon auf der Agenda: Mithilfe einer schönfärberisch „grün" getauften Gentechnik sollen unsere Nutzpflanzen endgültig in Designprodukte verwandelt werden.

All das würde man vielleicht zu den peinlichen Schattenseiten des Fortschritts zu rechnen geneigt sein, wenn der agroindustrielle Komplex wenigstens hochproduktiv wäre. Doch jenseits einer Ideologie der Brutto-Tonnage, die jeder sozialistischen Planwirtschaft Ehre machen würde, stimmt nicht einmal dies. Die alten Ägypter und die Azteken in Mexiko haben vor Jahrtausenden mit ihren Ernten pro Hektar 15 Menschen ernährt. In den USA reicht die Ernte pro Hektar heute gerade noch für *eine* Person. Und bei uns sieht es nicht wesentlich besser aus. Wenn also gegenwärtig die Preise für landwirtschaftliche Produkte und für Lebensmittel rasant steigen, dann geht das eher zu geringeren Teilen auf die weiter wachsende Weltbevölkerung oder auf Dürren und klimatisch bedingte Bodenerosion zurück. Es zeigt vor allem, dass die industrielle Landwirtschaft uns in eine Sackgasse geführt hat. Unsere Bauern können von ihrer Arbeit schon heute ohne Subventionen meist nicht mehr leben. Und die Früchte bäuerlicher Arbeit können die Weltbevölkerung auf Dauer nicht mehr ernähren, wenn es nicht zu einer Kehrtwende kommt. „Hiermit übergebe ich euch alle Pflanzen auf der ganzen Erde, die Samen tragen, und alle Bäume mit samenhaltigen Früchten. Euch sollen sie zur Nahrung dienen", heißt es in Genesis 1,29. Der Mensch soll die Erde nutzen und nicht ausnutzen.

Dazu müssen wir allerdings auch sagen: Die Verbraucher des Nordens stehen am Ende dieser fehlgesteuerten Nahrungskette. Über Jahrzehnte wurde ihnen eingeimpft, dass Lebensmittel nicht nur überreich vorhanden, sondern vor allem auch billig zu haben seien. Noch Anfang der sechziger Jahre des vorigen Jahrhunderts gab ein Durchschnittshaushalt ein gutes Drittel seines verfügbaren Einkommens für Lebensmittel und alkoholfreie Getränke aus. Heute sind es gerade noch zehn Prozent. Auch die Preisrelationen bei Lebensmitteln haben teils absurde Züge angenommen, wenn etwa Schweinefleisch billiger ist als frisch geerntete Kartoffeln oder Käse, wenn vom anderen Ende der Welt importierte exotische Früchte weniger kosten als heimische Äpfel. Weshalb eine Umkehr letztlich auch nur beim Verbraucher beginnen kann. Wenn wir qualitativ hochwertige Lebensmittel wollen, dann sollten wir bereit sein, den Preis dafür zu bezahlen, und die Arbeit der Bauern damit entsprechend wertschätzen.

Nur dann lässt sich in der Landwirtschaft auch wieder flächendeckend eine vernünftige Bodenbewirtschaftung durchsetzen. Ein gesunder Boden verliert seine Leistungsfähigkeit nicht, ganz im Gegenteil, er kann sie sogar steigern. Das wiederum führt zu einer besseren Energiebilanz. Eine ökologische Landwirtschaft erzeugt einen Energieüberschuss, während die konventionelle Landwirtschaft mehr Energie in die Erzeugung von landwirtschaftlichen Gütern steckt, als wir am Ende aus unseren Lebensmitteln herausholen.

Für mich gilt deshalb der Grundsatz des Begründers des Bio-Gedankens, Albrecht Thaer (1752-1828): „Gesunder Boden – gesunde Pflanze – gesundes Tier und gesunder Mensch!" Vor der Zeit, in der mit der modernen Stickstoffchemie eine der Grundlagen unserer industriellen Landwirtschaft gelegt wurde, vertrat Thaer schon in weiser Voraussicht die Meinung, dass die Nahrung der Pflanzen aus den im Boden befindlichen organischen Stoffen bestehen müsse. Damit begründete er die Humustheorie, die lange Zeit viel Gegnerschaft erfuhr und teils heute noch erfährt.

Dr. Müller stellte die Frage: Was macht einen lebendigen und gesunden Boden aus?

Angesichts des Durchmessers unserer Erde (ungefähr 12 000 Kilometer) und der Dicke der äußeren Erdkruste (maximal 35 Kilometer) nimmt sich die Dicke der fruchtbaren Rindenschicht mit ihren 10 bis 30 Zentimetern verschwindend dünn aus. Und doch ist ohne diesen Boden jedes Leben auf der Erde undenkbar. Auch diese hauchdünne „Muttererde" ist noch in mehrere Schichten gegliedert. Und dieser Boden wächst grundsätzlich von oben nach unten.

Wenn wir organische Substanzen, also etwa Gras, Blätter oder Mist liegenlassen, tritt zunächst ein Fäulnisprozess ein, in dessen Verlauf Giftstoffe entstehen, die jegliche fruchtbaren organischen Prozesse hemmen. Bei ausreichender Luftzufuhr ist dieser Fäulnisprozess normalerweise in rund zwei Wochen, im Sommer gar in wenigen Tagen beendet. Daran schließt sich ein Verrottungsprozess ohne Giftentwicklung an. Hierbei werden die organischen Substanzen nicht nur durch Bakterien, Algen und Pilze, sondern vor allem durch Kleinsttiere wie Würmer, Asseln, Käfer, Tausendfüßler usw. abgebaut. In der oberen Bodenschicht geht es sozusagen drunter und drüber. Einer frisst den anderen und das, was der andere übriglässt, bis nichts mehr da ist, was dieser Mikrofauna als Nahrung dienen könnte. Man nennt diesen Prozess „Zellgare". Er ist ein Durchgangsstadium zur Humusbildung.

In dieser Schicht des ständigen Durchwühlens und tierischer Völkerwanderungen können weder die Wurzelbakterien noch die Haarwurzeln der Pflanzen richtig gedeihen. Die Pflanzenwurzeln finden hier noch nicht die Nahrung, die sie benötigen. Diese entsteht vielmehr erst in der darunter liegenden Schicht, der sogenannten „Plasmagare". Hier wird die verbliebene organische Substanz der „Zellgare" vorwiegend von Bakterien abgebaut, und zwar zu mikroskopischen Kleinsubstanzen, die als unmittelbar aufnehmbare Nahrung den Haarwurzeln der Pflanze zur Verfügung stehen.

In Verbindung mit dem mineralischen Gerüst des Bodens aus Sand, Ton und Kleinstgestein entsteht so die für einen gesunden, fruchtbaren Humus essenzielle Krümelstruktur. In einem Bodenkrümel verbinden sich winzige, zerklüftete und daher extrem oberflächenreiche Tonteilchen mit den ebenso zerfaserten Resten organischer Substanzen zu einer Art Schwamm mit einer Fülle winziger Hohlräume. Die innere Oberfläche gesunder Böden kann deshalb bis zu 20 Quadratkilometer auf einen Quadratmeter Boden betragen. In den Hohlräumen der Krümel befindet sich zudem Luft, ohne die Kleinstlebewesen, Bakterien, Pilze, nicht überleben können, ferner wird dort Wasser gespeichert, das in Dürreperioden als Reserve dient. Im Wasser wiederum werden auch gelöste Salze, die sogenannten „Schwarm-Ionen", festgehalten, die von den Pflanzen je nach Bedarf entnommen werden können. Eine der wesentlichen Voraussetzungen des organisch-biologischen Landbaus liegt daher in der Erzielung einer umfangreichen, möglichst tief reichenden Krümelstruktur. Dazu muss man für die Bakterien im Boden ständig optimale Lebensbedingungen schaffen. Am Ende des Abbauprozesses steht dieselbe Urform des Lebendigen, die am Anfang da war. Hier verbindet sich das übriggebliebene schwammige Plasma mit den zerklüfteten Tonkristallen zu den Dauerkrümeln.

Wir sehen, dass es sich hier um einen fein abgestimmten, hochsensiblen und funktionalen Kreislauf handelt. Die Natur leistet sich nicht die Verschwendung der höchstorganisierten lebenden Substanz bis zu ihrer restlosen Vernichtung durch die Mineralisation. Sie lässt es gar nicht so weit kommen, sondern baut die derart erhaltenen Lebensträger wieder zu neuem Plasma um. In der Plasmagare, dem Dauerhumus, dieser bakteriellen Aufarbeitungszone, liegt gleichsam der Brennpunkt des Kreislaufs des Lebens, die Nahtstelle zwischen Tod und Leben. Das Grundgesetz organisch-biologischer Bodenbearbeitung lautet deshalb, die verschiedenen Bodenschichten so wenig wie möglich zu vermischen. Und die Grundidee der Humustheorie geht davon aus, dass wir dem Ackerboden nichts entnehmen, dass wir nichts von dem zerstören sollten, was er zum Gedeihen braucht. Dass wir ihm aber ebenso wenig Dinge zusetzen müssen, die er nicht von Natur aus schon enthält. So erklärte Dr. Müller mit einfachen Worten, die jeder Bauer verstehen konnte, den biologischen Landbau.

Das Fundament des Mutterbodens ist weit dünner als jenes der Türme von Ideen, von denen das Zitat Anton Bruckners spricht, das diesem einleitenden Kapitel zur Überschrift dient. Aber es ist ein umso empfindlicheres Fundament. Es ruht seinerseits auf dem Fundament der Idee, dass in der Natur das meiste den Gesetzen des Kreislaufs gehorcht, während wir in der Kultur, der Zivilisation, in Technik und Kunst ja vielleicht doch so etwas wie Fortschritt kennen – gewiss nicht immer linear, oft von Brüchen, Krisen und auch Rückschlägen gekennzeichnet. Aber getrieben von den Ideen der Unzufriedenen, die die Welt ein wenig besser machen wollen, als sie sie vorgefunden haben.

Von Karl Marx stammt die berühmt-berüchtigte Formel, die Philosophen hätten die Welt bislang nur verschieden interpretiert, es komme aber darauf an, sie zu verändern. Der Philosoph Odo Marquard hat darauf später spöttisch gekontert, dass einige Zunftgenossen die Welt nicht nur verschieden interpretiert, sondern auch höchst rabiat verändert hätten – es komme aber darauf an, sie zu verschonen. Ich glaube, beide Denker haben ein bisschen recht. Die göttliche Schöpfung der Natur – wozu auch wir selbst als Lebewesen gehören – sollten wir in der Tat so gut wie es uns möglich ist verschonen und für kommende Generationen bewahren. Was wir selbst geschaffen haben, dürfen wir dagegen nicht nur verschieden interpretieren, wir dürfen es auch verändern. Mutig, aber möglichst mit Augenmaß.

Nutze den Augenblick – aber den richtigen
Warum Ideen Zeit brauchen

24 Stunden am Tag. Nicht mehr, nicht weniger. Auch wenn es vielen häufig anders vorkommt: Jeder Mensch hat gleich viel Zeit. Natürlich nicht gleich viel Lebenszeit. Die ist, wie so vieles auf Erden, weder gleichmäßig noch immer gerecht verteilt. Sie wird von unserer Konstitution und vom Schicksal bemessen. Letzteres in Form von Krankheit, Unfällen, Naturkatastrophen oder menschlichem Versagen. In weiten Teilen der Welt auch leider immer noch von ungerechten wirtschaftlichen und politischen Verhältnissen. Besonders tragisch ist dies, wenn Kinder und junge Menschen sterben müssen, bevor sie auch nur die Chance auf ein eigenständiges, gar ein erfülltes Leben gehabt hätten. Ebenso verkürzen Unvernunft und ungesunde Lebensweise unsere Erdentage, vor allem die vieler Wohlstandsbürger in der westlichen Welt. Und dann sind da noch die Natur und der unergründliche göttliche Ratschluss, welche den Psalmisten sagen lassen:

„Unser Leben währt siebzig Jahre, und wenn es hoch kommt, sind es achtzig. Das Beste daran ist nur Mühsal und Beschwer, rasch geht es vorbei, wir fliegen dahin. (…) Unsre Tage zu zählen, lehre uns! Dann gewinnen wir ein weises Herz."

Doch solange wir, wie lange auch immer, auf Erden weilen, sind unser aller Tage, Wochen, Monate und Jahre gleich lang. Gerade weil unsere Lebenszeit im Ganzen begrenzt ist, kommt es umso mehr darauf an, wie wir die uns gegebenen 24 Stunden jedes Tages, die sieben Tage jeder Woche und die 365 Tage jedes Jahres nutzen.

Im Griechischen gibt es für unseren Begriff „Zeit" zwei Wörter. *Chrónos* bezeichnet den abstrakten Lauf der Zeit. Das ist die Zeit, die unser Chronometer misst, die für alle im gleichen Takt verrinnt – und die sich doch für jeden Menschen in jedem Moment so unterschiedlich lang oder kurz anfühlen kann. Die in unserer modernen Welt oft zu rasen scheint. Und die doch manchmal partout nicht „herumgehen" will.

Auf der anderen Seite gibt es den Begriff des *Kairós*, der die erfüllte Zeit meint, den rechten Augenblick, den „perfekten" Moment, in dem uns etwas gelingt, wir etwas Wesentliches erkennen oder Wichtiges sich entscheidet. Wir sagen dann, dass wir „die Gelegenheit beim Schopfe gepackt" hätten – eine Redensart, die sich aus einem Epigramm des hellenistischen Dichters Poseidippos von Pella (ca. 310 bis 240 v. Chr.) herleitet, der den Gott Kairos als nur an der Stirn, nicht jedoch am Hinterkopf behaart beschreibt. Wir meinen mit dieser Wendung, dass wir im richtigen Moment das Richtige getan haben. Wir sind sozusagen auf einer seligen Insel des *Kairós* im breiten Fluss des *Chrónos* gelandet. Selbst wenn sich bedeutende Einfälle, Erlebnisse oder Ereignisse in unserem Leben bisweilen erst später als solche entpuppen, spüren wir doch meist sofort, dass in solchen Momenten alles „stimmt", dass es gut ist, dass Gedanken oder Entwicklungen, die uns schon länger beschäftigt haben, sich plötzlich fügen. Solche entscheidenden Momente des *Kairós* sind nicht zuletzt die Ankerpunkte unserer Erinnerung.

In der klassischen griechischen Mythologie spielen *Chrónos* – nicht zu verwechseln mit Kronos, dem Vater des Zeus – und *Kairós* zwar keine wesentliche Rolle. Beide wurden erst in hellenistischer Zeit bildlich dargestellt, sodass hier wohl eher zwei abstrakte Zeitvorstellungen nachträglich mit einer olympischen Herkunft ausgestattet wurden. Interessant ist jedoch, dass die späten Darstellungen des Gottes Kairós diesen oft in die Nähe der Rachegöttin Nemesis rücken, welche die menschliche Selbstüberschätzung bestraft. Wir werden so indirekt ermahnt, uns bei der Jagd nach dem rechten Augenblick, nach dem Moment des Gelingens nicht zu versteigen. Denn der Gott „fliegt wie der Wind" und ist „spitzer als ein Messer", wie es bei Poseidippos heißt. „Bin ich mit fliegendem Fuß erst einmal vorbeigeglitten, wird mich keiner von hinten fassen, so sehr er sich auch bemüht."

Der richtige Augenblick, wir können ihn also einerseits verpassen. Ob wir die Gelegenheit gar nicht erst erkannt oder ob wir sie aus Bequemlichkeit, mangelnder Entschlusskraft oder kleinlicher Sorge nicht genutzt haben – so oder so ist es sinnlos, der verpassten Chance, einer verlorenen oder verblassten Idee hechelnd hinterherzulaufen.

Noch weniger aber können wir andererseits den rechten Augenblick, den genialen Einfall, die einmalige Gelegenheit erzwingen. Harte Arbeit oder inneres Ringen mögen vielfach Gutes und Sinnvolles bewirken. Aber das sind eher die Mühen der Ebene, nicht die Glücksmomente der Inspiration. Selbst ein gewisser Druck mag bisweilen über Hindernisse hinweghelfen. Aber je stärker er wird, desto mehr lähmt er in aller Regel unseren Schaffens- und erst recht unseren Erkenntnisdrang. Der Geist weht nun einmal, wo er will. Sodass Gewichtiges, Großes, gar das Geniale meist Kinder des *Kairós* sind, die sich einfinden, aber nicht herbeizitieren lassen.

Im Übrigen folgt der weitaus größte Teil unserer Zeit eben dem Gesetz des *Chrónos*, der fließenden Zeit, und nicht dem des *Kairós*, des erfüllten Augenblicks. Woraus umso mehr folgt: Alles zu seiner Zeit. Es gilt, die „normale" Zeit nicht achtlos verrinnen zu lassen, sondern sie sinnvoll zu nutzen. Ebenso falsch wäre es freilich, sie auf Gedeih und Verderb mit Aktivitäten zu füllen und sich allein um des Tuns willen jene Muße zu versagen, die wir brauchen, um über das Getane wie das zu Tuende in Ruhe nachzudenken.

Für viele Menschen ist ein ausgeklügeltes „Zeitmanagement" zum Statussymbol geworden. Aufgaben, Projekte, Besprechungen füllen umfängliche papierene oder elektronische To-do-Listen und Kalender. Computer, Laptops und Smartphones helfen uns an jedem Ort der Welt bei unseren Erledigungen – und bescheren uns zugleich eine Fülle neuer Aufgaben. Ständig scheinen E-Mails auf sofortige Reaktion zu warten. Wer auf der Höhe der Zeit sein will, sollte wenigstens ein Nachrichtenportal oder einen „Ticker" auf dem Schirm haben, jeweils „personalisiert" für sein Interessenprofil. Wehe dem, der zusätzlich die Aktienkurse in Echtzeit verfolgen muss. Außerdem gilt es, seine „sozialen Netzwerke" zu pflegen und diverse Blogs zu verfolgen, besser noch selbst hier und da eine rasch getippte Wortmeldung beizutragen. Und da sich nur wenige Menschen diese Fülle an echten wie vermeintlichen Aufgaben merken können, orchestrieren die elektronischen Werkzeuge unseren Tag mit allerlei Weck-, Warn- und Erinnerungsmeldungen. Die Grenze zwischen Arbeit und Freizeit zerfließt dabei oft über jedes vertretbare Maß hinaus. Schlimmer, sogar ihre Freizeit selbst organisieren viele unter Effizienzgesichtspunkten.

Das alte römische Motto des „Carpe diem – Nutze den Tag" verkehrt sich damit zunehmend in sein Gegenteil. Als es formuliert wurde, waren die Handlungsoptionen des Menschen noch recht übersichtlich. In unserer Welt des materiellen Überflusses und nahezu unbegrenzter Möglichkeiten geht es uns dagegen im Umgang mit der Zeit ähnlich wie mit unserem Umgang mit der Natur: Wir drohen beides zu übernutzen. Wir stopfen die Zeit mit allem Möglichen, darunter auch mit viel Unsinn voll. Und finden uns am Ende doch oft nur im Hamsterrad eines rasenden Stillstandes wieder.

Muße wird dabei zum Fremdwort, gerät gar in den Verdacht des Müßiggangs, der sprichwörtlich als aller Laster Anfang gilt. Stattdessen spricht man, so als sei der Mensch eine Maschine, von „Leerlauf". Einmal nichts zu tun zu haben, wird zum *horror vacui*. Dabei brauchen wir in unserem Leben Zeiten der Ruhe, der Entspannung und der inneren Einkehr, um kreativ sein zu können.

Ich bin gewiss kein Mensch, der sorglos Zeit vertrödelt. Im Gegenteil, auch ich teile meine Tage ziemlich gewissenhaft ein. Wenngleich heute weitgehend meine Kinder im Tagesgeschäft die Verantwortung tragen, widme ich nach wie vor eine beträchtliche Zeit unserem Unternehmen. Die Malerei und meine Lehrtätigkeit, unter anderem an der Kunstakademie im georgischen Tiflis, die Musik sowie verschiedene ehrenamtliche Tätigkeiten fordern ebenfalls ihre Anteile am Zeitbudget. Doch dazwischen gibt es immer wieder genügend Auszeiten.

Leider füllen gerade viele Verantwortungsträger solche vermeintlich nutzlosen Lücken krampfhaft mit Angelegenheiten des Tagesgeschäfts. Da werden Papiere abgearbeitet, mehr oder weniger sinnvolle „Präsentationen" zum x-ten Male umgearbeitet. Und natürlich wird viel herumtelefoniert. Sieht man von den wohl niemals aussterbenden Dauermitteilungen ab, wer gerade wo ist und wann wo sein will, dann habe ich auf Reisen oft den Eindruck, das frühere „Management by walking around" sei durch ein „Management by calling aloud" ersetzt worden. Wodurch die Welt oft mehr über das Geschäftsgebaren in anderen Firmen erfährt als es diesen lieb sein sollte. Von privaten Kalamitäten ganz zu schweigen. Die Zeit, die bleibt, wird mit Internet-Surfen, Filmen oder der Lektüre bunter Blätter totgeschlagen – zu denen ich inzwischen übrigens auch viele marktschreierische Wirtschaftsmagazine zähle.

Ich dagegen nutze Warte- und Transferzeiten meist zum Nachdenken. Oder ich habe etwas zu lesen dabei, das mich bei meinen momentanen Gedanken und Überlegungen wirklich weiterbringt. Und wenn ich das Gefühl habe, ich bräuchte eine Auszeit, um innerlich zur Ruhe zu kommen oder um gründlich über etwas nachzudenken, dann nehme ich mir diese Zeit. Denn was heutzutage kaum noch jemand glauben will: Es gibt immer noch genügend Angelegenheiten, die warten können.

Muße bedeutet ja weder, einfach nur Löcher in die Luft zu starren, noch irgendetwas Sinnfreies oder gar Nutzloses zu tun. Mögen viele Arten der modernen Freizeitgestaltung auch lautstark als „entspannend" angepriesen werden – in meinen Augen sind die meisten eher ermüdende Zeitbanditen, denen ich persönlich lieber aus dem Weg gehe. Das gilt vornehmlich für den Fernseher, den ich nicht jeden Tag einschalte. Die verschiedenen neuen Informations- und Kommunikationstechniken nutze ich, schreibe E-Mails, recherchiere im Internet und besitze ein jeweils halbwegs aktuelles Handy-Modell. Aber ich muss nicht auf Gedeih und Verderb 24 Stunden am Tag und sieben Tage die Woche online sein.

An andere, letztlich wohl ebenfalls sinnvolle Entwicklungen wie das E-Book werde ich mich dagegen kaum noch gewöhnen. Zumal gedruckte Bücher mit ihrer sinnlichen Präsenz mich viel eher zum Lesen anhalten als eine irgendwo gespeicherte Datei. Da passt die Langsamkeit des Mediums für mich einfach besser zum Inhalt. Denn ein gehaltvolles Buch will nicht schnell und nebenbei konsumiert, sondern gründlich gelesen und bedacht werden. So lese ich, um nur das für mich wichtigste Buch zu nennen, regelmäßig die gesamte Bibel, das Alte und das Neue Testament im Wechsel der Jahre. Dazu einen „Reader" und nicht mein persönliches, mit allen Gebrauchsspuren und Markierungen versehenes, ledergebundenes Exemplar im Taschenformat zu verwenden, käme mir niemals in den Sinn.

Muße bedeutet für mich innezuhalten. Wenn ich einfach nur den Kopf freibekommen will, dann übe ich auf meiner Oboe, höre Musik oder bewege mich an der frischen Luft. Nur mit dem Reiten, einer alten Passion von mir, bin ich in den letzten Jahren kürzer getreten. Vor allem aber ergeben sich über den Tag verteilt immer wieder Gelegenheiten zum stillen Gebet. Dies ist eine der für mich persönlich wichtigsten Formen der Einkehr und der Sammlung.

In jüngeren Jahren habe ich oft genug folgende Erfahrung gemacht: Wenn ich zu sehr verplant, von zu vielen Aktivitäten blockiert und mit allerlei Gedanken vollgestopft war, wenn ich stets an den nächsten Termin dachte, statt mich auf das Nächst-liegende zu konzentrieren, dann hatte ich überhaupt keine Chance, für Einfälle und Lösungen offen zu sein. Und so bedeutet „Carpe diem" für mich, das Richtige zur richtigen Zeit und mit dem richtigen Maß zu tun. Weniger ist da oft mehr. Keine Sache wird ja allein dadurch besser, dass ich mich ihr über viele Stunden widme. Das gilt für praktische Arbeiten, es gilt für die Formulierung von Ideen oder Texten, und es gilt nach meiner Erfahrung auch für die künstlerische Arbeit.

Einer meiner wichtigsten Grundsätze beim Malen lautet, nicht alles zu tun, was ich tun kann, sondern nur das zu tun, was ich tun muss. Weder wenn ich mit einem Bild beginne noch wenn es sich seiner Vollendung nähert, besteht die eigentliche Arbeit im Hantieren mit Farbe, Pinsel und Palette. Am Anfang steht das Ringen um ein Thema. Hier warte ich lieber längere Zeit in Ruhe, bis eine Idee kommt, als dass ich durch Aktivismus das Entstehen von Ideen und meine Aufnahmefähigkeit störe. Denn Fehler, die ich zu Beginn in der Komposition mache, kann ich später mit noch so viel Farbe nicht korrigieren. Sie werden als Last weitergeschleppt und verhindern ein gutes Ergebnis. Schließlich: Höre ich nicht zum richtigen Zeitpunkt auf, kann ich leicht alles kaputtmachen. Weshalb auch zum Schluss hin bei einem Bild ruhige Betrachtung und Überlegung fast wichtiger sind als das Malen selbst.

Wer zuerst kommt, mahlt nicht immer zuerst

Die Vorteile recht verstandener Muße – Einkehr, innere Sammlung, gründliche Überlegung, ausgereifte Entschlüsse – liegen eigentlich auf der Hand. Doch warum neigen Menschen gerade bei wichtigen Angelegenheiten oft zu überbordendem Aktionismus? Mangelnde Geduld mag bei manchen ein Grund sein. Wobei ein Standardsatz aus vielen Bewerbungsgesprächen einen interessanten Hinweis gibt. Zum Handwerkszeug von Personalverantwortlichen gehört ja die Frage an den Bewerber nach seiner größten Schwäche. Meist kommt dann wie aus der Pistole geschossen die Antwort „Ich bin oft zu ungeduldig". Was der Bewerber damit sagen will, ist folgendes: Eigentlich habe ich gar keine Schwächen. Ich dränge bloß möglichst schnell zur Tat. Sollen die anderen herumschwatzen, ich packe den Stier bei den Hörnern! Doch warum empfiehlt beinahe jeder Bewerbungsratgeber unverdrossen dieses abgenutzte rhetorische Bekenntnis? Dahinter steckt die wohl richtige Vermutung, dass schnelles und entschlossenes Handeln in der Wirtschaft höher bewertet werde als gründliches Abwägen – und gelegentlich eben auch mal begründetes Verwerfen – von Handlungsoptionen. Der „Macher", so lautet das bedauerliche Missverständnis, fackelt nicht lange herum. Wer zuerst kommt, mahlt zuerst! Wogegen Bedenkenträger und Problemsucher bloß den Betrieb aufhalten.

An diesem Punkt hat das Nachdenken zudem eine Art Makel: Außenstehende können nicht sehen, ob jemand tatsächlich über etwas halbwegs Wesentliches nachdenkt oder ob er innerlich auf Durchzug geschaltet hat. Anders gesagt: Von außen betrachtet hat die Reflexion eine fatale Ähnlichkeit mit dem völligen Nichtstun. Das macht sie für viele Praktiker, vor allem aber für ausgewiesene Aktivisten und Verteiler von Fleißkärtchen mehr oder weniger verdächtig. Umso mehr gilt das in solchen Umgebungen, in denen Effizienz und „Ergebnisorientierung" besonders hochgehalten werden. Dabei zählt leider oft weniger, was diese „Ergebnisse" wirklich wert sind, als vielmehr die Tatsache, dass überhaupt irgendetwas vorgewiesen werden kann.

So wird ein prall gefüllter Terminkalender zur Demonstration von Bedeutsamkeit – wo er doch in Wahrheit bestenfalls ein Zeichen von Betriebsamkeit ist. Möglichst viele Konferenzen nebst mehrseitigen „Ergebnisprotokollen" gelten in diesem System als Resultate echter, angestrengter Tätigkeit. Ebenso wie ein halbes Dutzend angestaubter Allgemeinplätze sich leicht zum Ausweis „kreativer" Kopfarbeit veredeln lässt, wenn sie mit neumodischen Business-Anglizismen aufgepeppt und auf bunt animierten Powerpoint-Folien ausgewalzt werden. Ich möchte nicht falsch verstanden werden: Zweifelsohne sind viele Besprechungen notwendig. Und ein guter, frei gehaltener Vortrag, der eine sinnvolle Idee mit klaren Argumenten vertritt, ist für dessen Hörer ebenfalls keine verschwendete Zeit. Doch bei vielen der in Deutschlands Unternehmen, Verbänden oder Gremien abgehaltenen Routinesitzungen habe ich da durchaus meine Zweifel. Und ich weiß wirklich, wovon ich spreche.

Der zweite „Nachteil" des Nachdenkens: Nach gründlicher Überlegung komme ich nicht selten zu dem Schluss, dass eine Idee noch nicht ausgereift ist. Dass ihre Konsequenzen, ihre Chancen und Risiken noch nicht hinreichend abzuschätzen sind. Oder dass sie überhaupt wenig taugt. Sprich: Wer nachdenkt, der schreitet im Ergebnis zwar oft zur Tat, vielleicht noch öfter aber zur Unterlassung. Weshalb nachdenklichen Menschen oft der Ruf des Bedenkenträgers vorauseilt. Das erstaunt mich umso mehr, als echte Nörgler, die stets wissen, dass etwas Neues niemals funktionieren wird und man das deshalb immer schon wie bisher gemacht habe, ihre Einwände eher selten mit harten Fakten und bedenkenswerten Argumenten untermauern. Statt auf die Macht des Gedankens vertrauen sie eigentlich nur auf die Macht der Gewohnheit. Und statt mit begründeten Einwänden oder gar Alternativen glänzen sie meistens mit dem Vorschlag, einfach alles beim Alten zu lassen. Weshalb der Hinweis auf mögliche Probleme an sich nichts mit Miesmacherei zu tun hat. Und das Ansinnen, sich eine Sache besser noch einmal durch den Kopf gehen zu lassen, sollte nicht leichtfertig mit Aufschieberei in einen Topf geworfen werden.

Gerade wenn es darum geht, schwierige Entscheidungen zu treffen, gilt bei uns im Unternehmen wie für mich persönlich der Grundsatz: Bevor ich unüberlegt in die falsche Richtung renne, bevor ich am Ende etwas Dummes tue, mache ich zunächst lieber nichts. Manchmal müssen wir einfach Geduld aufbringen, erst einmal Klarheit über alles gewinnen und die Entscheidung reifen lassen. Gewiss darf beim Abwarten auch Tee getrunken werden. Abwarten ist allerdings nicht dasselbe wie Aussitzen – und hoffen, dass die Lösung vom Himmel fällt. Abwarten heißt, sich Zeit zum Nachdenken zu nehmen. Probleme zu erkennen, Chancen und Risiken abzuwägen und die Folgen einer Entscheidung so weit wie möglich abzuschätzen. Das wiederum bedeutet, sich gegebenenfalls weitere Informationen zu beschaffen und diese vor dem Hintergrund seines Wissens und seiner Erfahrung einzuordnen und zu bewerten. Das macht Arbeit. Aber es braucht eben auch Muße – und Zeit.

Den Zeitdieben keine Chance geben

Genau deshalb sollte ein gezielter und ruhiger Umgang mit der Zeit zur Kultur eines Unternehmens gehören. Nun ist es das eine, sich Zeit zu nehmen. Etwas ganz anderes ist es, sich seine Zeit nicht nehmen zu lassen. An unseren 24 Stunden nagen ja nicht allein echte Pflichten. Und nicht allein die nötigen Mußestunden müssen wir ihnen abtrotzen. Ein erschreckend großes Kontingent unserer Zeit vertun wir oft einfach. Oder es wird uns von anderen gestohlen.

Ein vernünftiges Gespräch etwa muss gewiss erst einmal in Gang kommen. Manchmal müssen Menschen, die sich wenig oder gar nicht kennen, dazu wohl auch „warm" miteinander werden. Wozu der viel gepriesene Smalltalk bisweilen etwas beitragen mag. Aber ich gestehe offen, dass ich persönlich nur sehr begrenzt ein Freund dieses ziellosen Geplauders bin. Wie oft erlebe ich es, dass da Dinge erzählt werden, die mich weder interessieren noch dass sie in meinen Augen von irgendeinem Belang sind. Und das betrifft keineswegs nur das beliebte Thema Wetter. Es ist ja erstaunlich, dass die alte Sorge des Landmanns vor etwaigen Klimakapriolen auch in einer weitgehend nicht mehr agrarischen Welt so unvermindert präsent ist. Obwohl doch das Wetter unser modernes Leben in eher überschaubarem Maße beeinflusst. Das Thema ermöglicht uns damit wohl eine Art entspanntes Hadern mit dem Schicksal in Miniaturversion – denn unabänderlich ist und bleibt das Wetter nun mal für alle Zeit. Weshalb ich mich allerdings auch lieber passend kleide, als lang und breit über das Wetter zu lamentieren.

Warum in Gesellschaft körperliches oder seelisches Befinden so beliebte Plauderthemen sind, erschließt sich mir noch weniger. Da schildern manche ungefragt ihre gesundheitlichen Beschwerden, klagen über Gewichtsprobleme oder geben mit sportlichen Leistungen an. Ein anderer prahlt mit zwischenmenschlichen oder beruflichen Erfolgen. Und wieder andere lassen mich ungefiltert am Schmieden ihrer mehr oder minder vagen Pläne und Projekte teilhaben. Das mag alles schön und gut sein. Aber warum sollte ich mir das anhören? Noch dazu, wenn ich unter Umständen gerade mit ganz anderen Sorgen zu kämpfen habe oder mit ganz anderen Themen beschäftigt bin? Einen Großteil derartigen Geredes empfinde ich deshalb eher als unangenehm.

Ein Sonderfall des Smalltalks ist das Tischgespräch, vor allem, wenn es sich weder um ein Essen im privaten Kreis noch um ein echtes Arbeitsessen handelt. Bekanntlich vergeht kein Kongress, keine Tagung, Versammlung oder Gremiensitzung ohne „geselliges Beisammensein". War die eigentliche Veranstaltung gut vorbereitet und entsprechend ergebnisreich, dann gäbe es in der Sache eigentlich nichts mehr zu sagen. So sich viele der Teilnehmer ansonsten nicht kennen, vertiefte Kontakte aber von Nutzen sein könnten, sind solche lockeren Veranstaltungen zum Zwecke des neudeutsch „netzwerken" genannten Treibens sicher auch sinnvoll. Doch wie oft muss ich mir bei solchen Gelegenheiten bloß Variationen der immer gleichen Geschichten von den immer gleichen Leuten anhören. Besonders bei gesetzten Essen zehrt so etwas schnell an meinen Nerven. Je mehr Gänge und je aufwendiger die gereichten Speisen, desto mehr geht das luftige Geplauder in die Breite. Die Krönung solch nutzloser Tischgespräche sind natürlich jene, die sich um das Essen selbst drehen. Sei es nun um das soeben genossene oder um ein – wahlweise viel besseres oder viel schlechteres – Menu in der Vergangenheit. Die einzige Erkenntnis, die ich bei solchen Anlässen gewinnen kann, ist die, dass sich wohl mindestens drei Viertel aller Menschen zum Restaurantkritiker berufen fühlen. Daher: So gerne ich mit meiner Familie, mit Freunden oder guten Geschäftspartnern zum Essen beisammen sitze – förmliche Tischgesellschaften meide ich wann immer möglich. Nicht in jedem Fall lassen die Gebote der Höflichkeit das zu. Doch zumindest abkürzen lässt sich der „gemütliche Teil" vieler Veranstaltungen fast immer. Zumal es ein Vorteil meines Alters ist, dass niemand mehr von mir erwartet, auch noch bei der Öffnung der letzten Flasche zugegen zu sein.

Eine andere, inzwischen leider auch im Geschäftsleben sehr verbreitete Form des Zeitdiebstahls ist die Weitschweifigkeit. Wenn ich weiß, eine Sache kann nur zu einem einzigen Ergebnis führen, und dennoch wird sie mir bis ins kleinste Detail dargelegt, möglichst einschließlich aller Schritte, wie der Berichterstatter wann und warum zu welchen Schlüssen gelangt ist, dann schalte ich oft schon wegen dieser zeitraubenden Art der Darstellung auf stur, gar nicht einmal aufgrund der Sache selbst. An sich durchaus ein Gemütsmensch, reißt mir der Geduldsfaden endgültig, wenn jemand auch noch ständig Fakten, Argumente und Überlegungen wiederholt, die ich erkennbar längst verstanden habe. Offensichtliches wieder und wieder in minimalen Variationen auszubreiten, ist Zeitdiebstahl in Reinform. Sodass es für mich nur einen Grund geben kann, einem Menschen die Redundanz eines Vortrags nachzusehen: Wenn ich weiß, dass er am Ende motiviert ist und sein Anliegen, so es denn sinnvoll ist, auch umsetzt.

Ebenso ist unnötiger Detailreichtum in vielen Vorträgen, Redebeiträgen oder schriftlichen Ausarbeitungen ein großer Zeitfresser. Die größte Herausforderung besteht darin, das Wesentliche zu bringen – und die Schritte, die zu diesem Ergebnis geführt haben zu kennen, aber nicht alle vorzuführen. Wer zu viele Informationen liefert, darf nicht damit rechnen, dass sich das Publikum all das merkt. Zu viele Verzierungen und Ausschmückungen machen die Sache ebenfalls weder klarer noch schöner, sondern sehr bald nur noch langatmig. Und eine langweilige Rede wird den Zuhörern stets durch ihre Langweiligkeit im Gedächtnis haften bleiben, aber nie aufgrund ihres Inhalts. Wer zu akribischer Faktenhuberei neigt, will seinen Zuhörern nicht Wissen, Argumente oder eine Idee vermitteln, sondern mit seiner Schulweisheit glänzen. Ebenso wie es den Freunden allzu barocker Rhetorik meist um Selbstdarstellung statt um Informationsvermittlung geht.

Wer sich selbst in den Mittelpunkt stellt, und nicht das, was er sagen möchte, raubt seinen Zuhörern mit überflüssigen Pirouetten ihre Zeit. Den Gipfel dieser Kunst können wir in der Politik und in den krebsartig wuchernden Fernseh-Talkshows beobachten. Immerhin ist dort das Ziel klar: Gewonnen hat nach den geltenden Spielregeln derjenige, der die meiste Rede- oder Sendezeit bekommt. Und nicht etwa derjenige, der die besten Argumente oder die luzidesten Ideen vorträgt. Wäre letzteres der Fall, würden sich die Teilnehmer dieser Spektakel nämlich gelegentlich von Mitdiskutanten überzeugen lassen statt ihr immergleiches Sprechblasentheater aufzuführen.

Schließlich gibt es noch eine besonders unangenehme Art von Zeitdieben: Menschen, die immer auf den allerletzten Drücker kommen, um dadurch Zeit zu sparen. Leider übersehen diese Zeitgenossen nicht nur, dass sie sich selbst auf diese Weise ständig unter Zeitdruck setzen. Sie verdrängen vor allem völlig, dass sie ihre vermeintlich gewonnene Zeit in Wahrheit stehlen. Denn jede Unpünktlichkeit nimmt anderen Menschen Zeit weg. Wenn ich beispielsweise einen Vortrag hielte und würde das Publikum warten lassen, wäre das zwar eine Demonstration von Macht. Wenn *ich* zu spät komme, so sollen die Leute denken, dann muss es ja wohl einen wichtigen Grund dafür geben. Viele Politiker und Führungskräfte treiben diesen Unfug mit großer Hingabe. Das ist nicht nur respektlos, es raubt Dutzenden, manchmal gar Hunderten von Menschen wertvolle Lebenszeit. Dass es zur Rechtfertigung dieser Flegelei hübsche englische Sentenzen gibt – „It is great to be late" oder „The late must not wait" – macht die Sache nicht besser. Nicht umsonst gilt die Pünktlichkeit sprichwörtlich als die Höflichkeit der Könige. Denn die wurden früher von so vielen Menschen erwartet wie niemand sonst.

Doch ganz gleich, ob eine Person, ein Freundeskreis, eine Gruppe von Mitarbeitern oder ein großes Auditorium auf Sie warten – bei einer Verabredung oder einem Termin rechtzeitig vor Ort zu sein, ist unabdingbar. Ich selbst komme im Zweifelsfall lieber etwas zu früh. Falls ein Erscheinen vor der Zeit ebenfalls eine Unhöflichkeit wäre, etwa bei einer privaten Einladung, gehe ich noch ein paar Schritte vor der Tür. Auf Reisen haben Wartezeiten sogar einen besonderen Wert, wenn ich sie nur richtig zu nutzen weiß. So stört es mich etwa nicht, wenn ich am Flughafen eine halbe Stunde auf den Abflug meiner Maschine warten muss. Ich habe immer etwas zu lesen dabei, ich feile an einem Vortrag oder einem Text, ich versuche, mein nach wie vor ausbaufähiges Georgisch zu verbessern, oder ich sitze einfach entspannt da und mache mir meine Gedanken. Ich bin jedenfalls lieber zu früh da als auf den letzten Drücker. Es gibt ja solche Virtuosen, die alle Transferzeiten auf die Minute genau ausrechnen, die schon über das Internet oder per Handy einchecken, perfekt sortiert als letzte zur Sicherheitskontrolle erscheinen – und eine Minute vor der Verriegelung der Türen in ihren Sitz plumpsen. Für mich ist das nichts. Denn es sind natürlich genau diese Leute, die immer gleich kurz vor dem Herzinfarkt stehen, wenn es zu Verzögerungen kommt. Ich plane bei auswärtigen Terminen unvorhergesehene Verspätungen von Flug- oder Zugverbindungen von vornherein mit ein. Schon weil sie heute eigentlich eher der Normalfall sind. Und weil das meine Nerven ganz außerordentlich schont. Derartige Wartezeiten sind für mich geschenkte Zeit, keine verlorene oder gestohlene, allein schon deshalb, weil ich völlig ungestört bin. Ich komme da sogar oft auf meine besten Ideen.

Je länger und nachgiebiger unpünktliche und undisziplinierte Menschen ihren Schlendrian gepflegt haben, desto schwerer wird es natürlich für sie, ihre Zeit sinnvoll zu nutzen. Dabei hat doch der, der sie umsichtig einteilt, einen Wettbewerbsvorteil gegenüber jenen, die das nicht so gut können. Denn mit Menschen, die nie fertig werden, die herumtrödeln oder Termine überziehen, ist ja nicht nur die Zusammenarbeit schwierig. Auch ihnen selbst entgleitet die Zeit. Wer mit dem Aufschieben schon in der Frühe beginnt, der wird am Abend meist kaum noch wissen, wo ihm der Kopf steht, so sehr haben sich die Aufgaben bis dahin geballt. Kein Wunder, dass so jemand dann permanent unruhig und unglücklich ist. Denn er hat ja keine Zeit mehr. Weshalb solche Menschen leider auch die fatale Neigung haben, die Dinge trotzdem irgendwie „fertig" zu bekommen. Mit der Folge, dass sie hektisch und unkonzentriert hingeschludert statt gewissenhaft und gründlich erledigt werden.

Fürs Zuspätkommen gibt es keine Entschuldigung, nur falsche Planung! Für viele notorische Zuspätkommer würde es völlig ausreichen, wenn sie nur fünf Minuten früher aufstünden bzw. aufbrächen, um in Ruhe ihr Ziel zu erreichen. Wenn ein Mensch nur unter großer Hektik zur rechten Zeit ankommen kann, geht das an seine Substanz. Er vergeudet Kraft und damit auch Zeit für anderes: Zeit der Stille, Zeit der Gedanken, Zeit für eine neue Idee.

Wachsam sein für den Einfall

Als der griechische Mathematiker Archimedes das Gesetz des Auftriebs entdeckt hatte, soll er der Legende nach „Heureka!" gerufen haben – „Ich habe es gefunden". Nach dem griechischen Verb ευρισκειν („finden", „entdecken") wird die Lehre der Erkenntnisgewinnung und der Ideenfindung Heuristik genannt. Die Regeln für die Suche nach Ideen sind naturgemäß weniger streng als die Prinzipien jener philosophischen Disziplin, die sich mit der Begründung von Aussagen mit Wahrheitsanspruch beschäftigt – der Epistemik. Letztere müssen sich der formalen Logik und definierten Verfahren einer objektiven, kritischen Überprüfung fügen. Das gilt vor allem für solche Aussagen und Theorien, die wissenschaftliche Gültigkeit beanspruchen.

Anders als in Logik und Wissenschaft ist in der Heuristik letztlich alles erlaubt. Oder wie es in einem alten Volkslied heißt: Die Gedanken sind frei. Auf der Suche nach Ideen, bei der Formulierung von Gedankengebäuden oder beim Ausdenken neuer Sachen muss einer sich zunächst keine unnötigen Schranken auferlegen oder besonders systematisch vorgehen. Wenn eine Idee später nicht funktioniert oder sie überall auf Ablehnung stößt, dann ist er beim Gedankenflug vermutlich zu weit vom Kurs abgekommen. Das wird höchstens dann zum Problem, wenn allzu kühne geistige Piloten dauerhaft den Funkkontakt zur Erde abbrechen. Oder wenn offensichtlich unsinnige Ideen gleichwohl Publikum finden, wovon vor allem die großen ideologischen Verirrungen des 19. und 20. Jahrhunderts traurige Zeugnisse geben. Dagegen ist es bei großen Ideen, Entdeckungen oder Erfindungen im Grunde völlig egal, wie die Inspiration dazu ihrem Urheber zugeflogen ist.

Wohl gibt es eine Reihe bewährter Techniken, um den kreativen Gedankenfluss in Gang zu setzen und zu strukturieren. Zum Beispiel das bekannte Brainstorming, bei dem zunächst auf jede Bewertung aller vorgetragenen Ideen verzichtet und selbst der größte Blödsinn aufgeschrieben wird. Oder das sogenannte Mind-Mapping, bei dem Einfälle, Gedanken und Assoziationen in baumartigen Diagrammen notiert werden. Wer einen Text verfassen möchte, wird vielleicht mit einer Gliederung seines Themas beginnen. Oder über eine gewisse Zeit Stichworte und kurze Notizen sammeln. Doch ebenso gibt es Autoren, denen kaum etwas einfällt, wenn der erste Satz oder Absatz nicht „sitzt" – und die dementsprechend tage- oder gar wochenlang an ihm feilen. Forscher und Erfinder probieren auf Basis mehr oder weniger präziser Vermutungen einfach alles Mögliche aus. Und manchmal fliegen einem Ideen eben auch einfach zu. Bei der Ideenfindung ist damit etwas nicht nur erlaubt, sondern geradezu erwünscht, was in der Wissenschaft durch strenge Methoden eliminiert werden soll: die Macht des Zufalls.

Dass gute, ja sogar bahnbrechende Ideen manchmal geradezu vom Himmel zu fallen scheinen, hat freilich auch eine Kehrseite: Wir können den *Kairós*, den rechten Augenblick, die einmalige Gelegenheit, den genialen Einfall, nicht erzwingen. So wie der Zufall unserem Geist bisweilen auf die Sprünge hilft, so gerne verweigert er uns das Glück, wenn wir uns zu angestrengt um die rechte Idee zur rechten Zeit bemühen. Nicht immer steht uns ein guter Gedanke zur Verfügung, wenn wir ihn bräuchten. Anders gesagt: Ideen sind nur begrenzt planbar. Oft braucht es einfach ein wenig Zeit, bis uns der richtige Einfall kommt.

Warum Ideen „an der Zeit sein" müssen

Ideen brauchen aber auch in einem anderen Sinne des Wortes ihre Zeit. Keine Idee ist völlig voraussetzungslos. Deswegen kann sie oft erst gefasst werden, wenn ihre Zeit gekommen ist. Und sie kann vor allem nur dann erfolgreich sein, wenn sie zeitgemäß ist. Über viele Ideen, die nicht funktionieren, ist die Zeit dagegen vielleicht einfach schon hinweggegangen. Oder demjenigen, der die Idee hatte, ist jemand zuvorgekommen. In der Regel ist es so: Nur wer als Erster eine wirklich gute Idee realisiert, hat die Chance auf einen großen, manchmal sogar auf einen epochalen Erfolg. Im Falle großer geistiger oder künstlerischer Leistungen winkt dauerhafter Ruhm. Wer dagegen eine Idee, einen Gedanken – oder eine Form, ein Gestaltungsprinzip, einen Stil – bloß reproduziert, der wird dem Ruch des Epigonalen selbst dann kaum entgehen können, wenn er von den „Originalen" nur vage angeregt wurde, ja selbst, wenn er sie gar nicht kannte.

Gerade die Geschichte der technischen Erfindungen lehrt, dass der Zweite meist auch dann dem Vergessen anheim fällt, wenn er unabhängig vom berühmten Pionier auf die gleiche Idee gekommen ist. Es sei denn, er war derjenige, der eine Ursprungsidee zur Anwendungsreife brachte. Das ist der Grund, warum allgemein James Watt als der Erfinder der Dampfmaschine gilt. Die erste in der Praxis eingesetzte Maschine hatte Thomas Newcomen bereits 1712 konstruiert. Watt erhielt dagegen erst 1769 ein Patent – allerdings für eine bahnbrechende Verbesserung. Seine Dampfmaschine verfügte über einen separaten Kondensator, erzeugte den Wasserdampf also nicht mehr im Zylinder, was den Wirkungsgrad verdreifachte. Manchmal findet ein Erfinder leider auch keinen Markt. So ging es etwa Philipp Reis. Dass er und nicht Alexander Graham Bell der eigentliche Erfinder des Telefons (und übrigens auch des Begriffs) war, wissen oft nur Kenner der Materie. Meist ist es dagegen wie beim ersten Menschen auf dem Mond. Beinahe jeder weiß, dass das Neil Armstrong war. Wer die Mondlandung 1969 selbst miterlebt hat, wird nach etwas Überlegung auch noch auf den zweiten Mann kommen, auf Edwin „Buzz" Aldrin. Und der dritte? Selbst viele NASA-Mitarbeiter müssten seinen Namen, Charles Conrad, heute vermutlich nachschlagen.

Ob oder wann eine Idee an der Zeit ist, ist gerade im Geschäftsleben eine Frage des unternehmerischen Gespürs. Eine noch so überzeugende Idee wird scheitern, wenn die Umstände noch nicht reif für sie sind. Viele Menschen fragen dann: Wozu soll das gut sein? Selbst wenn wir heute über viele derartige Einschätzungen schmunzeln – zu ihrer Zeit lagen die Leute mit ihrer Skepsis gegenüber Dingen, die für uns selbstverständlich sind, wahrscheinlich sogar richtig. So wurde etwa dem US-Präsidenten Rutherford B. Hayes 1877 ein Telefonapparat vorgeführt. Sein Kommentar: „Eine erstaunliche Erfindung. Aber wer sollte sie jemals benutzen wollen?" Nicht nur, dass das Gerät technisch noch sehr mangelhaft war. Es konnte sich auch kaum jemand vorstellen, dass Menschen über größere Distanzen miteinander sprechen wollen. Weshalb Philipp Reis anfangs noch daran dachte, seinen Apparat zur Übertragung von Musik, also quasi wie ein Radio zu verwenden.

Andere Fehlprognosen sind legendär. Ausgerechnet Gottlieb Daimler meinte 1901, die weltweite Nachfrage für Kraftfahrzeuge werde „eine Million nicht überschreiten – allein schon aus Mangel an verfügbaren Chauffeuren." Die Idee, dass die

Leute ihr Auto selbst fahren, schien dem Autopionier einfach undenkbar. Schließlich gehörte doch auch zu jeder Kutsche ein Kutscher. „Wer zum Teufel will denn Schauspieler sprechen hören?", schimpfte Harry Warner noch wenige Monate, bevor die Warner Brothers 1927 mit „The Jazz Singer" selbst den ersten abendfüllenden Tonfilm herausbrachten. Der Chef der 20th Century-Fox, Darryl F. Zanuck, prognostizierte 1946: „Der Fernseher wird sich auf dem Markt nicht durchsetzen. Die Menschen werden es sehr bald leid sein, jeden Abend auf eine Sperrholzkiste zu starren." Und die ungeschlagene Nummer Eins aller Fehlprognosen, der Satz des IBM-Gründers Thomas Watson „Ich denke, dass es einen Weltmarkt für vielleicht fünf Computer gibt", war im Jahre 1943 durchaus eine realistische Einschätzung und keine Dummheit.

Wer deshalb zu früh mit einer Idee kommt, der droht gerade als Unternehmer noch spektakulärer zu scheitern als derjenige, der zu spät dran ist. Denn je mehr einer von einer Sache überzeugt ist, umso mehr steigt natürlich auch das Risiko, dass er zur Unzeit hohe wirtschaftliche Wetten auf sie eingeht. Und sich unter Umständen auch noch schwarz ärgern darf, wenn wenige Jahre später Nachahmer den Reibach machen. So hatte etwa mein Vater Georg Hipp als junger Mann die Idee, Fertigteig anzubieten. Doch in den dreißiger Jahren waren Frauen einfach nicht davon zu überzeugen, so ein Produkt zu kaufen. Heutzutage sind Tiefkühlteige und Backmischungen eine Selbstverständlichkeit. Und viele Leute fragen sich wohl eher, warum sie noch selbst Teig ansetzen sollten.

Selbstverständlich macht es mir am allermeisten Freude, wenn ich meinen Mitarbeiterinnen und Mitarbeitern eine neue Idee vortrage, sie sofort überzeugt sind und die Idee in der Folge tatkräftig unterstützen. Denn wenn eine Idee schon diejenigen anspricht, die sie letztlich mit ihrer gesammelten Erfahrung auf die Schiene bringen sollen, dann wird sie mit großer Wahrscheinlichkeit auch beim Handel und bei unseren Kunden ankommen. Doch manchmal musste ich eine Idee auch zunächst alleine durchdrücken und zum Ziel führen.

Ein gutes Beispiel für eine Idee, die in meiner Firma zunächst überhaupt keine Zustimmung fand, ist unser Logo. Früher war das ein recht nüchterner Schriftzug aus weißen Lettern auf rotem Grund. Noch zu Lebzeiten meines Vaters fanden wir beide, dass wir unser Erscheinungsbild modernisieren müssten. Doch zunächst verlief sich die Idee. Immerhin gab mir mein Vater die Adresse eines Werbegrafikers in New York, damals sozusagen das Mekka des Markendesigns. Einige Zeit nach seinem Tod im Dezember 1967 fiel mir der Zettel zufällig wieder in die Hand. Ich kontaktierte Francesco Gianninoto, der als erstes ein großes Paket mit allen unseren Werbemitteln und Verpackungen orderte. Darunter war auch ein einzelnes Produkt aus der Schweiz, bei dem irgendjemand den I-Punkt von „Hipp" durch ein Herzchen ersetzt hatte. Das war mir, ehrlich gesagt, nie besonders aufgefallen. Nach einiger Zeit präsentierte der besagte Grafiker mir dann seine Entwürfe mit dem bunten Schriftzug und den drei Herzen, den wir, nur äußerst behutsam modernisiert, bis heute verwenden. Ich war sofort Feuer und Flamme. Das drückte genau meine Vorstellung der Marke Hipp aus: weich, bunt, kindgerecht; saubere und sorgfältig zubereitete Produkte. Ich will, dass Mütter und Kinder ein Gefühl von persönlicher Nähe, von Zuwendung, ja von Liebe haben, wenn sie unsere Babynahrung verwenden bzw. essen. Diese Überzeugung hatte ich mir nicht etwa rational zurechtgelegt. Ich war emotional zutiefst von diesem Leitbild überzeugt. Und der neue Entwurf drückte das beschriebene Gefühl für mich perfekt aus. Kein einziger Wettbewerber präsentierte sich zudem auch nur annähernd ähnlich.

Natürlich dachte ich, die leitenden Mitarbeiter des Hauses müssten das ebenso vom Fleck weg erkennen – stattdessen ein Sturm der Entrüstung. Viel zu verspielt, kindisch, albern, ja unseriös sei der Entwurf. Das machen die Verbraucher niemals mit, die kommen sich doch veräppelt vor! Auch die Familie war wenig begeistert. Mit unserer Tradition habe das wohl nichts zu tun. Die professionellen Bedenkenträger aus der Werbung untermauerten die Vorbehalte. Das sei zu weit vom eingeführten

Markenbild weg. Außerdem habe ein Logo laut Lehrbuch eindeutig, und das heißt einfarbig zu sein – wegen des Wiedererkennungswertes. Es müsse daher etwas Strengeres entworfen werden.

Rational mochte an einigen dieser Gegenargumente sogar etwas dran sein. Aber auch wirtschaftliche Entscheidungen beruhen, wie fast alle unsere Entscheidungen, größtenteils auf einem Gefühl. Das ist wie bei einem Eisberg: Sechs Siebtel – die emotionalen Elemente – liegen unter Wasser. Und es ist fast unmöglich, eine emotionale Entscheidung mit rationalen Argumenten umzudrehen. Eher funktioniert es umgekehrt.

Also habe ich damals getan, was ich in vielen anderen Fällen unterlassen habe: Ich habe meine Entscheidung für den neuen Schriftzug par ordre du mufti durchgesetzt. Das hätte natürlich auch schiefgehen können; was allerdings mein ganz persönliches unternehmerisches Risiko war. Wie es ja auch tatsächlich genug Situationen gegeben hat, wo ich eine Idee umgesetzt habe und wir damit weniger erfolgreich waren. Andere sind dann später gekommen und haben es besser gemacht. Aber im Falle unseres Logos hat mir – und dem Grafiker Francesco Gianninoto – der Erfolg letztlich recht gegeben. Heute repräsentiert es eine der stärksten und bekanntesten deutschen Marken. Ja sie ist, bei aller gebotenen Bescheidenheit, fast ein Synonym für die Produktkategorie, so wie wir das ansonsten nur von bestimmten Klebefilmen, Papiertaschentüchern oder Hautcremes kennen.

Das Hipp-Logo, das zunächst auf so empörte Ablehnung stieß, bildete den Kern unserer heutigen Markenbildung. Jetzt ist es etabliert. Was natürlich auch heißt, dass wir die Grundidee nicht mehr so beherzt ändern würden. Vermutlich wird ja auch eine bekannte schwäbische Automarke solange einen Stern tragen, wie es Autos gibt. Jedenfalls müsste eine neue Idee *sehr viel* besser sein. Oder die Umstände müssten sich sehr stark ändern. Denn selbst Kinder, die noch gar nicht lesen können, erkennen unser Logo sofort. Und sie verbinden es mit gutem Essen. Wir kennen sogar Geschichten, wo Mütter andere Lebensmittel in unsere Gläschen geben, um am Spielplatz einen guten Eindruck als Markenkäuferin zu machen – aber die Kinder das in aller Regel merken. Weil sie eben auch die Qualität der Produkte kennen, und nicht nur den Schriftzug. Erst beides zusammen, Verpackung und Inhalt, Form und Substanz, machen eine starke Marke aus.

Außerdem zeigt das Beispiel unseres Logos, dass Form und Inhalt, Idee und Adressat zueinander passen müssen. Vor etlichen Jahren haben wir, da gesunde, natürliche Ernährung auch in dieser Zielgruppe ein wichtiges Thema ist, einmal Sportlernahrung angeboten. Hier hat unser Markenschriftzug – was man im Grunde wohl hätte ahnen können – überhaupt nicht funktioniert. Denn Sport, das ist in aller Regel Wettbewerb. Sportlerinnen und Sportler pflegen eine gewisse Kultur der Härte gegen sich selbst. Es geht um Kraft, Ausdauer und Durchhaltevermögen. Zu diesem Selbstbild passt das weiche, kindliche Image unserer Marke nicht, ganz egal wie gut und gesund die Produkte sind.

Macht Not erfinderisch?
Warum ein wenig Druck nichts schadet,
zuviel Druck aber sehr wohl

Not macht erfinderisch, sagt der Volksmund. Es ist daher oftmals leichter auf eine Idee zu kommen, wenn ein gewisser Druck herrscht, wenn möglichst schnell eine Lösung für ein bestimmtes Problem gebraucht wird. Unter Druck habe ich schlicht nicht die Ruhe, nichts zu denken. Oder plötzliche Einfälle gleich wieder zu vergessen. Wenn es drängt, dann wühlt alles in mir, alle Gedanken widmen sich einem möglichen Ausweg aus der schwierigen Lage. Gerade wenn ich geschäftliche Probleme zu lösen habe, gehe ich mit diesen zu Bett – und stehe mit ihnen auf. Ob wachend oder im Traum, oft gehen sie mir auch während der Nacht weiter im Kopf herum. Und nicht selten fällt mir dann auch nachts, wenn ich wach liege, eine Lösung ein, auf die ich des tags nicht gekommen bin.

Das kann ein Produkt sein, von dem mir plötzlich klar wird, wie es zusammengesetzt, verpackt, beworben oder verkauft werden müsste. Es kann sich um ein Kommunikationsproblem handeln, wo mir in der Situation, in der es auftauchte, die richtigen Worte gefehlt haben. Oder ein Mitarbeiter hat in seiner derzeitigen Position Probleme, ist unzufrieden, über- oder unterfordert. Am Tag sehe ich nicht, wie man das lösen könnte. Aber nachts fällt mir auf, wo es bei dem konkreten Projekt eigentlich klemmt. Oder was im Aufgabengebiet des Mitarbeiters verändert werden könnte bzw. auf welche Position er möglicherweise versetzt werden muss, um wieder zufrieden und erfolgreich zu arbeiten.

Vielleicht ist es ein besonders zuverlässiger oder korrekter Mitarbeiter, dem für seine gegenwärtigen Aufgaben etwas Phantasie und Kreativität fehlen. Während wir an einer anderen Stelle einen unkonventionellen, aber besonders einfallsreichen Menschen sitzen haben, der sich mit für ihn eher langweiligen

Routineaufgaben herumschlagen muss. Oder wir haben jemanden, dem für seine Aufgaben in der Produktion technisches Verständnis fehlt – der aber in der Qualitätskontrolle sofort aufblüht. Manchmal muss man zur Auflösung solcher Situationen zwei oder drei Umbesetzungen vornehmen. Oder ein Team neu zusammensetzen. Und manchmal wird mir eben auch klar, dass wir uns leider trennen müssen. Wobei ich dann aber oft darüber nachdenke, ob der Mitarbeiter in einer anderen, mir bekannten Firma in der Umgebung vielleicht besser aufgehoben wäre. Jedenfalls, wenn er sich nichts hat zuschulden kommen lassen oder einfach für uns ungeeignet ist. Auch das gibt es ja leider ab und an.

Der Grund, warum mir plötzlich die Lösung deutlich wird, ist im Kern immer derselbe: Es war durch das Problem Druck entstanden, der zu einem wirtschaftlichen Misserfolg, zur Eskalation eines menschlichen Problems oder zu nachhaltig schlechter Stimmung in einer Abteilung hätte führen können. Und das lässt mich dann eben nicht los, bis ich es lösen kann. Hier handelt es sich wohlgemerkt nicht um ein krampfhaftes Nachdenken, bei dem ich mich schlaflos im Bett wälze. Das bringt eher wenig, führt selten zu guten, kreativen Problemlösungen. Es ist eher eine innere Unruhe, die da wirkt, und die den Willen zur Lösung befeuert.

Es spricht ja vieles dafür, dass der Mensch gar nicht in erster Linie zum Zwecke der physischen Erholung schläft. Es ist vor allem das Gehirn, dass ein bestimmtes Quantum Schlaf braucht. Ebenso wie einen gesunden Schlaf, der bekanntlich aus unterschiedlichen Phasen besteht: Tiefschlaf, Traumphasen, manchmal auch kurze Wachphasen. Oft beschäftigen sich die Synapsen da einfach mit Aufräumarbeiten. Jeder kennt solche chaotischen oder surrealen Träume, die offensichtlich nichts mit Tageserlebnissen zu tun haben. Aber manchmal arbeiten wir diese eben doch ab. Und bisweilen findet das Gehirn dann wohl auch in irgendeiner seiner Windungen eine Lösung, die uns beim bewussten Nachdenken nicht eingefallen ist. Die aber gleichwohl schon „da" war.

Die in der Nacht geborenen Ideen haben zugleich unschätzbare Vorteile: Sie sind meist einfach, klar, unkompliziert – und noch nicht zerredet. Stelle ich meine Idee dann am nächsten Tag den betreffenden Mitarbeitern vor, kann es natürlich immer noch passieren, dass sie sich im Laufe der Diskussion als weniger gut entpuppt, wie ich dachte. Dass gewichtige Gegenargumente vorgebracht werden, ich einen entscheidenden Punkt übersehen habe. Doch meine Idee ist dann immerhin noch der Impuls für eine bessere Lösung gewesen. Eben eine, die nicht mir zugefallen ist, sondern die im Team erarbeitet wurde.

Auch wenn das zum Glück nicht oft der Fall ist: Bisweilen gibt es sogar Zeiten, die so unruhig sind, dass ich überhaupt nicht in den Schlaf finde. In der Verantwortung für ein großes Unternehmen schlafe ich eben nicht immer gut. Doch irgendwann kommt immer auch der Augenblick, in dem mir die mögliche Lösung aufscheint.

Bei wirtschaftlichen Entscheidungen oder bei der Lösung technischer Probleme liegt ein gewisser Druck geradezu in der Natur der Sache. Denn hier habe ich es fast immer mit Knappheitsproblemen zu tun. Zeit, Geld und Ressourcen stehen eben so gut wie nie unbegrenzt zur Verfügung. Und wenn es doch einmal egal sein sollte, was eine Lösung kostet oder wann ein Produkt auf den Markt kommt, dann kann ich fast eine Wette darauf abschließen, dass die derart Verwöhnten zwar alle denkbaren Hebel in Bewegung setzen – aber der Zug am Ende gar nicht, viel zu spät oder völlig überladen in den Bahnhof rollt.

Panik führt zu Denkblockaden

Andererseits: Zu groß darf die Not dann auch wieder nicht sein. Denn Angst ist ein noch schlechterer Ratgeber als völlige Sorglosigkeit. Hängt von der Markteinführung eines neuen Produktes das Überleben der Firma ab oder weiß ich, dass ein Wettbewerber ebenfalls kurz vor dem Durchbruch steht, dann droht Torschlusspanik. Und so werde ich unter Umständen mangelhafte Qualität, unzureichende Planung oder völlig überhöhte Kosten in Kauf zu nehmen bereit sein. Hektischer Aktionismus tritt dann an die Stelle von Nachdenken und überlegtem Handeln.

Die meisten Menschen neigen im Brandfall zu unüberlegten, im günstigsten Fall hilflosen, im schlimmsten Fall sogar lebensgefährlichen Handlungen. Wer in hochriskanten Berufen arbeitet, also etwa Polizisten, Feuerwehrleute, Piloten und Flugbegleiter oder Experten beim Kampfmittelräumdienst, wird eben deshalb langwierig darauf trainiert, impulsive Reaktionen von Angst, gar von Panik bewusst zu kontrollieren und selbst in brenzligsten Situationen einen kühlen Kopf zu behalten.

In stark abgestufter Form gilt dieses Gebot auch bei der Suche nach Lösungen in anderen kritischen, wenn auch weniger bedrohlichen Situationen. Jeder kennt das: So sehr ich mich bemühe, die Gedanken wollen nicht fließen, die Lösung eines Problems will mir partout nicht einfallen. Wer sich in so einer Situation selbst unter Druck setzt, wer sozusagen am Ventil oder am Wasserhahn herumfummelt, statt zu bemerken, dass er sprichwörtlich auf dem Schlauch steht, wird der Sache nicht näherkommen, sondern bloß seinen Adrenalinspiegel nach oben schrauben. Mit dem Resultat, dass er das urmenschliche Alarmsystem startet. Und das drängt nun einmal zur schnellen Flucht und nicht zum überlegten Handeln.

Denn jene unserer Vorfahren, die bei jedem Rascheln im Gebüsch erst nachgedacht haben, ob dahinter ein Löwe oder ein Vogel steckt, sind alle von einem Löwen gefressen worden. Dass sie sich zuvor viele Male, anders als die unreflektierten Angsthasen, einen kräftezehrenden Sprint erspart haben, hat ihnen am Ende nichts geholfen. In einer bedrohlichen natürlichen Umwelt ist es schlicht vorteilhafter, ohne genaue Prüfung der Gegebenheiten Fersengeld zu geben. Einige tausend Jahre menschlicher Zivilisation haben nicht genügt, dieses über Jahrmillionen bewährte Programm weitgehend stillzulegen.

Doch die Fragen und Probleme der heutigen Zeit sind in 98 von 100 Fällen keine Löwen. An die Stelle gegenwärtiger Gefahren, auf die wir sofort reagieren müssen, sind überwiegend künftige Risiken getreten, die es nüchtern abzuwägen gilt. Wer angesichts dessen unter Stress handelt, zieht häufig die schnelle und schlechte einer besseren, überlegten Lösung vor. Damit vergeudet er Kräfte und Ressourcen, obwohl es bei uns höchst selten um Entscheidungen auf Leben und Tod geht. Anders als in der Wildnis sind in der Zivilisation, erst recht in unserer modernen Welt mit ihren komplexen Zusammenhängen, das Nachdenken, die Geduld und die Fähigkeit, auch einmal abzuwarten, durchaus von Vorteil.

Deshalb liegt gerade im Bereich des Schöpferischen in der Ruhe die Kraft. Natürlich muss irgendwann gehandelt werden. Würden wir eine unternehmerische Entscheidung so lange hin und her wälzen, bis wir auch noch wissen, was sie für unsere Markposition auf Tonga bedeutet, dann gäbe es unsere Firma längst nicht mehr. Und schöbe ich immer nur jene Papierschnipsel hin und her, die ich für die Ideenfindung nutze, dann wäre mein malerisches Oeuvre überaus schmal. Wenn aus der Idee kein Produkt, kein Gemälde, keine Tat wird, dann hat sie am Ende eben auch nichts getaugt.

Wir sollten jedoch deshalb Aktivität nicht mit Aktionismus verwechseln. Der Aktive greift eine gereifte Idee auf und ergreift die Chance, die in ihr liegt. Er wird erfolgreich sein, wenn er die Sache hinreichend durchdacht hat. Der Aktionist macht dagegen in der Regel bloß Wind, sei es nun aus Übermut, aus Leichtsinn oder aus purer Ratlosigkeit, wie er es eigentlich anstellen soll.

Wenn es an einer durchschlagenden Idee fehlt, ist es daher oft besser, erst einmal nichts zu tun und abzuwarten. Ich habe es jedenfalls oft erlebt, dass genau im Zurücknehmen und im Pausieren der Raum entsteht, in dem Neues zutage kommen kann. In diesem Vertrauen auf die Kraft der Ruhe kann ich auch in kritischen Situationen warten, bis der richtige Einfall kommt. Denn wohl ist oft das Gute des Besseren Feind. Das Falsche ist es aber allemal.

Wenn die rechte Idee sich nicht einstellen will, kann es oft auch sehr hilfreich sein, den Rat Dritter zu suchen. Denn Außenstehende blicken unvoreingenommen auf eine Sache. Wogegen die direkt Betroffenen vielleicht betriebsblind geworden sind und den Wald vor lauter Bäumen nicht mehr sehen. Hinzu kommt, dass für sehr viele Menschen der Wunsch zu helfen ein starker Antrieb nicht nur des Handelns sondern auch des Denkens und der Kreativität ist.

Bei mir ist es jedenfalls so: Wenn ich um Rat gefragt werde und das Vertrauen eines Menschen spüre, dass mir zu seinem Problem halbwegs zügig etwas einfallen wird, dann arbeitet sich mein Gehirn bewusst wie unterbewusst an dem Thema ab. Und das oft weit freudiger und konzentrierter, als wenn ich an einem eigenen Problem herumkaue. Denn als Ratgeber bekomme ich ja eine drängende Frage vorgelegt, ohne dass mit ihr zugleich die Sorge ins Haus einzöge. Das kann die grauen Zellen außerordentlich anregen. Außerdem bleibt meine Idee auch hier meine Idee. Ich habe jedenfalls kein Problem damit, wenn sie andernorts umgesetzt wird und ich sehe, dass sie funktioniert. Genauso wie ich mich freue, wenn Leute einen Gedanken oder eine Formulierung von mir übernehmen.

Anderen derart zu helfen oder sie zu inspirieren, hat weder etwas mit Ideenklau noch mit Plagiaten zu tun. In solchen Fällen hat einen ja gerade niemand gefragt, bevor er sich an den Früchten fremder Geister vergreift. So haben wir in der Firma einmal eine sehr unangenehme Erfahrung mit einem unserer Ausrüster gemacht. Eine seiner Maschinen hatten wir nach der Anschaffung aufgrund eigener Erfahrungen technisch verbessert. Konkret hatte sich unser Werksleiter eine optimierte Walze zum Trocknen von Getreide ausgedacht. Einige Zeit nach einer routinemäßigen Wartung durch dessen Monteure fanden wir unsere technische Neuerung in einer Maschine des Herstellers. Der natürlich bestritt, die Idee bei uns geklaut zu haben. Worauf wir nicht nur den Lieferanten wechselten, sondern auch die Wartung ab dato weitestgehend selbst durchführten. Der Punkt ist: In solchen Fällen wird nicht nur eine Idee übernommen. Jemand eignet sich vor allem den aus ihr resultierenden wirtschaftlichen (oder akademischen) Erfolg an. Und das ist ebenso unrechtmäßig wie ungerecht. Immerhin: Auch so ein Ideendieb erkennt an, dass die eigene Idee gut war. Insofern wären Patentklau und Plagiat sozusagen verfehlte Formen des Lobes. Während meines Jurastudiums, bei dem ich weitestgehend unterdurchschnittlich war, hat es mich immer gefreut, wenn jemand von mir Wissen bezog. Das war immerhin eine Anerkennung meiner eigenen bescheidenen Leistungen.

Von der Anfang 2010 verstorbenen IKKH Erzherzogin Regina von Habsburg habe ich zudem einen Rat übernommen, den sie selbst als junge Frau von ihrer Schweigermutter, der Kaiserin Zita, bekommen hatte: Wenn Du mal einen Rat brauchst, dann gehe zu einem Vielbeschäftigten. Denn wahr ist: Wer viel zu tun hat, wer vielfältige Aufgaben und Pflichten permanent unter einen Hut bringen muss, der erledigt die Dinge sofort. Und er weiß Wichtiges von Unwichtigem, Kernpunkte von Nebensächlichkeiten, Dringendes von weniger Dringendem zu unterscheiden. So wie der Vielbeschäftigte meist auch ein gutes Gespür dafür hat, welche Angelegenheiten noch nicht reif zur Entscheidung sind.

Wenn die Idee kommt, muss sie festgehalten werden

Auf welchem Wege auch immer eine Idee sich einstellt – gerade *weil* wir das nicht erzwingen können, gerade *weil* Glück, Zufall oder unerwartete Eingebungen von oben uns oft zu Hilfe kommen, müssen wir für jene Momente wachsam sein, in denen die Geistesblitze einschlagen. Das passiert, wie wohl jeder aus Erfahrung weiß, sehr häufig, wenn wir über die betreffende Sache gerade überhaupt nicht nachdenken. Und es pflegt schon gar nicht immer am Schreibtisch zu geschehen. Block oder Diktiergerät sind nicht immer zur Hand. Obwohl: Eine Funktion für kurze Tonaufnahmen hat heutzutage jedes Handy. Zumindest Stichworte lassen sich so jederzeit festhalten. Mit einem Smartphone können wir inzwischen auch schon ganz komfortabel tippen. Ich selbst bin da recht konservativ: Ich habe immer und überall ein gebundenes Notizbuch im Taschenformat und einen kleinen Bleistift – mein bevorzugtes Schreibgerät – dabei. Das hat den Vorteil, dass ich auch immer zeichnen kann.

Niemand sollte sich der Illusion hingeben, dass ein guter Gedanke gleichsam automatisch haften bliebe. Jeder dürfte es schon oft erlebt haben, dass er etwas im Moment der Eingebung völlig Einleuchtendes eigentlich festhalten wollte. Und dann kommt irgendetwas anderes, oft weit Banaleres dazwischen. Und schon eine halbe Stunde später ist einem die Idee (erst recht eine gute Formulierung) entfallen. Denn eine Idee ist ja nicht erst dann eine Idee, wenn man von ihrer die Welt verändernden Größe so sehr überzeugt ist, dass man ohnehin nichts anderes mehr denkt oder tut. Der Erfinder des Rades wird vermutlich keine Notiz wie „Idee: runde Scheiben auf Stock stecken, unter Brett montieren" in ein Steintäfelchen geritzt haben. Aber meist haben wir es eben mit „kleineren" Einfällen zu tun. Und da geht aufgrund von Acht- und Gedankenlosigkeit sehr oft Wertvolles verloren. Ob eine Idee also ausgereift oder ob sie nur ein zarter Keim ist: Sie festzuhalten, durchaus auch ganz praktisch zu notieren, ist stets das erste, was man tun sollte. Für mich ist es eine befreiende Erleichterung Ideen aufzuschreiben, denn dann bin ich weniger damit belastet, an sie denken und mich an sie erinnern zu müssen.

Freilich ist es das eine, eine Idee zu haben. Das andere ist, sie dann auch zu verfolgen – und nicht etwa den betreffenden Zettel selbstzufrieden in irgendeiner Ablage zu versenken. Mit jeder Stunde, jedem Tag, die vergehen, sinkt leider die Wahrscheinlichkeit, dass man auf eine Sache zurückkommt. Da die Gattung Mensch ursprünglich nun einmal nicht als Clan von Philosophen das Licht der Welt erblickt hat, funktioniert unser inneres Belohnungssystem recht handgreiflich: erfolgreiche

Taten – übrigens auch darob zufriedene Artgenossen – motivieren uns nachhaltig, Gedanken und symbolische Gesten verpuffen recht rasch.

Mit etwas Glück folgen aus 100 theoretischen Ideen wahrscheinlich zwei oder drei praktische Projekte. Und von 90 der Ideen hat die Welt nie etwas erfahren, weil sie weder festgehalten noch ausgesprochen wurden. Darunter sind sicher viele Einfälle, deren Verwirklichung keinen Nutzen gestiftet, ja vielleicht sogar Schaden angerichtet hätte. In vielen Fällen scheuen die Urheber einer Idee aber auch bloß die Mühen der Ebene, die selbst dem kühnsten Gedanken folgen müssen. Viele unserer Vorfahren mögen die Idee gehabt haben, das Feuer bei Nacht zum Selbstschutz und zum Wärmen, bei Tage zum Bereiten von Speisen zu nutzen. Aber nur wenige dürften sich hingesetzt haben, um mithilfe von Feuersteinen und Spänen mühsam eines zu entfachen.

Bei mir ist es so, dass ich meist in der Nacht oder in der Frühe Einfälle habe. Und dann bin ich oft sogleich überzeugt: Das ist richtig, das muss ich tun. Das bedeutet aber auch, sofort gegen jede Bequemlichkeit anzukämpfen. Denn ein Gedanke, den ich nicht sehr bald praktisch aufgreife, ist wenig wert. Ist eine Idee noch vage, unklar oder unausgereift, gilt es sie als erstes auszuformulieren. Meiner Erfahrung nach tue ich das am besten schriftlich, ja sogar handschriftlich.

In der Malerei setze ich eine Idee meist erst zu einer Skizze um. Hier hängt alles von der richtigen Setzung der Grundformen ab. Die Hauptform muss, bezogen auf meine Idee und das Format des Bildes, unbedingt an der „richtigen" Stelle stehen. Um das zu gewährleisten, nutze ich oft Papierschnitzel anstelle eines Stiftes; die kann ich so lange austauschen und verschieben, bis es passt. Dann setze ich auf die gleiche Weise eine zweite Form. Zweite Regel: Fünf Formen sind das Maximum. Alles, was darüber hinausgeht, führt meist nicht zu einem Gemälde, sondern zu einem Tapetenmuster. Drittens: Ich beginne fast immer mit Grautönen. Damit gewährleiste ich, dass die Form wichtiger ist als die Farbe.

Doch so wichtig eine schriftlich ausformulierte Idee oder eine gute Skizze sind: Wenn ich sie nicht praktisch umsetze, nützen selbst die schönsten Konzepte nichts. Eine Idee darf eben auch nicht überreif werden. Dann wird sie faul, wie eine falsch oder zu lange gelagerte Frucht. Entscheidend ist es, zum richtigen Zeitpunkt zu handeln.

Gerade im Alltagsgeschäft schaffe ich mehr, wenn ich nichts auf die lange Bank schiebe. Wenn ich zum Beispiel am Schreibtisch sitze und meine Post erledige, dann geht es einfach schneller, wenn ich die Sachen nur einmal in die Hand nehme und gleich entscheide, was zu tun ist; ob ich mich einer Sache selbst widme, ob und an wen ich sie delegieren kann oder ob ich mich gar nicht weiter mit ihr befassen muss. Stapel von Papieren und unerledigter Post machen nicht nur schlechte Laune beim Anblick des Schreibtisches. Sicher erledigen sich manche Dinge auch mit dieser Methode von selbst – nämlich die, die ohnehin unwichtig waren. Aber die befördere ich lieber sofort und bewusst in den Papierkorb. So wie ich die wichtigen Angelegenheiten möglichst sofort erledige, anstatt sie auf großen Haufen in tickende Zeitbomben zu verwandeln. Der größte Vorteil an dem Verfahren ist freilich ein anderer: Ich gewinne Zeit für die Dinge, die mir wirklich wichtig sind.

Um sicher, schnell und effektiv handeln zu können braucht es Konzentration und Fokussierung. Es gibt Aufgaben, denen ich mich mit voller Aufmerksamkeit widme und bei denen ich an nichts anderes denke. Das ist nicht nur bei wichtigen unternehmerischen Entscheidungen so. Sondern zum Beispiel auch dann, wenn ich im Orchester Oboe spiele. Wenn ich bei einem Bild entscheidende Akzente setze. Oder wenn ich mich bei einer Rede ganz auf meine Zuhörer und deren Fragen einstelle. Andererseits kann ich beim Autofahren reden und dabei Musik hören, im Flugzeug lesen und hören, was neben mir gesprochen wird, oder in einer Gesellschaft mehreren Gesprächen gleichzeitig lauschen. Auch im Büro kann ich – wie mein Vater – mehrere Dinge zur gleichen Zeit tun. Allerdings mit jener angespannten Konzentration, die es braucht, wenn ich nicht alles durcheinanderbringen will.

Künstler, Intellektuelle und Kreative neigen vielleicht etwas häufiger zum Aufschieben als bodenständige Praktiker. Die Schriftstellerin Kathrin Passig und der Werber und „Internet-Guru" Sascha Lobo haben dem von ihnen zur „Prokrastination" geadelten Problem 2008 sogar eine ganz originelle Verteidigungsschrift gewidmet („Dinge geregelt kriegen – ohne einen Funken Selbstdisziplin"). Ein Grund ist sicher, dass der Geist nun mal weht, wann und wo er will. Außerdem gibt es zu jeder Idee eine Alternative, zu jedem Gedanken einen Einwand. Viele schöpferische Menschen sind ohnehin die schärfsten Kritiker ihrer selbst. Das ist ehrenwert, aber es kann auch bremsen. Auch wenn das sicher nicht immer leicht ist, sollte jeder erkennen, ob sich gerade sein innerer Kritiker oder sein innerer Schweinehund meldet.

Sicher gibt es so etwas wie geborene Pläneschmiede, die vor lauter guten Ideen nie zum Handeln kommen. Falls sie in der Sache zum Fantastischen neigen, würde ich solchen Leuten eher zu einer literarischen Karriere raten. Das gilt übrigens auch für jene Zeitgenossen, die sich mit Verve der Lösung unlösbarer Probleme verschreiben. Denn weder werden sie je das versunkene Atlantis entdecken noch das Perpetuum Mobile bauen. Andere kreative Köpfe, die mit der Umsetzung ihrer Ideen zu sehr hadern, brauchen dagegen schlicht eine oder mehrere rechte Hände – Praktiker, die selbst vielleicht nicht zu riesigen Gedankensprüngen neigen, dafür aber umso größere Freude daran haben, jene in kleine Schritte zu zerlegen, die dann auch funktionieren. So wie jeder selbsternannte Daniel Düsentrieb auf einen Bremser angewiesen ist, der zumindest die unsinnigsten Projekte und Erfindungen abwürgt. Jedes Unternehmen ist gut beraten, diese verschiedenen Charaktere allesamt unter seinen Mitarbeitern zu haben. Das Übrige ist dann „nur" noch eine Frage des richtigen „Teambuildings".

Wie viele Erfindungen und bahnbrechende Entdeckungen in der Geschichte der Menschheit wohl den Zufall zum Urheber haben? Umgangssprachlich sagen wir das ja sehr oft: Das war Zufall. Etwas ist zufällig geschehen. Aber was heißt das eigentlich?

Eines bedeutet „Zufall" für mich jedenfalls nicht: dass Gott würfelt. Selbst wenn man den Gedanken für einen Moment zuließe, aus ihm könnte nur eines folgen. In Gottes Zeitdimension, der Ewigkeit, käme es zu einer exakten Normalverteilung von Eingebungen und Ereignissen. Welch seltsame Art von Strähne sollte dann aber die Geschichte seiner Selbstoffenbarung in der Geschichte der Menschheit sein? Oder: Hat jemand in Zeiten, in denen neue Ideen nur so sprießen oder sich die Ereignisse überschlagen, etwa Gottes Würfel gezinkt?

Zufall in dem Sinn, dass mir etwas zufällt, meint im Grunde: Plötzlich kommt mir eine Idee, ohne dass ich ihren Grund, ihre Quelle erkenne. Gewiss ist die Frage nach dem Warum und dem Woher für die Heuristik interessant, für die Lehre der Erkenntnisgewinnung und der Ideenfindung. Aber im Sinne der Sache ist die Frage eben auch ein wenig müßig. Hier ist das Entscheidende, die zugefallene Idee festzuhalten und einzuordnen. Und dies Entscheidende ereignet sich bei genauerem Hinsehen gerade nicht aus dem Nichts heraus. Menschen denken oftmals das gleiche zur gleichen Zeit. Ebenso wie sich Dinge zum gleichen Zeitpunkt an verschiedenen Orten unabhängig voneinander ereignen können. Wir sagen in diesem Fall, eine Idee, eine Theorie, eine Erfindung habe wohl „in der Luft gelegen". Die Frage ist nur: Warum wird sie von bestimmten Menschen erfasst und aufgegriffen – und von anderen nicht? Hier reicht der Zufall, das Zufallen allein als Erklärung nicht aus. Mindestens ebenso wichtig ist das Festhalten und das Verfolgen des Zugefallenen – seine Umsetzung. Wir müssen aus dem Zufall etwas machen, erst dann wird die Idee Wirklichkeit.

Meine Erfahrung ist, dass erst die eigene Begeisterung für eine Idee Mut macht und einem Flügel verleiht. Nur wenn ich überzeugt bin, dass diese oder jene Idee richtig ist, dass es einfach so gemacht werden muss, schreite ich vom Gedanken zur Tat. Ich spüre eine innere Dringlichkeit: Das wird kein anderer machen, wenn ich es nicht mache. Es ist *meine* Aufgabe, das zu tun. Ich bin für die Idee verantwortlich. In bestimmten Fällen mag sogar das etwas pathetische Wort von der Berufung zutreffen.

Innere Stimmen und Rufe von „oben"

Anfang der siebziger Jahre des vorigen Jahrhunderts kam ich bei einem Ausritt zufällig an der Wallfahrtskirche Herrnrast bei Ilmmünster vorbei, einem Ort einige Kilometer südlich von Pfaffenhofen. Sie liegt, nicht weit von unserem Familiengehöft entfernt, weithin sichtbar auf einer Anhöhe.

Einer Legende zufolge war dort einem Schafhirten gegen Ende des 16. Jahrhunderts in einem Lindenbaum ein Bildnis des rastenden Herrn erschienen. Das ist ein rund zweihundert Jahre zuvor aufgekommenes Motiv. Die fast ausschließlich plastischen Werke stellen den Erlöser nach dem Verhör und der Folter im Hause des Pilatus dar, und zwar sitzend, einen Arm auf dem Oberschenkel aufgestützt, im Lendenschurz, mit Dornenkrone und Wundmalen. Mehrfach soll der Hirte das Bildnis in seine Hütte getragen und es in einer Art hölzernem Schrein verborgen haben. Doch stets fand er es am folgenden Tag wieder in der Linde. Der Pfarrer von Ilmmünster, so heißt es, hörte von dem wunderlichen Geschehen und erzählte seinem Bischof davon, der darauf den Bau der Kirche anordnete. Im Dreißigjährigen Krieg wurde sie schwer beschädigt, 1689 im barocken Stil erneuert. Als Bezug auf die Gründungslegende beherbergt der Hochaltar bis heute eine – wohlgemerkt auch aus dem Barock stammende – hölzerne Gnadenfigur des „Christus in der Rast", von dem sich eben auch der Name der Kirche herleitet.

Im 19. Jahrhundert erfreute sich Herrnrast zunächst nur bei den Gläubigen der Umgebung großer Beliebtheit. Dann kamen

Pilger von immer weiter her, die Wallfahrtskirche wurde in ganz Oberbayern bekannt. Aus der alljährlichen zweitägigen Kirchweih wurde schließlich ein populäres Volksfest mit Verkaufsbuden und Wurstständen. Der Wallfahrtsgedanke trat dagegen immer mehr in den Hintergrund. Nach dem Zweiten Weltkrieg verfiel die Kirche zunehmend.

Als ich damals dort vorbei ritt, befand sich das Gotteshaus in einem furchtbar heruntergekommenen Zustand. Das Dach war undicht, die Außenmauern wiesen bereits bedenkliche Risse auf, und teilweise hatte sich bis auf die Höhe der Fenster Erdreich angehäuft. Ich erinnerte mich sofort, dass ich als Kind zusammen mit meinem Vater einmal an einer Wallfahrt hierher teilgenommen hatte. Nun hätte ich natürlich sagen können: Was geht mich der Zustand dieser Kirche an? Da sollen sich die zuständigen Stellen drum kümmern. Wozu gibt es schließlich ein Bayerisches Landesamt für Denkmalpflege? Und wozu hat das große Erzbistum München und Freising ein Baureferat?

Tatsächlich aber sagte mir eine unüberhörbare innere Stimme, dass ich mich um diese Sache kümmern müsse. Ich will mich mit dieser Geschichte um Himmels willen nicht als einen von oben Berufenen stilisieren. Ich hatte damals auch keine Erscheinung. Es war einfach nur das Gefühl: Wenn ich mich nicht darum kümmere, wird dieses barocke Kleinod früher oder später zur völligen Ruine verkommen. Und das wollte weder der Katholik noch der Künstler und Kunstbegeisterte in mir zulassen.

Zunächst wandte ich mich an der örtlichen Pfarrer. Das Verhältnis zwischen dem äußerst sittenstrengen älteren Herrn und seinen Schäfchen war nicht ganz spannungsfrei. Im Gespräch entdeckten wir dann, dass wir aus dem gleichen Viertel in München stammten, das brach ein wenig das Eis. Es war aber auch schnell klar, dass der Pfarrer sich aufgrund seines fortgeschrittenen Alters und der Stimmung in der Gemeinde um das Problem Herrnrast nicht mehr kümmern würde.

Ich erkundigte mich beim Erzbischöflichen Ordinariat in München nach den Zuständigkeiten. Dort wusste man ebenfalls vom baufälligen Zustand Herrnrasts. Aber zum Erzbistum München und Freising gehören über 2 000 Kirchen. Ein großer Teil davon sind nicht nur religiös, sondern auch baugeschichtlich überaus bedeutend. Verständlich, dass eine Kirche mit gut 200 Plätzen, auf dem einsamen Land gelegen, nicht gerade ganz oben auf der Liste der architektonischen Sorgenkinder stand. Also bot ich an, die Renovierung der Wallfahrtskirche zu großen Teilen privat zu finanzieren. Das Bistum übernahm die Materialkosten, und die zuständigen Stellen dort waren natürlich auch organisatorisch und beratend eingebunden, ebenso wie das Landesamt für Denkmalpflege. Im Gegenzug sagte ich zu, sämtliche Lohnkosten zu übernehmen. Als Bauleiter gewann ich einen ehemaligen Mitarbeiter, der schon einige Jahre im Ruhestand war und der sich mit seinen über 70 Jahren mit großer Freude und riesigem Engagement in das Projekt stürzte. Außerdem startete ich über die Presse einen Aufruf an die Bevölkerung im Landkreis: Wer bei der Sanierung mit anpacken wolle, der sei herzlich eingeladen. Es werde zwar kein Geld geben, aber für eine gute Brotzeit werde stets gesorgt sein. Und so haben wir mit viel Eigenarbeit in rund einem Jahr die Kirche renoviert. Für die fachlich anspruchsvolleren Arbeiten wurden natürlich auch kundige Handwerker und Restaurateure hinzugezogen, die mir vom Baureferat des Erzbischöflichen Ordinariats empfohlen worden waren. Am 12. Dezember 1974 weihte der damalige Münchner Erzbischof, Kardinal Julius Döpfner, die grundsanierte Kirche erneut feierlich. Und auch der heutige Heilige Vater Benedikt XVI. verbrachte als Kardinal Ratzinger seinen Urlaub öfters im Benediktinerkloster Scheyern, ganz in der Nähe von Herrnrast, das er kennt.

Als Messner kümmere ich mich bis zum heutigen Tag um diese Kirche. Ein erzogener Frühaufsteher, steige ich, so ich daheim bin, morgens um kurz nach sechs ins Auto, fahre wenige Minuten und schließe die Kirche auf, richte gegebenenfalls Kerzen oder Blumen und verharre für ein kurzes Gebet. Abends, meist bevor ich ins Atelier fahre, schließe ich die Kirche wieder zu. Bin ich auf Reisen, kümmert sich unser Firmenwachdienst um diese Dinge. Herrnrast hat sich über die Jahre wieder zu einem überregionalen Ziel für Wallfahrten und Besichtigungen entwickelt. Seit einigen Jahren gibt es zudem einen sehr schönen Christkindlmarkt. Und da die Kirche eine gute Akustik hat, finden auch regelmäßig Konzerte in kleineren Besetzungen statt. Dass es keinen Strom gibt und das Orgelgebläse folglich noch händisch bedient werden muss, sorgt dabei für ein ganz besonderes Klangerlebnis, da die Orgel „atmet".

Das Beispiel Herrnrasts zeigt mir nahezu Tag für Tag: Wenn mir etwas zufällt, dann kommt es von jemandem, der es mir zuspielt. Ohne einen ursprünglichen Beweger fällt mir nichts zu. Dieser Beweger ist keineswegs notwendig eine Person oder ein personal gedachtes Wesen wie unser dreieiniger christlicher Gott. Auch der Glaube ist nicht das Einzige, was mich bewegt. Sehr oft sind es ganz handfeste praktische Probleme oder höchst profane Stimmungslagen, die mich antreiben. Aber was es auch ist, „etwas" muss immer in mir wirken, damit ich eine Idee nicht nur haben sondern auch aufgreifen kann.

Das heißt natürlich auch, dass es ohne Offenheit für solche Momente und Eingebungen nicht geht. Für eine Idee muss ich zu geistiger Arbeit bereit sein und geistige wie praktische Beweglichkeit mitbringen. Ein aufgeschlossener Mensch hat es leichter, sich von einer neuen Idee begeistern zu lassen als ein verschlossener. Es gibt Menschen, die geradezu süchtig nach neuen Ideen sind, und es gibt solche, die neue Ideen meiden und sich lieber in einer vertrauten Umgebung bewegen. Es gibt Menschen, die sich Gedanken machen, wie etwas funktionieren könnte – und solche, die sich Gedanken machen, warum es nicht gehen kann. Ich gestehe sofort, dass auch mir sicherlich manches zufällt, das ich nicht aufnehme. Manchmal aus Bequemlichkeit, manchmal wohl auch, weil ich es einfach nicht wahrhaben will. Später denke ich dann oft: Warum habe ich das denn nicht gemacht? Aber wenn ich von der Richtigkeit einer Sache fest überzeugt bin, dann versuche ich sie ohne größeren Verzug anzupacken.

Manchmal gibt es auch so etwas wie Vorsehung. So kam ich einmal von einer Geschäftsreise zurück ins Büro. Meine Sekretärin teilte mir mit, dass an diesem Tag eine Mitarbeiterin beerdigt werde, die bei uns in der Firma als Reinigungskraft gearbeitet hatte. Auch deren Tochter war seinerzeit bei uns beschäftigt. Selbstredend hätte an meiner Stelle jemand anderes die Firma bei der Beisetzung vertreten können. Und so hatte ich auch kurz überlegt, ob ich persönlich teilnehmen solle oder nicht. Denn mein Zeitplan an diesem Tag war recht eng. Wäre die Verstorbene eine Führungskraft oder eine der örtlichen Honoratioren gewesen, so würde ich selbstverständlich hingehen, dachte ich. Aber nur eine Sekunde später wurde mir klar, welcher Blödsinn solch eine Einstellung ist. Ob Putzfrau oder Abteilungsleiter, jede Mitarbeiterin und jeder Mitarbeiter leistet seinen unverzichtbaren Beitrag zum Erfolg des Unternehmens. Und also verdient jeder auch auf seinem letzten Gang denselben Respekt. Diesem Impuls bin ich dann gefolgt. Obwohl ich todmüde war, ging ich zum Friedhof und habe dort auch ein paar Worte gesprochen. Am nächsten Tag kam die Tochter der Verstorbenen zu mir und erzählte, ihre Mutter habe am Tag vor ihrem Tod nicht nur vorhergesagt, *dass* ich zu ihrer Beerdigung kommen und zur Trauergemeinde sprechen würde. Sie habe sogar ziemlich genau prophezeit, *was* ich sagen würde. Das hat mich menschlich sehr berührt.

Und es warf zugleich zentrale Fragen auf: Was bedeutete die Vorahnung jener Frau? War das schlicht Zufall? Oder doch Fügung? War mein Entschluss hinzugehen Folge einer sozialen Konvention? Eine persönliche emotionale Entscheidung? Oder doch eine Art Eingebung von oben? Irgendein Band jedenfalls muss bestanden haben, aufgrund dessen ich in jenem Moment, auch wenn es rein äußerlich gerade eher weniger passte, das Richtige getan habe.

Viele Dinge geschehen mit derartigen Vorahnungen. Meine Mutter hatte sehr oft welche, und wir Kinder haben uns nie wirklich darüber gewundert. Es war einfach so. Dennoch habe ich mich gegen Mutters Vorahnungen oft gesträubt. Ich wollte unabhängig sein, frei von ihren Meinungen und Gedanken, überhaupt von anderer Leute Meinung. Doch im Laufe des Lebens habe ich gelernt, mit solchen Vorkommnissen umzugehen. Oft spricht eben eine innere Stimme zu uns, wenn wir einen Gedanken oder einen Entschluss fassen. Wer auch immer die Quelle dieser Stimme im Einzelfall sei. Natürlich bin ich persönlich zutiefst davon überzeugt, dass es oft Gott ist, der uns einen Anstoß gibt. Wie es umgekehrt Ausdruck menschlicher Vermessenheit wäre anzunehmen, dass Gott für jedes Problemchen auf Erden zuständig sei.

Wer nicht wagt, der nicht gewinnt
Warum ohne Mut und Begeisterung keine Idee Wirklichkeit werden kann

Ich kann es nicht oft genug betonen: Auch die beste Idee ist am Ende immer nur so gut wie ihre Umsetzung. Von der Idee des Rades allein hätte sich niemand etwas kaufen können. Nur Räder rollen, nicht Ideen. Leonardo da Vincis zahlreiche Entwürfe einer Flugspirale sind gewiss Zeugnisse seines nicht allein künstlerischen, sondern eben auch technischen Ingeniums. Aber zu seiner Zeit war es nicht möglich, einen funktionsfähigen Hubschrauber zu bauen. Weder gab es genügend leistungsfähige Antriebe noch Materialien, die zugleich leicht und stabil genug für so eine Maschine waren. Mozarts Musik bildet einen ganzen Kosmos von Ideen, Gedanken und Gefühlen, der immer wieder aufs Neue fasziniert. Fasziniert sind wir allerdings auch, wenn wir im Salzburger Mozarteum einmal vor der dort senkrecht aufgestapelten Neuen Mozart-Ausgabe stehen: Sie reicht fast bis an die vier Meter hohe Decke, umfasst 132 Bände und neben Kommentaren und Dokumenten allein über 25 000 Notenseiten. Mozarts umfangreiche Korrespondenz ist darin noch gar nicht enthalten. Da er über 30 Jahre komponiert hat, kommt man rein rechnerisch auf zweieinhalb Seiten Notentext an *jedem* Tag im kurzen Leben des Komponisten. Nicht nur Mozarts Schaffenskraft, auch sein Schreibpensum war also phänomenal.

Nun sind künstlerische Ideen noch ein Sonderfall, denn in der Mehrzahl der Fälle setzen Maler, Bildhauer oder Schriftsteller ihre Einfälle erst einmal allein um. Ob ihre Idee dagegen gut ist, den Nerv einer Zeit trifft, das Interesse des Publikums findet, entscheidet sich erst später – und bekanntlich nicht immer zu Lebzeiten desjenigen, der ein Werk geschaffen hat. Beim Komponisten sieht es schon etwas anders aus: Er kann seine Musik zwar allein notieren. Aber um sie einem Publikum zu Gehör zu bringen, braucht er Musiker, unter Umständen ein großes Orchester, Sänger, eine Bühne. Ähnlich der Dramatiker. Schon die musische Eingebung ist also am Ende nur umsetzbar, wenn ihr Schöpfer andere für seine Idee, sein Werk begeistern kann.

Als kreativer Mensch muss ich zunächst selbst von meinen Ideen innerlich zutiefst überzeugt sein. Wenn ich ein Bild gemalt habe, dass ich zwar ganz in Ordnung, aber nicht wirklich gut finde, dann werde ich es in aller Regel niemandem zeigen, schon gar nicht einem Galeristen oder einem anderen Aussteller. Und ebenso werde ich eine geschäftliche Idee, von deren Qualität oder Umsetzbarkeit ich selbst nicht völlig überzeugt bin, zunächst lieber für mich behalten.

Wie jede Idee erstickt wird

Wenn ich dagegen selbst für meine Idee geradezu brenne, dann ist das zwar schon ein gutes Startsignal. Aber es ist nur der Beginn eines längeren und nicht immer leichten Prozesses. Denn ich muss *andere* Menschen für die Idee begeistern, von der ich selbst so begeistert bin.

Gefällt meinem Galeristen ein in meinen Augen gelungenes Bild nicht so gut wie mir, kann ich ihn nach seinen Gründen fragen. Ich werde ihn allerdings kaum mit Worten davon überzeugen können, dass er die Qualität des Gemäldes falsch einschätzt. Habe ich dagegen eine Idee für ein neues Produkt, eine Vermarktungsidee oder eine Lösung für ein organisatorisches Problem, dann muss ich unbedingt in der Lage sein, andere Menschen mitzuziehen. Denn als Unternehmer kann ich keine einzige Idee alleine umsetzen.

Ich kann natürlich etwas anordnen. Aber was wird mir das nützen, wenn die für die Umsetzung meiner Idee zuständigen Leute im Unternehmen die Sache bestenfalls pflichtgemäß, ansonsten eher lustlos, gar nur widerwillig unterstützen? Wenn ich andere nicht überzeugen kann, wird die Energie hinter meiner Idee früher oder später verpuffen. Aufgrund von Verzögerungen oder Schludereien, im schlimmsten Fall von verdeckter bis offener Obstruktion wird die Umsetzung meiner Idee letztlich zum Scheitern verurteilt sein.

Leider machen viele Führungskräfte immer noch den Fehler, Autorität mit autoritärem Gehabe zu verwechseln. Letzteres stützt sich einzig und allein auf ihre Position, also auf Macht. Mit Macht kann ich zwar Angst – vor Repressalien, vor Übergehung bei Beförderungen oder Gehaltserhöhungen, gar vor Kündigungen – produzieren, aber keine Begeisterung. Dafür muss ich persönliche Autorität besitzen. Und die hat mit einer Position letztlich wenig zu tun. Sie beruht auf der Integrität einer Person, auf dem Wert ihrer Erfahrungen, auf der Qualität ihrer Argumente und auf ihrer Fähigkeit, eine Idee und ihre Hintergründe verständlich und überzeugend zu vermitteln. Dann – und nur dann – habe ich eine Chance, dass der Funke auch überspringt.

Die eigene Begeisterung für die Idee ist gewissermaßen der Motor, der Antrieb für einen Plan. Doch diese Begeisterung muss ich, neudeutsch gesagt, auch „rüberbringen". Wenn ich selbst nicht zu umschreiben und auszuführen vermag, was meinen Enthusiasmus entfacht und meine Vision ausmacht, dann werde ich schwerlich jemanden finden, der bei meiner Sache mitzieht.

Das Elend der „Präsentationen"

Die Kunst der richtigen Vermittlung kommt heute in der Ausbildung junger Menschen leider viel zu kurz. Meist lernen Berufsanfänger bloß, Powerpoint-Präsentationen abzuhalten. Schon im Studium, vorzugsweise in „harten" Fächern wie Ingenieurwesen oder Betriebswirtschaft, ist diese Art der Wissensvermittlung inzwischen leider Standard, und zwar sowohl bei professoralen Vorlesungen wie bei studentischen Referaten. Hat einer ein Examen abgelegt, erkennt er sämtliche verfügbaren Standardvorlagen dieser Software bereits im Schlaf.

Vielleicht ist das, neben verdunkelten und häufig schlecht belüfteten Sitzungsräumen, sogar der Hauptgrund dafür, dass Powerpoint das in der Wirtschaft am weitesten verbreitete Schlafmittel ist. Schon die äußere Form der Darstellung sorgt hier für derart nachhaltige Déjà-vu-Erlebnisse, dass der Inhalt eines Vortrages fast nichts mehr dazu beitragen muss, sich wie Blei auf die Gemüter des Publikums zu legen.

In diesen – passenderweise oft nachlässig als „Präse" titulierten – Veranstaltungen wird dann mindestens das halbe Wörterbuch des modernen Business-Denglisch eingearbeitet. Sodass oft weder der Redner noch die Zuhörer wirklich verstehen, was gemeint ist. Meist verbreitet sich bloß der Geruch eines irgendwie vertrauten Jargons. Die Aufmerksamkeit der Zuhörer richtet sich währenddessen auf die Wand, an die der Projektor bunte Grafiken und Texttafeln wirft. Und nicht etwa auf den Referenten und seine Botschaft. Dieser wiederum liest von der Wand ab, was die Zuhörer selbst schon längst gelesen haben. Im Übrigen hören sie schon deshalb nicht zu, weil sie am Ende für ihre Qualen mit einem „Handout" entschädigt werden, das sie, schwarz auf weiß gedruckt, getrost nach Hause tragen – und in einem Ordner oder im Papierkorb versenken.

Der direkte Kontakt zwischen Redner und Zuhörer geht bei all dem völlig verloren, der Inhalt bleibt auf der Strecke, ein Dialog findet nicht statt. Falls es überhaupt zu Nachfragen, geschweige denn zu Einwänden kommt, klickt der Redner oft genug bloß zur betreffenden Folie zurück, um sie in etwas anderen Worten noch einmal zu verlesen. Von nachvollziehbarer, spannender und nachhaltiger Vermittlung keine Spur.

Die Menschen schauen sich zum Beispiel auch nicht mehr in die Augen. Ob drei, 30 oder 300 Leute im Raum sitzen, bei der üblichen Powerpoint-Präsentation werden die Zuhörer stets wie ein anonymes Auditorium angesprochen. Mit der Folge, dass auch niemand das Gefühl haben muss, er könnte gemeint sein. Mit anderen Worten: Das, was in der menschlichen Kommunikation die „Beziehungsebene" ausmacht, wird nahezu völlig ausgeblendet.

Insofern es überhaupt darum geht, Ideen mit dem Ziel ihrer Umsetzung zu vermitteln, hat diese Art des Vorgehens nur einen Sinn: sich durch Produktion von Ignoranz abzusichern. Wurde die Präsentation von einer Führungskraft gehalten, kann diese sich später nämlich immer darauf berufen, die Sache sei schließlich besprochen worden – und Widerspruch habe es keinen gegeben. Haben dagegen Mitarbeiter ohne Alpha-Status etwas vorgetragen, kann es auch einfach vergessen werden. Und auf den oberen Etagen das getan werden, was ohnehin beabsichtigt war.

Die Kunst der freien Rede

Ich persönlich bin ein bedingungsloser Anhänger der freien Rede. Der Rhetorik eilt ja leider das Missverständnis voraus, sie sei hauptsächlich eine Sammlung fieser Tricks, mit deren Hilfe man Menschen zu etwas überrede, was sie eigentlich weder meinen noch wollen. In Wahrheit ist diese altehrwürdige Disziplin aus dem Kanon der Sieben Freien Künste alles andere als eine Munitionskiste für Demagogen. Die Rhetorik bietet einen Leitfaden, um nicht allein inhaltlich schlüssig zu argumentieren, sondern diese Argumentation auch überzeugend, anschaulich und fesselnd darzulegen. In diesem ursprünglich gemeinten Sinne sollten wir die Redekunst wieder etwas ernster nehmen – und in der Ausbildung unbedingt mehr Wert auf sie legen.

Auch hier gilt nämlich, dass was Hänschen nicht lernt, Hans nimmer mehr lernen wird. Wer nicht schon in der Schule – in der Universität oder der Fachhochschule sowieso – regelmäßig einen freien Vortrag über ein begrenztes Thema halten muss, der wird später im Beruf dazu auch nicht in der Lage sein. Entweder ist er gar nicht fähig, vor anderen Menschen zu sprechen, oder er wird stets zum beschriebenen Notanker des Verlesens vorbereiteter Folien greifen.

Ein „freier Vortrag" bedeutet: einzig gestützt auf ein paar handschriftliche Stichworte, ohne vorformuliertes Manuskript oder andere Vorlagen zehn, 15, maximal 30 Minuten über ein Thema zu sprechen. Die einfache Grundregel dafür lautet: Sage den Leuten zuerst knapp, was Du ihnen sagen willst; dann sage es; zum Schluss fasse noch einmal zusammen, was Du gesagt hast. Ein erfolgreicher Vortrag transportiert in möglichst kurzer Zeit so viele Argumente in der Sache wie möglich mithilfe von so viel Unterhaltendem in der Form wie nötig.

Ich sprach bereits über Weitschweifigkeit. Sehr häufig wird leider vergessen, dass Zahlen, Daten und Fakten, ebenso wie originelle Formulierungen oder heitere Auflockerungen in einem guten Vortrag zum „Schmuck" gehören, also zur äußeren Form, nicht zur Sache selbst. Wer seine zentrale These plus drei, vier starke Argumente zu ihrer Untermauerung in einem Wust von Beispielen, Statistiken oder betriebswirtschaftlichen Kennzahlen ertränkt, der darf sich nicht wundern, wenn seine Zuhörer sehr bald abschalten. Ein originelles Beispiel – gut. Ein, zwei besonders aussagekräftige Zahlen – auch gut. Mehr verwirrt und ermüdet die Leute nur noch. Es ist, mit einem Wort, überflüssig. Dass ich die Fakten kenne, die meine Argumente stützen, sollten die Zuhörer mir schon unterstellen können. Zumindest muss ich es nicht im Vortrag selbst beweisen. *Dafür* ist ein „Handout", auf das ich in meiner Rede kurz verweise, sehr gut geeignet. Wenn es der Wahrheitsfindung dient, darf es von mir aus auch gerne mit Powerpoint erstellt werden.

Je unmittelbarer ich eine Idee darstelle und vortrage, umso leichter kann ich meine Zuhörer überzeugen. Der Kern der Humboldtschen Bildungsidee bestand darin, alles auf einfache Grundprinzipien zurückzuführen. Auch in der Kunst wirkt der einfache Ausdruck stärker und wird schneller aufgenommen als der komplizierte.

In der Werbung gilt das Prinzip der Einfachheit ganz besonders. Hier müssen wir jede Sekunde um die Aufmerksamkeit unserer potenziellen Kunden buhlen. Nichts wird so schnell ignoriert oder weggezappt wie langweilige oder unklare Werbung. Stets muss daher schnell auf den Punkt gekommen werden. Ebenso wie in der Werbung Zeit im buchstäblichsten

Sinne Geld ist: Je nach Uhrzeit und Platzierung kostet eine Werbesekunde bei einem bekannten öffentlich-rechtlichen Sender derzeit (April 2012) zwischen 200 und 765 Euro. Die wenige Sekunden langen Einblendungen vor den Hauptnachrichten, die wir für unsere Produktwerbung nicht nutzen, schlagen sogar mit bis zu 1 500 Euro zu Buche. Und bei den Privatsendern sind auf den Werbeinseln besonders populärer Filme oder Serien auch schnell mal 2 000 Euro und mehr pro Sekunde fällig. Um in dieser wahrlich teuer bezahlten Zeit unsere Informationen so zu übermitteln, dass sie bei den Zuschauern ankommen, betreiben wir großen Aufwand. Wir überlegen zum Beispiel genau, wie viel Zeit wir für die Stimmung, für das Wohlwollen, die sogenannte *captatio benevolarentiae* brauchen und wie viel Zeit für die reine Information. Ein bisschen von dieser Denkweise täte uns allen auch in unserer alltäglichen Arbeit sehr gut.

Meine Erfahrung ist: Um ein Ziel zu erreichen, muss ich in angemessener Zeit Informationen auf ansprechende Weise vermitteln. Dann habe ich eine Chance, meine Zuhörer für eine Idee einzunehmen, gar zu begeistern. „Angemessen" wäre dabei fast immer weniger Zeit, als von den Vortragenden tatsächlich in Anspruch genommen wird. Die Grundidee bzw. die These eines Vortrages muss unmittelbar verständlich und einleuchtend sein. Artistischer in Form und Inhalt sowie länger dürfen allenfalls akademische Vorträge ausfallen – für diese Zielgruppe sind eben andere Dinge „angemessen". Ansonsten gilt: Was die Leute nicht sehr bald verstehen, das wird ihnen auch nach einer Stunde Berieselung nicht einleuchten. Wer am Ende solcher Redekuren „Ja" sagt, wird es höchstens aus Erschöpfung tun, nicht aus Überzeugung.

Außerdem müssen Zuhörer begreifen, was die Idee für sie persönlich bedeutet, was sie mit der Sache anfangen, was sie nachher *tun* sollen. Das ist für mich der entscheidende Punkt, wenn ich Menschen überzeugen möchte. Der Praxisbezug, die Umsetzbarkeit, sie sind für alle, die eine Idee unterstützen sollen, von zentraler Bedeutung.

Wenn wir in der Firma unseren Vertrieb und unsere Außendienstler nicht für eine neue Idee begeistern können, wenn diese Menschen nicht verstehen, was der Nutzen eines Produktes für die Kunden sein soll, dann werden wir das Produkt auch nicht gut verkaufen können. Verkaufen können wir nur etwas, von dem wir persönlich so sehr begeistert und angesteckt sind, dass die anderen unsere Idee und ihre Formulierung mit wirklicher Überzeugung und einem guten Gefühl übernehmen können. Nur dann springt der Funke über.

Die vorweggenommene Zukunft

Auch hier bilden Form und Inhalt wieder eine untrennbare Einheit. Die besten Rhetorikkünste nützen nämlich nichts, wenn ich keine tragbare Idee zu vermitteln habe. Eine Idee muss zunächst in sich selbst geistreich sein. Sonst werde ich weder mich selbst, noch andere für sie begeistern können.

Sodann gehört zu einer guten, geistreichen Idee eine Vision ihrer Umsetzung. Das sind gerade nicht jene Visionen, derentwegen einer laut eines Bonmots unseres Altbundeskanzlers Helmut Schmidt besser zum Arzt gehen sollte. „Vision" bedeutet für mich: eine Vorstellung von der Vollendung einer Idee in der Wirklichkeit. So sieht das Ziel aus, und das alles braucht es, um es zu erreichen. Nur dann kann ich mich auf den Weg machen. Damit schlussendlich das, was mir zunächst nur als inneres Bild vor Augen stand, auch Realität wird.

Ist eine Idee gut, so wird sie sich wie eine Pflanze entfalten. In der Pflanze ist die Idee davon, wie sie einmal sein soll, schon angelegt. Und die Pflanze wird sich ganz automatisch diesem Idealbild annähern. Sie wird buchstäblich in ihre Idee hineinwachsen, ohne dass wir etwas Besonderes dazu tun müssten. In diesem Punkt bin ich sozusagen strikter Platoniker: Das Wesen einer Sache – nicht jedes ihrer Details – ist in ihrer Idee enthalten. Diese Idee, diese Form, muss sich in konkreten Dingen oder Handlungen materialisieren.

Sicher, wir alle wissen, dass am Ende so mancher Baum aus krummem Holze gewachsen sein wird. Heißt: Nicht immer wird eine Idee perfekt realisiert. Aber ohne das klare Bild, ohne die „vollkommene" Idee wird eben überhaupt nichts wachsen. Genau deshalb will ich zu Beginn eines schöpferischen Prozesses ja in erster Linie eine Idee vermitteln – und nicht die Komplikationen, Fehler und Unzulänglichkeiten, mit denen wir es auf dem weiteren Weg selbstverständlich zu tun haben können, meist sogar zu tun haben werden.

Eine gute Idee trägt ihre Vision in sich. Wenn ich überzeugt bin, dass eine Idee richtig und gut ist, dann kann ich sie letztlich auch umsetzen. Bin ich nicht überzeugt, wird mir das nicht gelingen. Denn dann kann ich selbst nicht voll und ganz hinter meiner Idee stehen. Stehe ich aber hinter ihr, dann kann ich sie auch glaubwürdig anderen vortragen. Ebenso glaubwürdig kann ich die Ideen anderer Menschen vortragen und vertreten, wenn sie mich erst überzeugt haben. Das ist ein Mechanismus, der immer funktioniert. Wer von einer Sache nicht selbst überzeugt ist, der kann auch nicht überzeugend von ihr sprechen.

Cui bono?

Cui bono? – Wem nützt es? fragt eine alte lateinische Redensart. Jede gute und realistische Idee muss auch eine Antwort auf diese Frage enthalten. Menschen merken schnell, wenn jemand sich um das Thema herummogelt. Oder wenn einer sich in wolkige Bekenntnisse flüchtet, hinter denen nicht immer zu unrecht weniger edle Motive vermutet werden als die verkündeten. Wer ein neues Erfrischungsgetränk auf den Markt bringt, muss nicht gleich die Überwindung des Durstes für alle Zeiten verkündigen. Und wer anlässlich einer Detailkorrektur im System der Abrechnung zwischen Krankenkassen und Ärzten pathetisch verspricht, nun werde „es allen Kranken besser gehen", der setzt sich erst recht dem Verdacht aus, hier gehe es mehr um die Interessen von Ärzten und Kassen statt jener der Patienten. Wenn einer andere

Menschen vom Nutzen seiner Idee überzeugen möchte, ist er daher gut beraten, möglichst nahe bei der Wahrheit zu bleiben.

Gewiss wird jede gute und nützliche Idee die Welt in einem mehr oder weniger nennenswerten Sinne „besser" machen. Doch wenn wir in der Rückschau über eine Zeit sagen, in dieser sei die Welt ein besserer Ort geworden, dann wird dahinter niemals eine einzige Idee gestanden haben. Ebenso wie etwa eine Verbesserung der gesamtwirtschaftlichen Lage sich nicht einer einzelnen politischen Entscheidung, einem wirtschaftlichen Faktor allein oder einer bestimmten Erfindung verdankt. Selbst eine Verbesserung der wirtschaftlichen oder gesellschaftlichen Stellung des Einzelnen, eine Steigerung seines persönlichen Wohlbefindens, seiner Zufriedenheit hat selten nur eine Ursache.

Sodass beim Anpreisen einer Idee, aller Begeisterung zum Trotze, auch eine gewisse Bescheidenheit, jedenfalls das rechte Maß zu empfehlen ist. Wer zu große Versprechungen macht, steht schnell als „Weltverbesserer" da – und die genießen nun einmal keinen besonders guten Ruf. Um es daher etwas nüchterner mit einem Begriff aus dem Marketing zu sagen: Eine Idee muss ein Nutzenversprechen beinhalten. Das heißt, es muss allen Beteiligten klar sein, was genau besser wird, wenn sie diese Idee verfolgen. Die Betonung sollte mehr auf dem Nutzen und weniger auf dem Versprechen liegen.

Dass eine Idee Begeisterung auszulösen vermag, ist ein emotionaler Wert. Mir ist es in diesem Fall gelungen, meine eigene Begeisterung spürbar zu machen und dadurch zu übertragen. Die Überzeugungskraft einer Idee hängt dagegen an konkreten, greifbaren und nachvollziehbaren Argumenten. Da appelliere ich an die Ratio der Menschen. Will ich zum Beispiel Mitarbeiter in unserem Unternehmen von etwas überzeugen, dann muss ich meine Idee im ersten Schritt logisch und verständlich darstellen. Ich muss, zweitens, meine ehrliche und echte Begeisterung für diese Idee vermitteln können. Vieles, was im heutigen Management-Jargon als „Motivation" verkauft wird, ist da leider bloß Propaganda – pathetische aber leere und austauschbare

Floskeln, deren fehlende Glaubwürdigkeit die meisten Menschen ebenso schnell durchschauen wie unaufrichtige Motive und unglaubwürdige Versprechungen.

Zum dritten muss ich eben deshalb ganz praktisch darlegen können, was die Sache am Ende bringt: dem Unternehmen, unseren Mitarbeitern, dem Handel, den Verbrauchern. Wenn ich das nicht schaffe, kann ich tausendmal Worthülsen wie „innovativ", „richtungweisend" (neuerdings machen viele Manager es nicht mehr unter „revolutionär"), „kundenfreundlich" oder „mitreißend" in meinen Vortrag einflechten – niemand wird mir glauben, geschweige denn folgen wollen.

Und also gehört zum Überzeugen, dass ich oder ein geeigneter Fachmann vorrechnen, wie groß der zusätzliche Umsatz ist, der mit einem neuen Produkt erzielt werden kann. Was das nicht nur in Euro und Cent, sondern auch für Marktstellung, Image und Zukunft der Firma bedeuten könnte. Welche künftigen Investitionen – und damit zusätzlichen Arbeitsplätze – es etwa ermöglicht. Welchen echten Nutzen das Produkt für unsere Kunden hat. Was an ihm wirklich neu und anders ist. Was es zumindest von vergleichbaren Produkten unserer Wettbewerber unterscheiden wird. Oder: Welchen konkreten technischen Nutzen, welche Erleichterungen bei der Arbeit werden die Einführung neuer Maschinen oder veränderter Arbeitsprozesse den Mitarbeitern bringen? Warum wird die Arbeit schneller von der Hand gehen oder weniger schweißtreibend sein? (Hitze und hohe Luftfeuchtigkeit am Arbeitsplatz sind in der Lebensmittelindustrie Dauerthemen.) Inwiefern lässt sich eine bislang eher langweilige Routinearbeit abwechslungsreicher oder verantwortungsvoller gestalten? Je konkreter das Bild in der Vorstellung meiner Zuhörer wird, desto eher werde ich sie für meine Sache gewinnen.

Schließlich gilt es, viertens, immer das Verhältnis von Aufwand und Ergebnis abzuwägen. Diese Rechnung muss in jedem Fall bei geschäftlichen Ideen aufgehen. Welche Summen werden wir investieren, welche sonstigen Leistungen erbringen müssen, um ein Produkt auf den Markt zu bringen oder einen

Prozess zu verbessern? Werden der finanzielle Ertrag oder der praktische Vorteil am Ende höher sein als die eingesetzten Mittel? Denn was nützte es uns, wenn unsere Investitionen in Entwicklung und Markteinführung eines neuen Produktes uns schlussendlich zur Festsetzung eines völlig utopischen Ladenpreises zwängen? Oder wenn beim Dampfgaren zwar Temperaturen wie in einem klimatisierten Büro herrschen, das aber so viel kostet, dass wir in der Halle leider niemanden mehr beschäftigen können?

Selbstverständlich können wir Kosten-Nutzen-Relationen unterschiedlich bewerten. Das bezieht sich aber meist nicht auf das Verhältnis beider Größen an sich, sondern auf den Zeithorizont. So kann ich bei einer Investition zum Beispiel eher auf den langfristigen Erfolg sehen – oder auf die kurzfristige Rendite. Wenn ich überzeugt bin, dass eine Idee sich erst in einigen Jahren, dann aber richtig auszahlen wird, kann ich gewisse Anlaufverluste in Kauf nehmen. Muss sich die Sache dagegen bis zum Ende des Geschäftsjahres, gar eines Quartals rechnen, werde ich Durststrecken meiden. Und selbstverständlich kann jeder die Faktoren einer Kalkulation im Detail auch sehr unterschiedlich ansetzen. Was fallweise dazu führen kann, dass eine im Kern gute Idee, ein grundsätzlich vielversprechendes Projekt kaputt gerechnet wird. Wir sind deshalb gut beraten, auch jede Kosten-Nutzen-Rechnung – und nicht nur jede Idee – kritisch zu hinterfragen. Wobei auch bei etwas so scheinbar Objektivem wie einer Kalkulation immer ein emotionales Moment mitschwingt. So neigen reine Zahlenmenschen häufiger zu Sicherheit und großer Vorsicht. Also rechnen sie, weil die Zukunft nun einmal unsicher ist, lieber kurzfristig. Und wer, aus welchen Gründen auch immer, von einer Sache ohnehin nicht viel hält, der wird sie ebenfalls weit schärfer durchrechnen als ihre begeisterten Verfechter. Bisweilen mit dem festen Vorsatz, sie so oder so „abzuschießen", der mit scheinbar unangreifbaren Zahlen lediglich maskiert wird. All das ändert freilich nichts daran, dass *jede* Kosten-Nutzen-Rechnung irgendwann aufgehen muss. Höchstens wenn es um private oder um künstlerische Ideen geht, kann einer auch einmal etwas wagen, von dem er nicht weiß, ob sich der Aufwand am Ende lohnen wird. Denn da sind die aufs Spiel gesetzten Ressourcen doch meist übersichtlicher. Und es lässt sich auch gar nicht immer alles in Euro und Cent ausdrücken. Das im Wortsinne Unberechenbare wirkt hier stärker.

Ideen, die überhaupt kein vorteilhaftes Nutzenversprechen für irgendwen, und sei es nur für mich selbst, beinhalten, werden dagegen so gut wie nie verwirklicht. Das ist in der Familie, bei der Ausbildung und Berufswahl der Kinder oder in einem Unternehmen nicht anders als bei der Lösung gesellschaftlicher Konflikte.

Der Zauber des Anfangs

Wenn ich ein klares Bild von der Verwirklichung meiner Idee gezeichnet habe, und nichts anderes meint wie gesagt das Wort „Vision", dann habe ich zugleich einen Plan und eine zeitliche Dimension der zur Umsetzung nötigen Schritte vorgezeichnet. Nur so kann Schritt für Schritt an der Umsetzung der Idee gearbeitet werden, bis sie tatsächlich verwirklicht ist.

Ist dieses Ziel schließlich erreicht, dann ist das natürlich ein Moment großer Freude. Am einfachsten lässt sich das vielleicht anhand des Beispiels einer künstlerischen oder literarischen Arbeit nachvollziehen. Für mich ist ein Bild, in dem Fall also die Verwirklichung einer künstlerischen Idee – einer Formidee, einer farbgestalterischen Idee, manchmal auch einer thematischen Idee – in dem Moment fertig, in dem ich weiß, dass jeder weitere Pinselstrich die Sache nicht mehr besser, sondern nur noch schlechter machen würde. Das ist der Zeitpunkt, an dem ich das Bild signiere – und mich daran erfreue. Aber ich fasse es nicht mehr an.

Auch ein Buchmanuskript wie das hier gedruckte ist irgendwann „fertig". Ich habe in dem Moment nichts Wesentliches mehr zu sagen. Natürlich könnte ich endlos an einzelnen Formulierungen herumpolieren. Aber dagegen steht, wenn schon nicht die Einsicht in die Fruchtlosigkeit solch endlosen Umtextens, wenigstens der Abgabetermin beim Verlag. Liegt das Manuskript also erst bei der zuständigen Lektorin, dann will ich es auch „loslassen" und mich auf letzte formale Korrekturen beschränken. Halte ich schließlich das gedruckte und gebundene Exemplar in Händen, darf ich mich auch daran erfreuen. Nicht anders, wenn ich den Erfolg einer unternehmerischen Idee oder eines praktischen Vorschlags erlebe. Schon zu sehen, dass eine Sache auf einem guten Weg zum – hoffentlich – guten Ende ist, ist Teil dieser Freude am Gelingen.

Bei mir persönlich mischt sich allerdings ein zweites Gefühl darunter: Ich gestehe, dass es für mich beginnt langweilig zu werden, wenn der Prozess der praktischen Umsetzung einer Idee angestoßen ist. Es gibt dann quasi nichts wirklich Spannendes mehr zu tun. Es ist für mich immer schön, etwas anzufangen und auf den Weg zu bringen. Und ich bin auch solange mit Freude bei der Sache, wie ich bei einem Projekt gefordert und gebraucht werde. Aber die von mir schon erwähnten Mühen der Ebene, so notwenig sie sind, liegen mir selbst eher weniger. Gerade wenn es um unternehmerische Ideen geht, finde ich es vorteilhaft, dass es in unserer Firma andere, für die entsprechenden Arbeiten meist auch viel besser qualifizierte Leute als mich gibt. Menschen, die eine Idee selbstständig weiterverfolgen und vollenden. Ich freue mich stattdessen lieber auf neue Ideen und suche die nächste Herausforderung. Auch die Umsetzung meiner Idee durch andere freut mich mehr als das Lob für die Urheberschaft einer am Ende nicht umgesetzten Idee.

Warum ist das so? Bin ich da bequem? Oder halte ich mich gar für zu fein für die Arbeit an Details? Keineswegs. Die Freiheit des Schaffens ist zu Beginn einfach am größten. Später nimmt sie beständig ab. Anfangs kann ich mich noch auf Experimente einlassen, auf die ich später verzichten muss. Das ist bei allen Entscheidungen im Leben so. Gehe ich einen Schritt in eine neue Richtung, dann steht mir zunächst die ganze Welt offen. Je näher ich aber dem einmal gesteckten Ziel komme, umso weniger Möglichkeiten habe ich. Und jede Entscheidung, die ich im Verlauf einer Arbeit, eines Projektes, ja meines ganzen Lebens treffe, ist nicht nur eine Entscheidung für etwas, sondern eben auch eine Entscheidung gegen viele weitere Optionen. Folge: Die Zahl der Neins übersteigt ziemlich bald und sehr spürbar die Zahl der Jas. Und das ist ebenso wenig erfreulich wie kaum vermeidbar.

Natürlich macht es Freude, auf Erreichtes zurückblicken zu können, auf das, was ich bereits geschafft habe. Aber nicht zuletzt deswegen werde ich im Verlauf jedes Projektes immer sensibler und vorsichtiger, damit die Sache nicht am Ende noch schiefgeht. Am Anfang steht die Freude an den Möglichkeiten, am Ende die Freude am Erreichten. Und ich gestehe: die erstere ist bei mir größer als die zweite.

Als Künstler, da muss ich freilich alles selbst machen. Wobei auch hier die Energie und der Enthusiasmus anfangs am größten sind. Eine meiner Grundregeln beim Malen lautet: Mutig anfangen, vorsichtig aufhören. Und folglich beim Arbeiten immer langsamer zu werden. Denn in dem Moment, in dem ich ein Bild beginne, fallen alle bedeutsamen Grundentscheidungen. Danach kann ich diese eigentlich nur noch ausführen. Oder, was weit schlimmer ist, auch hier anfangen Fehler zu machen. Fehler, die ich beim Malen durch Wegmachen, nicht durch Hinzutun korrigieren kann. Beides, die Ausführung der Idee wie das Vermeiden von Fehlern, kann mir hier zwar niemand abnehmen. Aber auch hier ist der Zauber des Anfangs für mich im Grunde größer als die Freude des Gelingens.

Dann sind da noch die Routinearbeiten des Malers: etwa Farben mischen, Leinwände grundieren, Pinsel reinigen, das Atelier aufräumen (was ich am wenigsten mache, da ich immer eine Idee habe, wo ich die gesuchten Sachen finde). Auch das mache ich natürlich selbst. Aber das ist eher wie Holzhacken. Ich verrichte solche Pflichten, wenn ich abends zu müde oder geistig zu ausgelaugt bin, um an meinen aktuellen Bildern zu arbeiten. Weil ich mich dabei wenig bis gar nicht konzentrieren muss, kann ich zugleich noch einmal den Tag Revue passieren lassen – oder einfach nur den Kopf frei bekommen.

Zu den Lebensweisheiten eines Unternehmers aus dem Rheinland, den ich seit langem kenne, gehört der schöne Satz: „Jede Jeck is' aners!" Zu Hochdeutsch: Jeder Narr ist anders. Worin untergründig sicher mitschwingt: Jeder Mensch ist auf seine Weise ein Narr. Zugleich bedeutet es aber natürlich auch, dass jeder Mensch Eigenarten und Gewohnheiten hat, die er nur bedingt ändern, auf die er manchmal sogar überhaupt keinen Einfluss hat. Und die auch Dritte ihm nicht austreiben werden.

So wird aus einem Frühaufsteher kaum eine enthusiastische Nachteule zu machen sein; der umgekehrte Versuch wird sogar noch schneller scheitern. Wer von Geburt an mehr zur Leibesfülle und weniger zur Muskelbildung neigt, sollte sich vielleicht nicht gerade auf dem Felde des Kraftsports ambitionierte Ziele setzen. Und obwohl sicher weniger genetisch und weit stärker durch Erziehung und individuelle Erfahrung bedingt, dürfte es mit Eigenschaften wie Kreativität, Risikobereitschaft und dem Willen, beständig Neues anzufangen, kaum anders bestellt sein.

Bis heute bin ich neugierig geblieben – auf neue Dinge, auf mir bislang noch fremde Menschen, ihre Ideen und Erfahrungen, auf neue eigene Erfahrungen und Eindrücke. Auch im achten Lebensjahrzehnt möchte ich immer noch dazulernen. Und ich packe immer noch gerne neue Dinge an. Sei es nun in der Firma, sei es in Kunst und Kunstpädagogik, sei es im Rahmen meiner bescheidenen Möglichkeiten als Honorarkonsul von Georgien, sei es im ganz persönlichen Umfeld. Und das ist keine literarische Selbststilisierung.

Würden Sie mich fragen, was ich denn noch erreichen wolle, ich könne doch auf ein recht erfolgreiches und erfülltes Leben zurückblicken, so wäre meine Antwort, dass ich das zwar ähnlich bewerten, aber kaum als Grund dafür hernehmen könne, nunmehr die Hände in den Schoß zu legen. Im Übrigen verstehe ich zu wenig von Orchideenzucht. Schafkopf beherrscht zwar jeder Bayer zumindest leidlich; aber für eine abendfüllende Beschäftigung reicht es bei mir auch da nicht. Solange meine geistigen und körperlichen Kräfte hinreichen, muss ich daher die Dinge auf den Weg bringen, von denen ich glaube, dass sie getan werden müssen. Das ist meine Natur.

Aber ich gebe zu, dass andere Menschen da anders sind. Und mit „anders" verbinde ich keine Wertung. Neugierige Menschen sind nicht automatisch bessere Menschen. Und Risikoscheu ist kein Laster. Viele Leute, die ich kenne, tun – im Gegensatz zu mir – sehr gerne immer das Gleiche. So habe ich es oft erlebt, dass bewährten Mitarbeitern angeboten wurde, von einer seit langem erfolgreich ausgeübten Tätigkeit in einen anderen Bereich zu wechseln. Und dass die Betreffenden das keineswegs als erfreuliche Beförderung, sondern als schwer kalkulierbare Anforderung betrachtet haben. „Das, was ich mache", sagen sie mir, „das kann ich doch gut! Warum soll ich also etwas anderes tun?" Die Angst, im neuen Aufgabengebiet etwas falsch zu machen, ist dann vielleicht größer als die Lust am Wechsel, als die Aussicht auf neue Erfahrungen oder die Freude an einem Gehaltssprung.

Gerade Unternehmer, die ja schon dem Begriff nach gerne Neues unternehmen, sind gut beraten, wenn sie einsehen, dass derart geeichte Menschen nicht weniger zum Erfolg einer Firma beitragen als kreative Visionäre, wagemutige Investoren oder karriereorientierte Alphatiere. Wer auf Sicherheit in vertrauter Umgebung setzt, sollte deshalb auch niemals mit Gewalt ins kalte Wasser neuer Herausforderungen geworfen werden. Er würde womöglich gar nicht aus Mangel an Befähigung, sondern allein aus Angst vor dem Ertrinken untergehen.

Ich selbst gehe ein wie eine Primel im Dauerschatten, wenn ich nicht in unbekannte Regionen vordringen kann. Natürlich habe auch ich – im buchstäblichen wie im übertragenen Sinne – oft genug im Leben am Fuße eines Berges gestanden und mich gefragt, ob und wie ich da hinaufkommen soll. Sorgen wie die, dass mir lange vor Erreichen des Gipfels die Luft ausgehen könnte, dass ich abrutsche oder dass ich zwar heil rauf aber nicht wieder herunter komme, sind mir wahrlich nicht unvertraut. Doch mutig ist schließlich nicht der, der einfach blind losprescht. Mutig ist, wer seine Risiken ebenso wie seine Kräfte realistisch einschätzt. Und wer seine Ängste zu bezähmen weiß.

Irgendwann muss ich allerdings wirklich losgehen. Sonst kann ich weder den Berg spüren noch die bisweilen phantastischen Aussichten genießen. Wer nur einmal eine Bergwanderung gemacht hat, weiß, wovon ich rede. Noch fünfzig Höhenmeter vor dem Gipfel ist nichts als Fels und Geröll zu sehen. Und es ist unsicher, ob die Kraft bis nach oben reicht und sich die Aussicht lohnt. Und dann kommt der eine, entscheidende letzte Schritt. Und die halben Alpen liegen einem zu Füßen. Wohlgemerkt: Für diesen Moment muss es nicht unbedingt der höchste Berg sein; schon viele mittlere Zweitausender bieten so ein Panorama. Gerade auf Deutschlands höchsten Berg, die Zugspitze, kommen Sie bequem mit der Seilbahn, während die Besteigung wirklich nicht jedem zu empfehlen ist. Die Aussicht ist so oder so grandios. Aber das Erlebnis ist im Vergleich zu jenen kleineren Gipfeln, die auch ein leidlich trainierter Wanderer schaffen kann, ziemlich schal.

Gewiss kann jeder Bergsteiger zu jeder Zeit an jedem Gipfel auch scheitern. Manchmal hat einer sich zu viel vorgenommen oder seine Kräfte und Möglichkeiten überschätzt. Manchmal hat einer nicht gerade seinen besten Tag erwischt. Und manchmal liegt es einfach auch am Wetter, das in den Bergen bekanntlich launischer ist als in der Ebene. Aber ohne Risiko gibt es weder am Berg noch in der Wirtschaft noch im täglichen Leben einen Gewinn.

Wir sollten uns freilich nichts vormachen: Scheitern ist möglich. Da hilft keine Augenwischerei. Das Scheitern gehört zum Leben dazu – und damit auch zum Erfolg. Entscheidend ist, wie ich mit Fehlschlägen umgehe. Wenn ich über mich selber lachen kann, weil mir ein komischer Fehler unterlaufen ist, zum Beispiel ein Versprecher in der Öffentlichkeit, dann hilft mir das mehr, als wenn ich mich tagelang gräme. Überhaupt versuche ich umso gelassener zu sein, je kleiner und kurzlebiger die eigenen Fehler und Niederlagen ausfallen. Seltsamerweise erlebe ich immer wieder, dass Menschen es gerade umgekehrt halten: Während sie über Tage, gar Wochen wegen eines unbedeutenden Fauxpas beinahe verzweifeln, wischen sie schwerwiegende Fehler und Probleme, gar ein echtes Versagen als Künstlerpech beiseite. Oder erklären sich in solchen Fällen lieber zu hilflosen Opfern widriger Verhältnisse, statt den eigenen Anteil am entstandenen Schaden ehrlich und selbstkritisch zu analysieren.

Dabei ist eine Niederlage manchmal konstruktiver als ein Erfolg. Fehler machen einen Menschen nämlich nachdenklich. Er fragt sich, was da genau schief gelaufen ist. Solange alles zum Besten steht, muss ich nicht nachdenken. Ich freue mich, bin vielleicht sogar stolz, oder nehme es einfach nur als gegeben. Aber ich überlege hinterher in aller Regel nicht, wie und warum alles so wunderbar funktioniert hat. Sportlich formuliert: Siege werden gefeiert, Niederlagen analysiert. Eben deshalb erweitert jeder Fehler, jedes Versagen unseren Erfahrungshorizont stärker als jeder Erfolg. Und das ist doch eindeutig eine Verbesserung. Gewiss: Nichts, auch keine noch so nachhaltige Erfahrung, macht uns zu vollkommenen Menschen. Aber Erfahrung bringt uns der Vollendung zumindest näher. „Wer immer strebend sich bemüht", so ein großes Goethewort, „den können wir erlösen."

Die Gewissheit, es beim nächsten Mal besser machen zu können, ist bereits die halbe Miete. Das Gefühl, wenn ich es dann tatsächlich besser gemacht habe, wenn ich mein Ziel im zweiten Anlauf erreicht habe, ist einfach nur großartig. Menschen, denen scheinbar alles auf Anhieb gelingt, gewöhnen sich dagegen nur allzu leicht an den Genuss der hoch hängenden Früchte. Vor allem dann, wenn sie viele gute Helfer haben, die sie auf die Leiter schicken können. Wer dagegen nicht nur selbst pflücken musste, sondern dabei auch mal von der Leiter heruntergefallen ist, der beherrscht sein Handwerk aus Erfahrung. Und nicht nur aufgrund von Begnadung oder Glück. Er wird zudem die Belohnung niemals für eine ihm zustehende Selbstverständlichkeit halten.

Natürlich kann ich immer sagen: „Das kann ich nicht, und das werde ich auch nicht mehr lernen." Sehr aufbauend ist diese Haltung allerdings nicht. Natürlich fühle ich mich sicherer, solange ich meine Komfortzone nicht verlassen muss. Je länger ich in ihr verharre, desto mehr steigt freilich auch das Risiko, mich irgendwann eingeengt zu fühlen. Um dann viel unbedachter aus dieser Enge auszubrechen, als wenn ich mit festem Willen und mit Überlegung etwas wage. Auch dann kann es natürlich misslingen. Aber ich bekomme zugleich Impulse für neue Ideen. Ideen, wie ich es besser machen kann. Ich frage mich dann zum Beispiel, ob ich mehr Wissen oder mehr Routine brauche. Ob meine finanziellen oder organisatorischen Mittel unzureichend waren. Oder ob ich die vorhandenen Mittel und Fähigkeiten einfach klüger und rationeller einsetzen muss.

Aus der Zeit, in der ich als Springreiter aktiv war, weiß ich noch, dass nach jedem Fehler im Parcours lange Überlegungen und Ursachenforschungen folgten. Stets hätte es genügend Möglichkeiten gegeben, eine abgeworfene Stange aufs Pferd, auf die Gemeinheit des Parcoursbauers oder auf den matschigen Untergrund zu schieben. Stattdessen habe ich lieber gefragt, was *ich* verkehrt gemacht habe, dass das Pferd mit dem Bein die Stange berührt hat. Ob ich den Sprung falsch angeritten habe oder eine Wendung zu eng genommen habe. Um am Ende die Gewissheit zu haben, dass ich beim nächsten Mal zumindest *diesen* Fehler nicht noch einmal machen würde. Das steigerte mein Selbstbewusstsein – jetzt wusste ich, wie es geht, jetzt konnte ich es! Und es steigerte übrigens auch mein Verlangen nach der nächsten Chance, die gelernte Lektion zu erproben. Sicher, auch beim zweiten oder dritten Durchgang kann es passieren, dass eine Stange fällt oder das Pferd verweigert. Sieger wird in der Regel nur einer der vielen Teilnehmer. Aber die Wahrscheinlichkeit, ja die Sicherheit, dass ich auch die größten Schwierigkeiten irgendwann bewältigen werde, steigt gleichwohl.

Ein anderes Beispiel: Ich spiele sehr gerne Oboe und Englischhorn, auch aktiv im Orchester. Gleichwohl bin ich als Musiker bestenfalls ein ambitionierter Laie. Was natürlich auch heißt, dass ich mich viel öfter verspiele als ein Profimusiker an der gleichen Stelle eines anspruchsvolleren Stückes. Und obwohl Übung auf diesem Felde wohl keinen echten Meister mehr aus mir machen wird, lerne ich auch hier beständig aus meinen Fehlern und den wohlmeinenden Ratschlägen derer, die mehr verstehen als ich. Ebenso wie aus den Fehlern und Erfahrungen anderer Musiker. Das Schöne ist nämlich: Wer in einem Orchester spielt, der hat gerade bei häufiger aufgeführten, bekannten Meisterwerken selten druckfrische Noten auf dem Pult liegen. Denn diese gehören oft dem Orchester, nicht dem Musiker. Vor mir haben vielleicht schon Dutzende von Oboisten unter verschiedenen Dirigenten dasselbe Werk von diesem Blatt gespielt. Dabei werden häufig handschriftliche Eintragungen im Notentext gemacht. Von solchen Noten zu spielen, liebe ich. Lauter wohlmeinende Ideen und Hinweise, wie es besser geht und Fehler vermieden werden können! Lauter Anregungen, wie es nach Meinung anderer Musiker klingen sollte, nach Meinung von Musikern, die oft erfahrener oder besser sind als ich.

Ein anderes wichtiges Führungsprinzip ist mir aus dem Orchester vertraut: Neben dem Dirigenten gibt es in jeder Instrumentengruppe sogenannte Stimmführer. Die kümmern sich um die ganze Gruppe, halten sie zusammen und stehen auch in der Verantwortung. Ohne hierarchische Ordnung lässt sich kein Orchester führen, keine Mannschaft im Sport. Auch im Unternehmen ist diese Idee der Führung wichtig. Da gibt es oft Stimmen, die die absolute Gleichberechtigung fordern und hierarchische Ordnungen komplett ablehnen. Für mich ist es schön, die zweite Oboe zu spielen und einen ersten Oboisten zu haben, an dem ich mich orientieren kann. Da geht es mal ganz anders zu als im Unternehmen.

Wer Fehler macht, wer Fehler sogar zulässt, der entwickelt im Lauf der Zeit die Fähigkeit, mögliche Fehler vorauszusehen und deren Auftreten dadurch schon im Ansatz zu vermeiden. Denn nur wer schon Fehler gemacht hat, entwickelt auch eine Vorstellung davon, wie er die mit einer Idee verbundenen

Schwierigkeiten meistern könnte. Anschließend nicht mehr in eine drohende Falle zu tappen, das ist ein erhebendes Gefühl. Wer dagegen zuviel Angst vor Fehlern hat, der wird im Zweifelsfall untätig bleiben. Um meine Ideen verwirklichen zu können, muss ich eine gewisse Zähigkeit und Tatkraft mitbringen. Aber erst die Freiheit, auch einmal scheitern zu können, schafft den dafür nötigen Rahmen.

Gerade in Deutschland tendieren wir leider zum Pathos des Misslingens. Schon bevor eine Sache überhaupt angepackt wird, finden sich Menschen zuhauf, Experten wie völlige Laien, die uns klar und schlüssig beweisen, dass das niemals funktionieren wird. Dass ähnliche Versuche schließlich schon oft genug gescheitert seien. Und dass das Ganze diesmal noch gründlicher in die Hose gehen wird als alle Male zuvor. Weil wir es schließlich mit noch weit widrigeren Umständen und noch viel unfähigeren Leuten zu tun hätten. Weil unsere Mittel notorisch knapper sind, die übrige Welt dagegen immer reicher, immer schneller, immer besser und immer mächtiger geworden sei. Wird das Produkt dann tatsächlich ein Reinfall, wirft auch der Nächste nach einer gewissen Zeit hin, führt das verabschiedete Gesetz tatsächlich nicht zu den erhofften Wirkungen, dann haben es natürlich auch all jene, die zuvor noch nicht geunkt hatten, schon immer gewusst.

Ebenso schnell sind wir häufig mit Menschen fertig, denen einmal etwas danebengeht: Der kann es einfach nicht! Der „hat es nicht drauf"! Dem ging es doch eh bloß ums Geld! Und im gleichen Aufwasch machen wir die großen Schubladen auf: „Die" (je nach persönlichen Vorurteilen: Ossis / Wessis, Hartz-IV-Empfänger / Großverdiener, „Neoliberalen" / „Sozialromantiker", Ausländer / Deutschen) sind doch alle gleich! Was will man von Politikern schon erwarten – machtlüstern, aber von nichts eine Ahnung. Und so weiter. Nur mit sich selbst sind die meisten etwas nachsichtiger.

Das Problem ist im Kern immer das gleiche: Wir haben ein viel zu schwarzes Bild vom Scheitern. Wer es beim ersten Mal nicht schafft, so denken viele, der wird es nie schaffen. Und was einmal nicht klappt, das klappt nie. Mit der Folge, dass wir auch keine Kultur der zweiten Chance haben. Ganz anders als etwa in Amerika, wo es etwas vergleichsweise Normales ist, das jemand schwere Fehler macht, manchmal sogar völlig aus der Bahn geworfen wird – und gleichwohl an anderer Stelle beweisen darf, dass er es besser kann.

Ich bin der unbedingten Meinung, dass wir hier etwas ändern müssen. Ob im privaten Umfeld, in Schulen und Hochschulen, im Berufsleben und in der Wirtschaft insgesamt: Überall muss die zweite, notfalls auch die dritte Chance nach einem Scheitern von der Ausnahme zur Regel werden. Denn es gibt nur sehr, sehr wenige echte „Versager". Viel häufiger setzen wir in Menschen einfach falsche Erwartungen, erkennen und fördern ihre eigentlichen Talente nicht – oder scheren sie schlicht alle über denselben Kamm. Wenn wir damit aufhören, werden wir uns schon sehr bald wundern, was in all jenen steckt, denen wir einen neuen Anlauf nicht zutrauen, ja oft sogar aktiv verweigern.

Das beantwortet übrigens auch einen Einwand, den ich an diesem Punkt gelegentlich höre: Ich hätte ein etwas zu pastellfarbenes Bild vom Scheitern. Schließlich gebe es Fälle, wo Menschen wirklich existenziell scheitern und nie wieder auf die Beine kämen. In denen sie keine realistische Chance mehr auf einen neuen Arbeitsplatz hätten. Sie ihre Schulden nie wieder loswürden. Sich sozial immer mehr abschotten, am Ende gar auf der Straße landen. Wer mich kennt, der weiß, dass jener Vorhalt Unsinn ist. Ich kenne solche Schicksale weiß Gott nicht nur aus der Zeitung. Und wenn ich sage, dass diese Menschen die Hilfe derer brauchen, die es besser getroffen haben, dann ist auch das kein reines Lippenbekenntnis.

Wahr ist aber auch: Jede Gesellschaft hat so viele vermeintliche „Versager" und „Abgehängte" wie sie sich meint leisten zu können. Im dramatischen Sinne zu scheitern, das ist an sich immer ein individuelles Schicksal, welches nach ebenso individueller Hilfe schreit. Wo es allerdings droht zu einem überindividuellen Phänomen zu werden, da muss sich eine Bürgergemeinschaft ernsthaft nach ihrer Gesamtverantwortung fragen.

Und das hat dann wieder sehr viel mit der von mir eingeforderten Kultur der zweiten Chance zu tun. In der eine gangbare Regelung der Privatinsolvenz, wie wir sie seit einigen Jahren haben, weit mehr bewirkt als immer mögliche, nie ganz falsche, aber eben auch niemals realistisch abzustellende Klagen über „soziale Ungerechtigkeit". Eine Kultur, die keine Schulabbrecher mehr zulässt, sondern jeden seinen Fähigkeiten entsprechend fördert. In der auch Menschen, die sehr einfache Arbeiten verrichten, nicht als Ballast, sondern als Leistungsträger gelten. In der Arbeitende nicht ab fünfzig zum „alten Eisen" gezählt werden. Oder in der ein Straftäter nicht für immer und ewig als „Krimineller", ein Mensch, der Probleme mit Alkohol oder Drogen hatte, nicht auf Dauer als „Säufer" oder „Junkie" abgeschrieben wird. Die Liste derartiger Automatismen von Diskriminierung ließe sich beliebig fortsetzen.

In der Politik erfordert höhere Fehlertoleranz eine andere Veränderung unseres Blickwinkels. Alle Beteiligten – die Politiker selbst, die Bürger und die Medien – sollten die gegenwärtig alles prägende Logik von Sieg und Niederlage aufgeben. Und zwar zugunsten einer weit bewährteren Logik: derjenigen von Versuch und Irrtum. Ja, Politiker neigen dazu, den Wählern unrealistische Versprechungen zu machen. Aber da muss sich jeder Wähler eben auch mal an die eigene Nase fassen. Das würde gewiss die Chance erhöhen, dass wir künftig öfter ehrliche Bestandsaufnahmen und realistische Lösungsvorschläge zu hören bekommen. Über beides verfügen die meisten Politiker nämlich sehr wohl. Ja, manche Gesetze und Verordnungen leisten nicht das, was wir uns von ihnen versprochen haben. Also sollten sie geräuschlos wieder einkassiert werden, statt dass ihren Urhebern möglichst lange und laut sowie selbstgefällig ihr Versagen vorgerechnet wird. Und ja, die Arbeit mancher Regierung überzeugt nicht. Aber dazu gibt es Wahlen. Die allerdings nur sinnvoll sind, wenn die Wähler nicht allzu inbrünstig dem Glauben anhängen, dass diese ohnehin sinnlos seien, da die nächste Regierung vermutlich noch unfähiger sein werde als die vorherige.

Selbstverständlich gibt es eine berechtigte Angst vor dem Scheitern. Aber was heißt eigentlich „Angst"? Angst schützt uns vor tatsächlichen Gefahren. Sie gilt damit letztlich etwas Gegenwärtigem und etwas Konkretem. Jedenfalls etwas, was ich für gegenwärtig und konkret gefährlich *halte*. Angst habe ich folglich immer dann, wenn ich in einer bestimmten Situation meine subjektiven Möglichkeiten geringer einschätze als die objektive Gefahr. Dabei muss das gar nicht immer der Fall sein, wenn ich Angst habe. Es sitzt, um auf ein schon erwähntes Beispiel zurückzukommen, eben nicht immer ein Löwe im Gebüsch, wenn es raschelt. Aber die Angst schützt uns auch dann, wenn es ein Vogel ist. Indem sie uns nämlich von der grundsätzlich hoch riskanten Wette abhält, dass es *fast immer* ein Vogel sei. Darum haben wir Menschen zu Recht manchmal Angst.

Von der Angst zu unterscheiden ist die Furcht. Furcht gleicht dem Gefühl, dass ich es schon irgendwie schaffen werde – wenn ich – hoffentlich – keine Fehler mache. Wenn sie nicht gerade instinktive Reaktionen wie Wegrennen oder Schreien auslöst, dann sagt die Angst mir: Lass es lieber! Die Furcht dagegen sagt mir: Nur zu! Aber pass gut auf! Insofern ist die Furcht ein wichtiger Begleiter des Mutes. Entscheidend ist das rechte Maß in beidem zu finden. Ein Übermaß an Mut gepaart mit einem Mangel an Furcht, das ist eben Übermut. Ich überschätze dann meine subjektiven Möglichkeiten und unterschätze die objektiven Gefahren. Ein vernünftiges Maß an Furcht hilft mir, es umgekehrt zu halten: die eigenen Möglichkeiten eher etwas skeptischer zu bewerten, die Risiken dagegen lieber für etwas größer zu halten als sie vielleicht sind. Anders gesagt: sich notfalls auch für den erwartbar schlimmsten Fall zu rüsten. Aber eben nicht für jeden denkbar schlimmsten Fall, und das auch noch gepaart mit totalem Misstrauen betreffs meiner eigenen Möglichkeiten. Das ist der Weg der Angst: Du hast keine Chance – also komm nicht mal auf die Idee sie zu nutzen.

Wenn ich Angst habe, am Berg abzustürzen, dann ist das ein anderes Gefühl, als wenn ich einen Fehltritt fürchte. Habe ich Furcht, werde ich weiter vorwärts schreiten, aber dabei furchtbar aufpassen. Habe ich Angst, dann lasse ich es bleiben. Ich gehe dann gar nicht erst los.

Man kann sich den Unterschied zwischen Angst und Furcht auch anhand folgender Beispiele verdeutlichen: Ich habe Angst vor freilaufenden Kampfhunden. Denn gegen einen großen, bissigen, auf Angriff gedrillten und nicht angeleinten Hund kann ich im Zweifelsfall wenig ausrichten. So ein Hund wird immer stärker und schneller sein als ich. Und ob er auf mich losgeht oder nicht, hat mit meinem Verhalten letztlich auch wenig zu tun. Im Übrigen ist es eine nicht zu bestreitende Tatsache, dass es solche Hunde gibt.

Dagegen habe ich keine Angst vor Gespenstern. Schon einem einigermaßen objektiven, vernünftigen Menschen sollte klar sein, dass es keine Gespenster gibt, dass die Angst vor ihnen daher eine irrationale ist. In die man sich leider gleichwohl prächtig hineinsteigern kann.

Auf der anderen Seite fürchte ich Gott. Denn ich bin gewiss, dass er mich zumindest für alle nicht lässlichen Sünden früher oder später zur Rechenschaft ziehen wird. Dass ich verlassen sein werde, wenn ich mein Gottvertrauen verliere. Genauso wie ich weiß, dass ich mich auf Gottes Hilfe stützen kann, wenn ich seinen Geboten folge und ganz auf ihn vertraue. Anders als beim bissigen Hund ist mein Verhältnis zu Gott also eines, bei dem ich eine aktive Rolle spiele. Deshalb kann ich Gottes Allmacht sehr wohl fürchten. Aber ich muss niemals Angst vor Gott haben. Seine Ratschlüsse mögen bisweilen unergründlich sein – launisch sind sie nie. Weshalb es im Deutschen ja auch den Begriff der Gottesfurcht gibt, nicht aber den der „Gottesangst".

Auch im Geschäftsleben kann ich Angst haben, mir etwas nicht zutrauen und denken: Das wird vermutlich schiefgehen. Auch hier muss ich mich aber beständig fragen, ob ich mich da vor Kampfhunden oder vor Gespenstern ängstige. Ein schlecht durchdachtes Produkt, ein völlig übersättigter Markt oder extrem schwankende Energiekosten sind tendenziell Kampfhunde. Der drohende Weltuntergang, eine Hyperinflation, die ewige „Billigkonkurrenz aus dem Osten", das sind eher Gespenster. Der Unterschied zwischen beiden ähnelt dem zwischen angemessener Vorsicht und übertriebener Schwarzmalerei.

Etwas, vor dem ich persönlich Angst habe, sind Menschen, die grundsätzlich ganz anders denken und handeln als ich. Die unberechenbar sind und bei der Verfolgung ihrer Interessen keine Hemmungen kennen. Ohnehin Angst macht mir das Böse. Es ist nun einmal in der Welt, und wir müssen mit seiner Existenz leben. Das Einzige, was uns bleibt, ist es möglichst rechtzeitig zu erkennen.

Vor allem habe ich aber dann Angst, wenn ich in einer Situation selbst nicht handeln kann oder darf. Wenn ich mich ausgeliefert fühle. Wenn meine Möglichkeiten ausgeschöpft scheinen, ich keine Mittel und Wege mehr sehe, ein Problem zu bewältigen. Es ist dann wie im Fall des bissigen Hundes: Ich habe Angst, weil ich schlechterdings nichts machen kann.

In solchen Situationen bleibt für mich persönlich nur noch das Vertrauen in Gott, das Bewusstsein, dass er es gut mit mir meint. Das gibt mir Kraft und Mut. Wer Gottvertrauen hat, ist immer in einer stärkeren Position als der, der es nicht hat. Darüber habe ich im ersten Kapitel bereits gesprochen.

Gottvertrauen und Gottesfurcht sind wie eineiige Zwillinge. Die eine ist das Spiegelbild des anderen. Mein Gottvertrauen trägt mich in der Finsternis. Und meine Gottesfurcht verhindert, dass ich im Hellen übermütig, gar rücksichtslos werde. Denn aus Gottesfurcht höre ich auf mein Gewissen. Es leitet mich dabei, keine Wege zu beschreiten, vor denen mir angst und bange wäre. So gesehen ist das Gewissen ein legitimes Kind der Furcht – und nicht etwa der Angst. Wie die Furcht sagt das Gewissen: Lass das! Du versteigst dich! Was Du dir da gerade überlegst, das ist mindestens moralisch bedenklich, am Ende vielleicht sogar schweres Unrecht. Selbst wenn es vordergründig funktioniert – es würde dich von übergeordneten Zielen und letztlich von Gott fortführen.

Ein derart sensibilisiertes Gewissen gibt mir meistens eine sichere Orientierung in schwierigen Situationen – vor allem in solchen, in denen ich es mit möglichen Ziel- oder Wertkonflikten zu tun habe. Praktische Probleme, und die allermeisten sind ja eher solcher Natur, löse ich auf der Basis von Daten und Fakten, durch rationales Abwägen verschiedener Meinungen oder aufgrund eher kühler Kosten-Nutzen-Abwägungen. Natürlich muss ich mich auch in Kleinigkeiten an die Spielregeln halten, an Gesetze und moralische Normen. Auch hier ist nicht alles erlaubt, was laut BGB und StGB nicht ausdrücklich verboten ist. Doch spätestens dann, wenn Grundfragen unserer Existenz berührt sind, dann muss ich darüber hinaus die feste Gewissheit haben, dass mein Handeln nicht nur richtig, sondern auch in einem ethischen Sinne gut ist.

Für mich ist das die Grundfeste meines Selbstvertrauens. Denn Selbstvertrauen gibt mir, gepaart mit Gottvertrauen, beim Handeln die Sicherheit, das Richtige zu tun. Gerade aus dieser Haltung heraus kann ich dann auch andere motivieren. Und das wiederum setzt eine Spirale der Verantwortung in Gang. Denn wenn ich andere von einer Idee überzeuge, wenn sie mitziehen, dann tragen auch sie Verantwortung für die Sache. Und ich trage im Gegenzug Verantwortung für die Menschen, die ich in meine Sache „hineingezogen" habe. Mit der Konsequenz, dass ich alle weiteren Schritte noch gewissenhafter prüfen muss.

Bei geschäftlichen Entscheidungen, bei denen ich genau wusste, dass es nur so geht und nicht anders, war ich oft sehr mutig. Das hat auf andere einen entsprechend überzeugenden Eindruck gemacht. Doch derart mutig kann ich nur sein, wenn ich ein absolut reines Gewissen habe, wenn ich sicher bin, dass meine Handlungsweise richtig und gut ist. Dann habe ich die Kraft und den Mut, die Idee umzusetzen. Wenn ich diese Sicherheit nicht habe, fehlt auch der entsprechende Mut.

„Dafür stehe ich mit meinem Namen"
Warum Ideen ein klares Profil brauchen

Solange ich denken kann, habe ich immer versucht, meinen eigenen Weg zu gehen. Zwar habe ich, einem väterlichen Rat folgend, zunächst etwas „Ordentliches" gelernt und Jura studiert. Aber ich wusste von Anfang an, dass ein Rechtsberuf mich nicht würde erfüllen können. Mein Vater, der selbst sehr künstlerisch interessiert und begabt war, hegte übrigens auch nicht die Hoffnung, dass ich Jurist werde. Er sah im Studium mehr eine allgemeine Berufsvorbereitung. Ich studierte so, dass es für ein brauchbares Referendarexamen reichte, im Übrigen ging ich weiterhin meinen musischen, künstlerischen und sportlichen Interessen nach. Ich promovierte mit einer Arbeit über russisches Arbeitsrecht, die mir früh Land und Leute nahebrachte, die aber nicht gerade als richtungweisend auf dem Gebiet der vergleichenden Rechtswissenschaft gelten muss. Damit war für mich die Jurisprudenz zugleich erledigt.

Sehr früh und gegen damals heftige Widerstände setzte ich mich bei der Bewirtschaftung unseres Familienhofes und bald auch im Unternehmen für die biologische Landwirtschaft ein. In meiner Kunst folgte ich stets meinen ureigenen Intentionen und Intuitionen, niemals irgendwelchen „Bewegungen", Schulen oder Forderungen des Kunstmarktes – was natürlich insofern leicht gesagt ist, als die Malerei für mich nie Brotberuf sein musste. Wenn andere Unternehmer sich zu Staatsempfängen in Nobelkarossen vorfahren ließen, dann kam ich, auch als Präsident der Industrie- und Handelskammer, oft mit dem Fahrrad. Eine gewisse Freude, Unabhängigkeit zu zeigen, ja vielleicht auch zu provozieren, kann ich nicht von der Hand weisen. Ecken und Kanten gehören dazu, wenn ein Mensch als „runde" Persönlichkeit in Erscheinung treten will; wenn er authentisch, aufrichtig und bei sich selbst bleiben möchte.

Bei der Verfolgung einer Idee oder bei der Umsetzung eines von mir angestoßenen Projektes muss ich nicht minder zu meinen Prinzipien stehen und meine Ziele im Auge behalten. Die Idee wie ihr Urheber müssen erkennbar bleiben. Keineswegs, um die Welt mit einem starken Ego zu beeindrucken. Sondern weil die Leute meist sehr schnell merken, ob einer „echt" ist, ob er wirklich hinter dem steht, was er sagt und tut. In der Sache gibt es ja für fast alle Belange unseres täglichen Lebens vergleichbare Alternativen. Ob Sie sich für ein Produkt, für einen Pianoabend oder für einen Politiker entscheiden – sie bekommen im Grundsatz ähnliche Angebote von verschiedenen Anbietern. Daher ist es ein durchaus gewichtiges Kriterium für die Entscheidungen von Menschen, wem an der betreffenden Sache wirklich etwas liegt, wer sie engagiert und ehrlich vertritt. Kurz: wessen „Nutzenversprechen" glaubwürdig erscheint.

Zugleich neigt der Mensch dazu, seine eigene Integrität milder zu beurteilen als die seiner Mitmenschen. Folglich wird gerade derjenige besonders kritisch beäugt, der behauptet das Richtige, gar etwas Gutes zu tun. Ein positives Image ist zwar nie ein Selbstläufer, aber es gibt Bereiche, in denen Vertrauen schneller verspielt werden kann als in anderen. Wer für sich in Anspruch nimmt, gesunde und saubere Lebensmittel für Babys und Kleinkinder aus biologisch erzeugten Rohstoffen und in nachhaltigen, umweltschonenden Verfahren herzustellen, der wird nun mal schärfer beobachtet als ein Zigarettenfabrikant. Glaubwürdigkeit und Glätte, Vertrauen und unverbindlicher Verlautbarungsjargon schließen sich für mich daher gegenseitig aus.

Ich betrachte es zudem als Vorteil, wenn ein mittelständischer Familienbetrieb nicht zuletzt durch eine wahrnehmbare Unternehmerpersönlichkeit geprägt wird. Anders als bei anonymen Kapitalgesellschaften wissen Mitarbeiterinnen und Mitarbeiter, Geschäftspartner und Kunden hier, woran sie sind. Und wenn es zu Problemen kommt, wissen sie ebenfalls, an wen sie sich halten können. Die Möglichkeiten, anderen den Schwarzen Peter zuzuschieben, sind begrenzt.

Nun sind Familienunternehmen auch in einem weiteren Sinne so etwas wie Familien: Die Beziehungen zwischen Inhabern und Mitarbeitern sowie der Beschäftigten untereinander sind meist über längere Zeit gewachsen, daher auch enger und vertrauensvoller als in Konzernen. Aber jeder weiß aus eigener Erfahrung, dass es selbst in den besten Familien nicht immer nur harmonisch zugeht, dass nicht alles eitel Sonnenschein ist. Je mehr Menschen an einer Idee oder einem Projekt arbeiten, umso breiter ist das Spektrum der Meinungen, umso vielfältiger sind die persönlichen Eigenheiten. Und das gilt im guten, manchmal aber eben auch im weniger guten Sinne. Konflikte sind folglich etwas völlig Normales. Die Frage kann allein sein, wie damit umgegangen wird.

Damit sind wir wieder bei den „Ecken und Kanten". Wer klare Positionen verficht und ein unverwechselbares Profil zeigt, der kann nicht erwarten, dass er dafür ständig und von allen uneingeschränkte Zustimmung bekommt. Aber es ist eben nicht das gleiche, ob jemand diese Ecken und Kanten zeigt, um in seiner Eigenart und mit seinen Überzeugungen erkennbar zu bleiben. Oder ob er sie hauptsächlich deshalb pflegt, damit andere sich schmerzhaft an ihnen stoßen. Es gibt Menschen, die klar und deutlich sagen, was sie meinen. Und es gibt Menschen, die hauptsächlich einen rauen Umgangston pflegen. Selbst harte Kontroversen in der Sache dürfen nicht umgangen werden. Aber persönliche Polemik und ein allzu harscher Tonfall sind überflüssig wie ein Kropf.

Es ist möglich, seinen eigenen Weg zu gehen und gleichzeitig auf die Gefühle seiner Mitmenschen zu achten. Mir tut es immer leid, wenn sich ein Mensch durch etwas, was ich gesagt oder getan habe, verletzt fühlt. Hat zum Beispiel ein Mitarbeiter in meinen Augen einen Fehler gemacht, dann ist es absolut notwendig, ihm das auch klar zu sagen. Denn erstens muss der Fehler abgestellt bzw. behoben werden. Und zweitens sollte der Betreffende aus seinem Fehler lernen können. Beides erreiche

ich aber mitnichten dadurch, dass ich diesen Menschen klein-
mache. Kritik und verletzende Angriffe sind zwei völlig verschiedene Paar Schuhe. Doch viele Vorgesetzte finden Sprüche
aus der Preisklasse „So wie Sie arbeiten, möchte ich mal Urlaub
machen" oder „Wo Sie momentan sitzen, kann ich mir auch gut
eine Zimmerpflanze vorstellen" leider nicht nur lustig. Sie halten so etwas tatsächlich für wirksame Kritik – wo es sich doch
bloß um haltlose Herabsetzungen handelt. Solchen Leuten geht
es vornehmlich um Macht und Geltung. Sie glauben beides zu
besitzen, wenn sie Angst anstelle von Überzeugungen verbreiten.

Gewiss, es gibt auch Sensibelchen, die auf Kritik an der Sache allzu schnell verletzt reagieren. Wenn ich bemerke, dass
sich jemand durch meine Worte oder Taten getroffen fühlt,
versuche ich daher möglichst ehrlich zu prüfen, ob ich denn
wirklich recht habe – oder ob ich meine Worte vielleicht zu
unbedacht gewählt habe. Man kann dasselbe immer auch anders
sagen. Weiß ich von einem Menschen, dass er sehr empfindlich
ist, sollte ich Kritik ebenso wie Wünsche oder geschäftliche
Weisungen eben entsprechend zurückhaltender formulieren als
bei jemandem, der die Worte nicht auf die Goldwaage legt –
oder der gar selbst bei Gelegenheit ganz gerne mal austeilt. In
keinem Fall fällt mir ein Zacken aus der Krone, wenn ich meinem Bedauern Ausdruck verleihe, dass da eventuell etwas falsch
angekommen ist. Im Gegenteil: In der Sache kann ich umso
eher bei einer Meinung bleiben, je eher ich bereit bin sie so zu
formulieren, dass sie beim Gegenüber nicht schon allein aufgrund meiner Wortwahl oder meines Tonfalls auf taube Ohren
stößt. Rücksichtnahme ist ein Zeichen von Stärke, nicht von
Schwäche. Aus dem Lateinischen kennen wir den Satz: „Forti-
ter in re, suaviter in modo". Übersetzt bedeutet das: „Stark in
der Sache, mild in der Methode". Mein Vater gab mir den Rat,
im Betrieb müsse man zwar alles sehen, aber nicht immer über
alles gleich reden. Oft ist es gut, erst einmal eine Nacht lang
über eine Sache oder ein Ereignis zu schlafen und erst am
nächsten Tag zu handeln.

Ebenso mache ich meine Ideen, Initiativen oder Produkte nicht einen Deut besser, indem ich diejenigen anderer Leute öffentlich herabsetze. Viele glauben ja, dass ihr eigenes Lichtlein heller leuchte, wen sie behaupten die Sonne scheine doch gar nicht. Ehrlich gesagt ist das einer der Hauptgründe, warum ich – als durchaus politischer Mensch – überhaupt nicht zum aktiven Politiker tauge: Da wäre ich quasi verpflichtet, jeden eigenen Vorschlag mit einer möglichst ätzenden Pauschalkritik konkurrierender Vorschläge einzuleiten; so mein Tagesgeschäft nicht ohnehin darin bestünde, Rivalen öffentlich oder hinter verschlossenen Türen niederzumachen.

Noch einmal: Es geht nicht darum, Ecken und Kanten um ihrer selbst willen zu pflegen. Sie kommen sinnvoll nur dann zum Vorschein, wenn die Sache es mit sich bringt. Ich selbst muss mich mit einer Idee, einer Sache, einem Produkt identifizieren können. Ich muss guten Gewissens öffentlich dazu stehen können. Jeder sollte den Eindruck gewinnen: Das entspricht der Denkweise dieses Menschen, dieses Unternehmers, dieses Herstellers. Und schließlich sollten die Leute einigermaßen sicher sein, dass ich das, was ich mache, gerne, gut und so gewissenhaft wie möglich tue.

Ein überzeugendes Profil hat nicht allein etwas mit Authentizität zu tun. Es hat für ein Unternehmen wie für einen Unternehmer auch einen sehr praktischen, marketingtechnischen Sinn: Erkennbarkeit. Häufig klagen Verbraucher über die nahezu unüberschaubare Menge austauschbarer Produkte. Überfluss, gar Überdruss sind quasi die Schatten unseres Wohlstands. Wer da nur möglichst laut „Kauf mich!" ruft, hat selten die beste Chance Gehör zu finden. Ideen wie Produkte sind umso besser erkennbar, als sie ein klares Profil haben. Nur dann sind sie im umfassenden Sinne des Wortes eine *Marke*. Und dauerhaft erfolgreiche Marken sind, auch wenn manche Werber das gerne glauben, kein Bündel möglichst origineller oder schriller „Botschaften". Sie sind im Kern ein *Leistungsversprechen* – und zwar ein real gedecktes. Es steckt eine klar erkennbare Qualität in meinem Produkt. Für dieses Qualitätsversprechen steht das

Unternehmen, steht am besten auch ein identifizierbarer Unternehmer ein.

Wir leben in einer Zeit, in der ein Großteil der Angebote auf dem Markt heute auftaucht und morgen schon wieder verschwunden ist. In der sogar milliardenschwere Traditionsunternehmen über Nacht unter schnittigen Kunstnamen wiederauferstehen – Namen die nicht selten ähnlich wie „Voodoo" klingen. Da ist es ein umso klarerer Vorteil, wenn ein Markenname zugleich ein Familienname ist. In unserem Fall ist das sogar die zentrale Marketingaussage geworden: „Dafür stehe ich mit meinem Namen".

Als unsere Werbeagentur mit diesem Slogan ankam, war ich zunächst nicht sonderlich begeistert. Ich fand das ein wenig eitel. Schließlich stehen hinter unseren Produkten rund 2 000 Mitarbeiter in sieben europäischen Ländern, dazu über 6 000 Biobauern, die uns mit ihren Ausgangsprodukten beliefern. Doch schließlich hat mich unsere Agentur überzeugt. Der Satz sagt ja nicht: „Das habe ich alles selbst gemacht." Er soll aussagen, dass ich als Unternehmer die persönliche Verantwortung dafür übernehme, dass wir uns täglich um höchste Qualität unserer Produkte und größtmögliche Nachhaltigkeit bei ihrer Herstellung bemühen.

Es ist ähnlich wie bei einem Minister, der ja auch nicht selbst die Gesetze und Verordnungen im Bereich seines Ressorts schreibt, schon gar nicht selbst jede Maßnahme seiner Behörden in Gang bringt. Ein Minister oder Regierungschef trägt die politische Verantwortung. Kommt es zu Fehlern oder Versäumnissen, muss er den Kopf hinhalten – selbst wenn er über den Vorgang persönlich gar nicht informiert war. Läuft etwas nicht so wie es laufen sollte, hat das nämlich oft recht komplizierte Ursachen. Sehr schnell sind die Menschen da mit Worthülsen von „Strukturproblemen" oder der „unglücklichen Verkettung von Umständen" bei der Hand. Doch die muss die Allgemeinheit weder durchschauen noch muss sie das Problem zu lösen wissen. Außenstehenden reicht es zu wissen, wer sich um die Sache kümmert. Oder wer notfalls den Schaden trägt.

Wer von persönlicher Verantwortung spricht, der kann von der Macht nicht schweigen. Der Begriff „Macht" ist heutzutage sehr negativ besetzt. Viele denken ihn fast schon automatisch zusammen mit dem Suffix „…missbrauch". Als Zeitzeichen mag das zu denken geben. Es geht aber am Kern der Sache vorbei. Denn Verantwortung übernehmen ohne Macht auszuüben, das kann ich nur, wenn ich restlos alles selbst mache. Doch das ist in einer hochgradig arbeitsteiligen Gesellschaft nicht einmal mehr demjenigen möglich, der scheinbar „allein" arbeitet. Der Installateur hat die Rohre, die er verlegt, schließlich nicht hergestellt; der Biobäcker im kleinen Zweimannbetrieb ist nicht auch noch Biobauer. Am ehesten ist noch ein Dichter ganz allein für seine Gedichte, ein Maler für seine Gemälde verantwortlich. Unternehmerische Verantwortung ohne Macht über das Wirken anderer ist dagegen undenkbar.

Die entscheidende Frage ist, worauf diese Macht gründet. Natürlich kann ich sie einfach für mich beanspruchen. Schließlich „gehört" mir beziehungsweise unserer Familie „das Unternehmen". Aber was heißt das eigentlich? Wir setzen als Familienunternehmer privates Kapital ein, um Mitarbeiter, Maschinen, Gebäude, Rohstoffe und viele andere Gegenstände zu einem wirkenden Organismus zu formen, eben einem Unternehmen. Auf der Basis teils meiner eigenen Ideen, ganz überwiegend aber auf der Basis der Ideen vieler anderer Mitarbeiter bringt dieses Unternehmen dann Produkte hervor, deren Nutzen sich auf dem Markt erweisen muss. Gelingt dies, haben wir Erfolg; misslingt es auf Dauer, geht das Unternehmen unter.

Zwar „gehören" dem Unternehmen im juristischen Sinne Grundstücke, Gebäude, Maschinen, Bürogeräte, Fahrzeuge. Und wir als Eigentümer des Unternehmens haben über diese Sachen insofern „Macht", als wir sie ebenso verkaufen, verschenken oder anderweitig einsetzen könnten. Aber ohne die vielen Menschen, die diese Sachen produktiv einsetzen, wäre alles im Grunde nur Schrott und Stein. Und diese Menschen gehören uns nicht. Sklaverei und Leibeigenschaft sind gottlob seit langer Zeit abgeschafft. Verantwortete unternehmerische Macht gründet also gerade nicht auf Besitz.

Letztlich auch nicht in der Bezahlung von Mitarbeitern. Denn durch Bezahlung eines Gehalts „erwerbe" ich lediglich einen Anspruch, *dass* jemand für unser Unternehmen tätig wird. *Wie*, das heißt mit welchem Engagement, welcher Einsicht und welchem Erfolg er oder sie das tut, darauf habe ich mittels der Gehaltsabrechnung kaum Einfluss. Selbstverständlich können wir uns von Mitarbeitern, die überhaupt keine akzeptable Leistung erbringen oder die nicht zu unserem Unternehmen passen, wieder trennen. Aber was immer Firmen durch ständiges Heuern und Feuern gewinnen mögen – ein Stamm von verlässlichen, engagierten und passgenau qualifizierten Mitarbeitern ist es gewiss nicht. Genauso wenig wie üppige Gehälter an sich schon ein Erfolgsgarant wären. Löhne und Gehälter also entweder als Schmerzens- oder als Bestechungsgeld zu betrachten, ist eine ebenso trostlose wie erfolglose Sichtweise.

Aus ganz ähnlichen Gründen mag ich auch den Begriff der „abhängigen Beschäftigung" nicht sonderlich. Denn entweder ist er Ausdruck einer Banalität: In einem Unternehmen wie in einer arbeitsteiligen Gesellschaft sind letztlich alle von allen abhängig. Oder er sagt das Gegenteil von dem aus, was einen guten Mitarbeiter ausmacht: dass er nämlich eigenständig mit anderen Menschen zusammenarbeitet und aus eigener Einsicht handelt. Und dass er selbst in seinem Tätigwerden für andere einen Sinn sieht, folglich auch Freude an seiner Arbeit hat. All dies aber ist weder mit Machtworten noch mit Geld allein zu erreichen. Es basiert auf einer zumindest grundsätzlichen Überzeugung vom guten Sinn der Arbeit, die einer leistet. Daraus folgt: Nicht nur ich selbst und unser Unternehmen müssen ein klares Profil haben. *Jeder* Mitarbeiter muss seine Talente entfalten, sein Profil zeigen können.

Macht ist Mittel zum Zweck, niemals Selbstzweck. Von daher ist sie auch immer nur so gut wie ihre Zwecke selbst es sind. Unsere Ziele werden wir jedoch – zusammen mit anderen –

nicht erreichen, wenn wir unsere Macht auf materieller Abhängigkeit zu gründen versuchen. Noch weniger ist „Macht" ein System von Befehl und Gehorsam. Zumal noch eines, bei dem die Lautstärke auf dem Kasernenhof als Zeichen der Schlagkraft einer Armee gelten darf. Über den Unsinn ständigen und ausschließlichen Anordnens habe ich schon gesprochen. In Einzelfällen, zumal wenn es pressiert, mag so ein „Machtwort" schon mal helfen. Doch bereits auf mittlere Sicht entpuppt sich das Verfahren als Sackgasse, an deren Ende Schilder mit Aufschriften wie „Dienst nach Vorschrift" oder „Innere Kündigung" stehen. Übergehe ich ständig meine Mitarbeiter, interessiere ich mich nicht für ihre Begabungen, Eigenheiten und Meinungen, mache ich sie gar noch beständig herunter, dann werde ich meinen Führungsanspruch nicht durchsetzen können. Ich kann höchstens ein System der Angst etablieren. Aber die ist bekanntlich nicht nur ein schlechter Ratgeber, sondern im menschlichen Miteinander auch ein lähmendes Nervengift erster Güte.

Es mag schön sein, Macht zu haben. Aber wer sie hat, sollte stets wissen, wer sie ihm gegeben hat. Und wie lange er sie ausüben wird. Dann relativiert sich die Perspektive sehr. Wenn ich weiß, dass mir Macht nur auf Zeit und unter bestimmten Bedingungen zuteil geworden ist, dass sie mir unter anderen Bedingungen also auch wieder genommen werden kann (oder zumindest nicht mehr akzeptiert wird), dann werde ich sie verantwortungsvoll auszuüben versuchen. Ich werde Rücksicht auf die Meinungen und Belange derjenigen nehmen, die mir eben gerade nicht „gehorchen" – sondern die mir folgen, wenn ich sie von meiner Sicht der Dinge halbwegs überzeugen konnte.

Das wiederum hängt davon ab, ob mir die Leute vertrauen. Und zwar nicht allein in dem Sinne, dass ich es ehrlich mit ihnen und mit der Sache meine. Sondern auch in dem Sinne, dass sie auf meine Erfahrung, mein Wissen und mein Können als Unternehmer vertrauen. Dass sie wissen: Der redet nicht nur daher, er geht auch selbst mit gutem Beispiel voran. Vor allem aber, dass Menschen meine Begeisterung für eine Idee oder für ein Ziel grundsätzlich teilen. Macht in diesem positiven Sinne meint nicht so sehr, dass ich formell das Sagen habe. „Macht", wie ich sie verstehe, ist eigentlich nur ein anderes Wort für „Autorität". Und die kann keiner sich selbst zusprechen. Autorität wird einem ausschließlich von anderen zuerkannt.

Dabei hilft es sehr, wenn ich nicht immer nur andere von meinen eigenen Ideen überzeugen möchte, sondern wenn ich stets zugleich ein offenes Ohr für fremde Ideen und Argumente habe. Und wenn ich gegebenenfalls auch ohne Umschweife zugebe, dass ein anderer eine bessere Idee hatte als ich selbst. Wer zeigt, dass er sich selbst überzeugen lässt, kann auch andere besser überzeugen.

Nicht zuletzt hat Überzeugungskraft etwas damit zu tun, dass einer bei den Menschen den richtigen Ton trifft. Der abstrakte, seelenlose Management-Jargon, der auf den oberen Führungsebenen vieler Großunternehmen und Konzerne sowie von Unternehmensberatern gepflegt wird, ist meines Erachtens Lichtjahre vom Denken und von der Sprache normaler Menschen entfernt. Folglich sollte sich niemand wundern, wenn diese glauben, damit würden die wahren Interessen der „Mächtigen" bloß vernebelt. Ich spreche lieber eine klare und bodenständige Sprache. Wenn ich eine Idee nicht jedem Mitarbeiter klarmachen kann, auch solchen ohne Abitur oder betriebswirtschaftliches Examen, dann wird sie in der Praxis wenig taugen. Ebenso wie ich niemanden damit beeindrucken muss, stets das aktuelle Exemplar des „Harvard Business Manager" effektvoll auf meinem Schreibtisch zu platzieren.

Von produktiven Konflikten und destruktiver Missgunst

Freilich können noch so viel Offenheit, Ehrlichkeit und Klarheit nicht verhindern, dass es gelegentlich zu Konflikten kommt. Dann steht eben doch Meinung gegen Meinung, Vorschlag gegen Vorschlag, Idee gegen Idee. Niemand will sich mehr so recht von den anderen überzeugen lassen. Wie gehe ich mit solchen Situationen um?

Als verantwortlicher Unternehmer kann ich ein umstrittenes Projekt natürlich einfach durchziehen. Zumindest vordergründig werden die Leute vermutlich sogar tun, was ich ihnen auftrage. Und wenn die Sache schiefgeht, dann haben alle, die dagegen waren, wenigstens von Anfang an recht gehabt. Mancher kann vielleicht sogar seine Schadenfreude nicht verbergen.

Geht es gut, finde ich im Lager meiner Opponenten immer zwei Arten von Menschen: Die einen freuen sich um der erfolgreichen Sache willen, dass sie unrecht hatten. Vielleicht vertrauen sie künftig auch etwas mehr auf meine Expertise. Auf der anderen Seite wird es immer Einzelne geben, die bis zum Zieleinlauf unken, dass der Läufer wohl stürzen werde. Und die sich am Ende noch ärgern, wenn das nicht passiert.

Wir sind eben nicht nur von Gutmütigen umgeben. Es gibt auch Menschen, die am Misserfolg anderer Freude haben; Menschen, die vielleicht generell mehr ins Misslingen als ins Gelingen verliebt sind. Ich selbst bin ein grundoptimistischer Mensch. Aber ich sehe ein, dass Optimismus eine Eigenschaft und keine verpflichtende Kardinaltugend ist. Es gibt halt auch Pessimisten. Und es spricht sogar einiges dafür, dass man es sich nicht wirklich aussuchen kann, ob man ein Glas lieber für halb voll oder für halb leer hält. Erziehung, Erfahrung, vermutlich sogar die Gene spielen hier wahrscheinlich eine stärkere Rolle als bewusstes Entscheiden.

Gleichwohl macht es immer noch einen erheblichen Unterschied, ob jemand bloß davon ausgeht, dass die Welt ein übel eingerichteter Ort, des Menschen Streben deshalb eitel und vergeblich sei, oder ob jemand ein ausgemacht negativer Mensch ist, dem das Scheitern anderer Freude macht; der jedem Schaden seinen Spott hinterherschickt; der am Ende gar noch nachtritt, wenn jemand schon am Boden liegt. Es ist nicht zu ändern, dass es solche Zeitgenossen gibt. Aber sie müssen beizeiten in ihre Schranken gewiesen werden, wenn wir sie schon nicht meiden können. Ich gebe zu, dass dies als Chef leichter ist. Ebenso wie ein Personalverantwortlicher sie eher aus seiner Umgebung fernhalten kann als ein Untergebener, der das Pech hat, an einen missgünstigen Vorgesetzten zu geraten. Dafür habe ich aber auch überhaupt kein Problem damit, wenn jemand Unterstützung auf der übernächsten Führungsebene sucht, falls sich ein Konflikt im direkten Gespräch nicht lösen lässt.

Wenn wir positiv, gar pathetisch von der Macht der Ideen sprechen wollen, dann unterstreichen wir gerne, dass Ideen Menschen verbinden. Oft ist dies ja auch so. Nicht weniger wahr ist freilich, dass Ideen Menschen auch trennen, gar ernsthaft entzweien können. Und da müssen wir bis zu einem gewissen Grade gar nicht in die oberste Schublade der Weltanschauungen, Glaubenslehren, Großtheorien und Ideologien greifen. Schon ganz alltägliche, praktische Ideen, erst recht unternehmerische Pläne und Projekte können Zwietracht säen. Auch das müssen wir aushalten können.

Ich spreche nicht davon, dass manche Menschen etwas hartnäckiger auf ihrem Standpunkt bestehen als andere, dass sie sich nicht gleich vom erstbesten Gegenargument den Wind aus den Segeln nehmen lassen. Das ist nicht nur völlig normal, es ist einer lebendigen Diskussion sogar förderlich. Denn andernfalls hätten wir es ja bloß mit dem Unterschied von mehr oder weniger zögerlichen Jasagern zu tun. Ich spreche auch nicht davon, dass Menschen von bestimmten Grundüberzeugungen oft nur schwer abzubringen sind, ganz gleich ob mir diese nun gefallen oder nicht. Zwar heißt es, dass eine Sache entschieden sei, wenn Rom gesprochen habe. Aber ich kann ja schlecht die Augen davor verschließen, dass Rom längst nicht für alle Menschen die maßgebliche Autorität ist.

Was ich meine sind Menschen, die aus Prinzip dagegen sind. Die überhaupt keine Gründe brauchen, um etwas abzulehnen oder schlecht zu finden. Sondern denen es zum Beispiel schon völlig genügt, dass eine Idee von mir – oder nicht von ihnen – ist, um auf stur zu schalten. Statt ihre Talente und ihr Wissen auf die Entwicklung eigener guter Ideen zu verwenden, bringen sie lieber große Energie dafür auf, diejenigen anderer schlecht zu machen. Solange solche Rechthaber das Ganze in erster Linie sportlich sehen, kann ich damit leben. Doch wenn Verbiesterung, gar Verbitterung oder Gehässigkeit ins Spiel kommen, ist meine Geduld schnell erschöpft.

Neben jenen, für die ständiger Widerspruch eine Form höheren geistigen Genusses ist, gibt es jene, die einfach aus Gaudi gegen etwas sind. So habe ich, mehr am Rande des Geschehens, etwa als Student die Schwabinger Krawalle der frühen sechziger Jahre erlebt. Hier standen wir, dort stand die Polizei. Die Konfrontation machte einfach Spaß, ein ernster politischer Wille stand nicht dahinter. Da waren wir, ehrlich gesagt, eben doch ein wenig wie Kinder, die einfach mal ausprobieren wollen, wie weit sie bei ihren Eltern gehen können, bevor diese ernstlich aus der Haut fahren. Ob solch pubertäres Konfliktverhalten auch noch Menschen in der Lebensmitte gut ansteht, ist dann wieder eine andere Frage.

Geistiger Krawall um des Krawalls willen – selbstredend nur, wenn er nicht in Pöbelei ausartet – ist am Ende wohl immer noch besser als verbohrte ideologische Streitereien. Menschen, die ständig den Konflikt suchen, hängen Themen wie Tonlage dieser Konflikte ja gerne möglichst hoch. Denn da lässt es sich umso gnadenloser streiten. Während sachliche Argumente eine umso geringere Chance auf Gehör haben, desto mehr die Streithähne sich auf heilige Prinzipien berufen. Weil ich aus Erfahrung weiß, dass so eine Haltung nie zu etwas führt, meide ich persönlich bestimmte Grundsatzdiskussionen, die sich schon seit Menschengedenken im Kreise drehen. Umgekehrt plädiere ich dafür, einen aufgetretenen Konflikt in der Sache so tief wie möglich zu hängen – freilich auch nicht tiefer. Von allen Beteiligten erwarte ich, auf persönliche, gar beleidigende Attacken zu verzichten. Und ich versuche, möglichen Protest gegen meine Position realistisch einzuschätzen, aber nicht überzubewerten, gar als persönliche Kränkung aufzufassen.

Gerade wenn ich geschäftlich neue und ungewöhnliche Wege gehen will, muss ich stets mit Widerstand rechnen. Am besten binde ich diejenigen, die als Gegner auf den Plan treten könnten, rechtzeitig ein und versuche, ihnen die Vorteile meines Vorschlags möglichst schmackhaft zu machen sowie Einwände aufzunehmen. Wer erwartbare Widerstände nicht schon im Vorfeld in seine Überlegungen und Planungen einbezieht, der wird später umso heftiger mit ihnen konfrontiert werden. Besser, ich sehe voraus, welche Einwände eventuell kommen werden – und wappne mich mit guten Gegenargumenten. Besser, ich beginne frühzeitig und mit einer gewissen Offenheit für meine Idee zu werben, als dass ich eine fertige und detaillierte Lösung auf den Tisch lege, zu der die Leute dann nur noch Ja und Amen sagen können. Und besser ich verstehe die konkreten Motive möglicher Kritiker oder Gegner, als dass ich sie pauschal zu Angehörigen eines Intrigantenstadls erkläre. Je früher ich mit all dem beginne, desto besser. Denn irgendwann ist es zu spät für Argumente. Allzu schnell sind die Fronten dann so verhärtet, dass jeder sich fragt, warum ausgerechnet er nachgeben und sein Gesicht verlieren sollte.

Das ist ein Punkt, dessen Bedeutung in Zeiten des Effizienzkultes leider allzu häufig übersehen wird: Nicht selten werden in Unternehmen oder Institutionen sehr wohl die richtigen Entscheidungen gefällt. Ebenso fallen sie ohne unnötige Verzögerungen, und auch die Umsetzung wird zügig angegangen. Nur wird es leider versäumt, die Entscheidungen auf ein breiteres Fundament zu stellen. Allzu leicht vergessen Führungskräfte, die selbst überaus entscheidungsfreudig sind, rechtzeitig einen größeren Kreis an Menschen mit einzubinden. Manchmal geschieht das, weil der Kreis der „Mitwisser" möglichst klein gehalten werden soll. Manchmal muss es auch tatsächlich schnell gehen. Gründe für einsame Entscheidungen lassen sich immer finden.

Leider sind auch die Folgen immer dieselben: Die Zustimmung der Mitarbeiter und Kollegen wird geringer, das Engagement zumindest in der konkreten Sache sinkt spürbar, das Vertrauen erodiert. In letzter Konsequenz kann das für ein Unternehmen bedrohliche Züge annehmen. Wer sich zu oft übergangen fühlt, spricht irgendwann die innere Kündigung aus. Und qualifizierte Fachleute, die immer anderswo unterkommen können, verlassen das Unternehmen sogar. Natürlich unter Mitnahme ihres gesamten Know-hows, das weder sachlich noch rechtlich sauber vom Know-how des Unternehmens zu trennen ist.

Das Motiv für Alleingänge der Führung ist in gewisser Weise sogar verständlich: Mit einer größeren Mannschaft ist es nicht automatisch leichter Kurs zu halten. Die Zahl der Einwände und Bedenken wächst. Andere von einer Sache zu überzeugen, kostet zudem schlicht Zeit. Und die ist bekanntlich Geld. Nur: Die offenen wie die verdeckten Kosten mangelnder Konsensbildung sind meist viel höher. Wer dauernd nur Befehle von der Brücke bekommt, der rudert nämlich ziemlich lustlos – wenn überhaupt. Gerade in modernen, hoch technischen und komplexen Unternehmen sitzen nun mal keine Galeerensträflinge im Maschinenraum, sondern qualifizierte, durchaus selbstbewusste Fachleute. Deren Rat einzuholen ist nicht allein notwendig, sondern auch lohnend. Eventuelle Verzögerungen beim Auslaufen aus dem Hafen werden daher später auf See leicht aufgeholt. Wenn Kapitän und Offiziere mit einer Nussschale ohne Navigationssystem Kurs auf Kap Hoorn nehmen wollen, wäre jedes Murren der Mannschaft ohnehin gerechtfertigt.

Jede gute Führungskraft muss in schwierigen Situationen den Mut aufbringen können, die Notbremse zu ziehen. Wer eine Fehlentscheidung nicht zugeben kann, der wird das Leiden an einer falschen Idee nur verlängern, es aber weder verhindern noch verbergen können. Wenn eine Idee nicht funktioniert, ein Produkt sich nicht verkauft, eine geplante Maßnahme nicht die erwarteten segensreichen Folgen zeitigt, dann gilt die alte Weisheit, dass ein Ende mit Schrecken immer besser ist als ein Schrecken ohne Ende. Und ebenso jene, dass man den Überbringer der schlechten Nachricht nicht köpfen, sondern lieber für seine Courage ehren sollte.

Dabei sind solche schwierigen Entscheidungen in der Wirtschaft durchaus schneller möglich als in der Politik. Gerade als Unternehmer muss ich nicht immer erst eine Abstimmung anberaumen. Wurden dagegen in der Politik Gesetze oder Reformen erst einmal auf den Weg gebracht sowie öffentlich angepriesen, dann wird sich kaum noch einer trauen zu sagen, dass sich eine Idee als weniger gut entpuppt hat als gedacht. Obwohl es menschlich wäre, genau das zu tun, wenn es den Tatsachen entspricht.

Für mich ist es jedenfalls immer eine wichtige Erfahrung, wenn ich mich von meiner Meinung auch einmal lösen kann. Wenn Einwände stichhaltig sind, wenn gar etwas nicht funktioniert, dann muss ich das ohne Umschweife zugeben können. Eine falsche Sache auf Gedeih und Verderb „durchzuziehen", macht alles nur noch schlimmer. Wer an Ansichten und Positionen festhält, nur um sein Gesicht zu wahren, der wird nicht weit kommen. Zur Macht gehört es eben auch, um meine eigene Ohnmacht zu wissen.

Wirklich dumm verhält sich vornehmlich, wer wider besseres Wissen an seinen Irrtümern festhält. Solange ich von einer Sache innerlich überzeugt bin, darf ich sie nicht nur guten Gewissens gegen Widerstände verteidigen. Solange sollte ich auch an ihr festhalten. Wenn ich schon einknicke, sobald sich jemand nur vernehmlich räuspert oder zarte Bedenken anmeldet, wird mich nämlich auch niemand ernst nehmen. Sich für etwas zu engagieren erfordert immer auch eine gewisse Standfestigkeit. Nur dürfen wir den Einsatz für eine Sache nicht mit dem Einsatz unserer Ellenbogen verwechseln.

In unserer Mediengesellschaft herrscht leider derzeit der Eindruck vor, dass sich derjenige durchsetzt, der die härtere Gangart wählt. Denn wir sehen sehr häufig nur noch auf den öffentlichen Schlagabtausch über ein Thema und nicht mehr auf die Sache selbst. Bis wir mit ruhigem Blick feststellen könnten, ob der „Gewinner" auch recht hatte, ob sein Vorschlag wirklich zum gewünschten Ergebnis geführt hat, wurde nämlich oft schon längst die übernächste Sau durchs Dorf getrieben.

Zweifelsohne sind Harmonien angenehmer als Dissonanzen. Aber der Kontrast zwischen beiden erhöht die musikalische Spannung. Ebenso wie Bewegung nun mal Reibung erzeugt. Am Ende sind denn auch nie Konflikte das eigentliche Problem, sondern mangelnde Konfliktfähigkeit. Widersacher, harte Kritiker, auch die gefürchteten „Bedenkenträger" werden sogar gebraucht. Denn sie helfen uns, unseren Blick für die Hindernisse auf unserem Weg zu schärfen. Auch bei größter Begeisterung für seine Sache darf man schließlich nie den Blick für die Realität verlieren. Und die ist in ihrer ganzen Vielfalt halt oft genug auch widerständig.

Daher gehört zu jeder guten Idee, so sehr ich von ihr überzeugt sein mag, der sprichwörtliche „Plan B". Langfristig erfolgreiche Menschen ebenso wie langfristig erfolgreiche Unternehmen haben nicht in erster Linie hochfliegende Pläne, sie arbeiten mit Szenarien. Menschen machen das eher intuitiv, indem sie auch einen mehr oder minder präzisen Plan für den Fall haben, dass ihre ursprüngliche Idee fehlschlägt oder auf unüberwindbare Hindernisse stößt. Viele Unternehmen oder Institutionen formulieren solche Szenarien sogar methodisch geleitet, indem sie eine mehr oder minder große Zahl an Parametern zu verschiedenen künftigen Trends hochrechnen. Das Minimum sind drei Szenarien: ein optimales, in der alle Parameter sich besonders günstig entwickeln, ein sogenanntes „Trendszenario", das mit möglichst realistischen Annahmen arbeitet, und ein „Worst-Case-Szenario", das vom schlimmstmöglichen Fall ausgeht; hart gesagt: davon, dass praktisch nichts, worauf ein Plan basiert, in Zukunft auch tatsächlich eintreten wird.

Wenn ich etwas wagen will, dann muss ich nicht nur an die Chancen glauben, ich sollte auch die Risiken kennen. Kritiker tun genau dies: auf mögliche Risiken hinweisen. Das unterscheidet sie von den Miesmachern, die immer nur wissen, dass gar nichts funktionieren wird.

Bis zu einem gewissen Grade müssen wir diese Risiken dann aber auch aushalten können. Wann der Punkt erreicht ist, an dem sie anfangen, einem den Schlaf zu rauben, ist von Mensch zu Mensch verschieden. Sicher ist nur: Totale Risikoscheu führt zur völligen Lähmung. Und extreme Waghalsigkeit meist zu harten Bauchlandungen. Die rechte Mitte zwischen beidem muss letztlich jeder für sich selbst finden.

Als mittelständisches Familienunternehmen investieren wir ganz überwiegend eigenes Geld. Und wir sind bodenständig. Das heißt vor allem: Wir sind am Sitz unserer Firma sozial fest verankert. Mitarbeiter sind da zum Beispiel keine abstrakten „Kostenfaktoren", sondern Menschen, die wir kennen, die ein Gesicht, eine Familie, eine Geschichte haben, die oft schon in zweiter oder dritter Generation bei uns arbeiten.

Große Konzerne finanzieren sich dagegen aus Fremdkapital, sei es nun in Form von Aktieneinlagen, von Anleihen oder von Krediten. Sie sind international, oft weltweit tätig, folglich ziemlich weit weg von den Menschen – und zwar sowohl von ihren Anteilseignern wie von ihren Mitarbeitern. Dadurch ist ihre soziale Rückbindung eher schwach. Ihre Risikoaversion ist dafür oft niedriger. Und weil „die Finanzmärkte" das so wollen, denken sie kurzfristiger als wir, die wir neben dem aktuellen Gang der Geschäfte schon die nächste und die übernächste Generation im Auge haben. Wir planen deshalb vorsichtig, aber eben auch langfristiger.

Praktisch überhaupt keine Risikoscheu mehr haben schließlich die reinen Finanzjongleure, denn ihr Spielgeld bekommen sie allein von anonymen Dritten in die Hand gedrückt. Es hat sich zudem heute fast vollständig von der realen Wirtschaft der Güter und Dienstleistungen entkoppelt. Was in letzter Konsequenz bedeutet: Diese Leute bekommen kaum noch Rückmeldungen aus der Wirklichkeit, sondern fast nur noch aus ihrem eigenen, geschlossenen System.

Damit wird das zentrale Wechselverhältnis der Marktwirtschaft außer Kraft gesetzt: das von Risiko und Haftung. Wer Kapital einsetzt und mit seiner Investition Erfolg hat, der darf die Gewinne privatisieren. (Was allerdings bedeutet, dies sei hier nur nebenbei bemerkt, sie überwiegend wieder zu investieren und nicht zu konsumieren.) Aber wessen Rechnung nicht aufgeht, der darf die Verluste nicht sozialisieren; er muss sie selbst tragen. Erlaubte Ausnahmen: eigentlich keine.

Woraus wiederum folgt, dass eine marktwirtschaftlich orga-
nisierte Gesellschaft keine Ballung von Risiken gestatten sollte,
deren Folgen sie im Falle ihres Eintretens nicht mehr tragen
könnte. Genau dies ist aber im Verlauf der zurückliegenden und
aktuellen Finanzkrisen passiert; das Bemühen um die Rettung
des Euro steht vor dem gleichen Problem: Zahlreiche internatio-
nale Großbanken, gar ganze Volkswirtschaften in die Insol-
venz zu schicken, ist praktisch unmöglich. Bis zu einer gewissen
Größe, vor allem bis zu einer gewissen Zahl an Beschäftigten,
ist es möglich, ein illiquides Unternehmen zu liquidieren. So
schmerzhaft das für alle direkt und indirekt Beteiligten auch
sein mag – die Unternehmer oder Investoren müssen es, die
Gesellschaft als Ganze kann es ertragen. Jedenfalls solange die
unschuldig Betroffenen erst einmal aufgefangen werden. Aber
ein Zusammenbruch des Finanzsektors hätte ganze Volkswirtschaften mit in den Abgrund gerissen. Und ein Land wie Grie-
chenland kann im Gegensatz zu einer Firma schlicht überhaupt
nicht aufgelöst werden. Abschreiben können wir höchstens alle
Forderungen an das Land und seine Bürger, nicht aber Land
und Leute selbst.

Als Unternehmer stehe ich nicht nur mit meinem Namen
für die Qualität unserer Produkte und die größtmögliche Nachhaltigkeit unserer Prozesse. Ich stehe auch zu meiner Verantwortung für eigene Fehler und deren eventuelle Folgen für andere. Ähnlich wie die politische Verantwortung von Amtsträ-
gern erstreckt sich die unternehmerische Verantwortung ebenfalls auf Fehler, die ich gar nicht selbst begangen, und Schäden,
die ich nicht höchstpersönlich angerichtet habe. Der verantwortliche Unternehmer stellt sich hier auch vor seine Mitarbeiter. Kommt es etwa in der Produktion zu Verunreinigungen
einzelner Produktchargen, dann bin ich natürlich nicht „schuld".
Aber ich trage das wirtschaftliche Verlustrisiko, sorge direkt
oder indirekt dafür, dass der Schaden behoben sowie das Problem analysiert und dadurch künftig vermieden wird. Und ich
tue alles mir mögliche, damit das Image unserer Firma und unserer Marke nicht nachhaltig beschädigt wird. Was ich in derar-

tigen Fällen ausdrücklich nicht tue: in der Firma nach „Schuldigen" suchen. Nur Menschen, die überhaupt nichts arbeiten, machen auch keine Fehler. Folglich suchen wir lieber den Fehler – und versuchen dann alle, aus ihm zu lernen.

Geht es dagegen um unternehmerische Fehlentscheidungen, die ich zwar eher selten ganz alleine treffe, jedoch immer direkt mitverantworte, dann sollte ich auch dann lieber selbst kleinste Fehler zuerst bei mir suchen, als das ich anderen welche vorwerfe. Wenn eine Idee von mir nicht funktioniert, dann sage ich lieber früher als später Halt, gebe meinen Irrtum zu und räume ein, dass die Sache gescheitert ist. Dazu muss ich dann stehen – und den Fehler ohne Beschönigungen analysieren.

Klarheit und Entschlossenheit sind in solchen Situationen das einzig Richtige. Es ist besser, ich selbst nehme die Verantwortung auf mich, als dass lange über Schuldzuweisungen gestritten und Zwietracht unter den Beteiligten gesät wird. Der Erfolg hat ja bekanntlich immer viele Väter. Bei Misserfolgen will es dagegen meist keiner gewesen sein. Das ist zwar menschlich verständlich, in der Sache aber wenig hilfreich. Werden andere ernsthaft geschädigt, ist es überdies auch moralisch nicht akzeptabel, sich aus der Verantwortung zu stehlen.

Was leider oft vergessen wird: Verantwortung ist nicht nur ein saurer Apfel, in den keiner gerne beißt. Der Mut zur Verantwortung wird auch belohnt. Wer die Verantwortung trägt, wenn etwas schief geht, der wird nämlich gestärkt. Ein wenig mag ich mich dabei zum Sündenbock für andere machen. Aber auch das ist etwas, das ich im Zweifelsfall lieber selbst übernehme als das andere es für mich tun. Doch hauptsächlich wird in einem Unternehmen sehr genau registriert, wer bereit ist, Verantwortung zu tragen. So jemand darf mehr mitreden, dem hören die Menschen eher zu, und er genießt mehr Achtung. Wer Verantwortung trägt, hat mehr zu sagen. Sicher, der Stärkere kann auch hier mehr tragen als der Schwächere. Doch Fehler zuzugeben ist selbst ein Zeichen von Stärke, nicht von Schwäche. Eines, das zwar immer einen gewissen Mut erfordert, das aber keineswegs immer etwas kostet.

Eine Idee ist eine geistige Vorstellung von einer Sache, also erst einmal „graue Theorie". Zur Idee gehört zum einen eine Vorstellung, *was* ich am Ende verwirklichen möchte. Wie soll etwa ein Produkt, das ich herzustellen plane, aussehen und zusammengesetzt sein? Wie genau soll ein Prozess im Unternehmen ablaufen? Welche genauen Auswirkungen soll die Änderung eines Gesetzes, die Erhöhung oder Senkung eines Steuertarifs oder die Einführung einer neuen Behörde haben? Wie soll mein Gemälde am Ende tatsächlich aussehen – und welche Wirkung wünsche ich bei künftigen Betrachtern zu erzielen?

Zum anderen gehört zu einer halbwegs ausgereiften Idee eine Vorstellung davon, *wie* ich das gedachte Ziel erreichen möchte. Welche bislang nicht erprobten Zutaten werden wir für ein neues Produkt benötigen? Woher könnten wir sie beziehen? Wie sollte das Produkt heißen, wie würde es am besten verpackt und beworben? Was darf es in der Herstellung, was am Ende im Geschäft kosten? Welche Maschinen oder Geräte benötigen wir für Veränderungen im Produktionsprozess? Welche zusätzlichen Qualifikationen sollten die betroffenen Mitarbeiter erwerben? Oder: Welche Art von Grundierung, welche Farben möchte ich bei einem Bild einsetzen? Wo wird das fertige Gemälde vielleicht hängen?

Angesichts der vielen Details, die eine Idee am Ende ausmachen, vor allem angesichts der meist zahlreichen Unvorhersehbarkeiten bei ihrer Umsetzung versteht es sich beinahe von selbst, dass kaum eine Idee eins zu eins in die Praxis umgesetzt wird. Selbst wenn wir eine vergleichsweise einfach scheinende Sache wie einen Stuhl nehmen. Die Grundidee „Stuhl" ist uralt. Gleichwohl gibt es ständig neue Ideen für neu gestaltete Stühle, also für bislang nicht ausgeführte und nicht erprobte Varianten der Idee. Obwohl es abertausende Male gelungen ist, stabile und bequeme Stühle herzustellen, kann jedes neue Modell immer wieder wackeln oder Rückenschmerzen verursachen. Ganz abgesehen davon, dass auch ein scheinbar perfekter Entwurf am Ende hässlich aussehen oder zumindest von den Konsumenten abgelehnt werden kann.

Die Umsetzung einer Idee, die sehr nah an unsere theoretische Vorstellung herankommt, nennen wir ideal. „Besser geht's nicht", wollen wir damit sagen. Häufig sind wir schon ganz zufrieden, wenn wir einen Plan annähernd ideal verwirklichen können. Bisweilen wird die Umsetzung einer Idee aber mehr oder minder stark misslingen. Auch damit müssen wir leben. Wir können uns dann höchstens fragen, ob wir, salopp gesagt, voll daneben gehauen haben. Oder ob wir uns mit der nicht perfekten Lösung trotzdem erst einmal abfinden. Ob wir „Unmöglich!" oder „Na ja, geht so …" sagen. Wir können dann noch versuchen, die Sache nachträglich zu verbessern. Ob sie dabei wirklich immer besser wird, ist wieder eine andere Frage. Nicht selten „verschlimmbessern" wir eine nicht so gute Sache bekanntlich nur weiter.

Scheitern wir mit einer Idee, dann liegt es allerdings nicht immer an der mangelhaften Umsetzung. Es gibt auch Fälle, in denen wir mit einer Idee quasi zu hoch greifen. In denen wir uns etwas vorgenommen haben, was in der gedachten Weise überhaupt nicht zu realisieren ist. Das kann technische oder organisatorische Gründe haben: Verfügbare Materialien oder Verfahren sind zum Beispiel nicht ausreichend entwickelt, um eine Sache praktisch durchzuführen. In solchen Fällen war die Idee sozusagen zu schön um wahr zu sein.

Was gar nicht so selten vorkommt, ist aber auch der umgekehrte Fall: Eine Idee ist technisch oder organisatorisch seit langem realisierbar – aber kaum ein Mensch ist letztlich an der Sache interessiert. Rein technisch sind Weltraumflüge schon lange kein grundsätzliches Problem mehr. Immer wieder versuchen sich auch wagemutige Investoren daran, Orbitalflüge für Jedermann zu ermöglichen. Sicher, billig wäre das Vergnügen vorderhand wohl kaum zu haben. Aber selbst sehr reiche Menschen überlegen es sich offenbar mehr als gründlich, ob sie sich diese exklusive Erfahrung gönnen wollen. Ein irdischeres Beispiel ist die Videotelefonie: Seit über 40 Jahren wird die Möglichkeit, sich beim telefonieren auch gegenseitig sehen zu können, immer wieder angepriesen. Beim Highspeed-Mobilfunk haben die Anbieter zuletzt versucht ein Geschäft daraus zu machen. Und wieder gaben sich die Kunden recht zugeknöpft. Dabei beweist das Internet in vielen seiner Erscheinungen, dass das wohl kaum an der ausgeprägten Schamhaftigkeit der Menschen liegt. Dass kaum einer so eine Dienstleistung will, hat einen ganz anderen, allzu menschlichen Grund: Es wird am Telefon schlicht ziemlich viel geflunkert. So nett die Idee daher sein mag, das Telefonat zum echten Vier-Augen-Gespräch zu erweitern – wir müssen die zitierte Redensart bei Ideen wie diesen wohl umdrehen: Das ist zu wahr, um schön zu sein.

Eines ist ob der zahlreichen Hindernisse auf dem Weg zwischen Idee und Wirklichkeit jedenfalls ganz wichtig: Wir müssen uns bei der Umsetzung immer wieder die Ursprungsidee vor Augen führen. Sie ist eine Art Kompass, dessen Nadel uns immer wieder in Richtung unseres Ziels weist, die unser Tun beständig „einnordet". Ohne einen solchen Kompass lässt sich ein Scheitern kaum vermeiden.

Einerseits sorgt der Kompass der Ausgangsidee für Klarheit bei jenen Entscheidungen, die während der Umsetzung ständig getroffen werden müssen. Hier kommt es vor allem darauf an, dass die Idee nicht verwässert wird. Das hat nichts damit zu tun, dass man bei auftretenden Schwierigkeiten Details natürlich verändern und Umsetzungsschritte anpassen muss. Aber wie oft passiert es, dass bei der Umsetzung einer Sache jeder, der mit ihr befasst ist, gerne selbst „etwas beitragen" möchte. Dass Leute nicht nur das Projekt, sondern gleich auch noch die Idee zu ihrer Sache machen wollen; dass sie versuchen, Teilhaber der Idee zu werden. Da ändert der eine dann hier ein bisschen was, der andere bringt da einen zusätzlichen Vorschlag ein, ein Dritter möchte auch noch jene Interessen berücksichtigt sehen. Am Ende hat das Gerät dann 57 Funktionen, ist auch für starke Allergiker unbedenklich und lässt überdies Ihr Bad größer wirken. Nur was es eigentlich leisten sollte, das leistet es leider nicht so gut. Viele politische Kompromisse werden nach einem ähnlichen Muster gestrickt.

Oder nehmen wir als Beispiel den biologischen Landbau. Die ursprüngliche Idee ist die Gesundheit des Bodens. Diese Idee kann ich in verschiedene Richtungen aufweichen und verändern, weil es vermeintlich praktischer oder wirtschaftlich günstiger ist. Wenn ich nicht aufpasse, gerät das Grundprinzip schnell völlig aus dem Blick. So könnte ich einen überdimensionierten Traktor einsetzen und würde durch zu hohe Verdichtung das Bodenleben beeinträchtigen. Auch bei der Ausbringung von natürlichem Dünger kann ich Fehler machen, indem ich den falschen Zeitpunkt und die falsche Menge wähle. Das alles wirkt sich vielleicht erst später nachteilig aus, aber es schadet der maßgeblichen Idee. Am Ende haben wir ein Eigentor geschossen und das ursprüngliche Anliegen schlimmstenfalls ins Gegenteil verkehrt.

Verwässert werden sehr oft auch die Ideen von Künstlern und Architekten. Das endet dann nicht selten so ähnlich, als hätte Königin Elisabeth I. von Shakespeare ein Happy End für „Hamlet" verlangt. Zum Beispiel legen mehrere Künstler Entwürfe für eine große Skulptur im öffentlichen Raum vor. Es gibt ein ebenso opulent wie paritätisch besetztes Gremium, das einen Sieger auswählt. Schon das Gremium kann es sich leider nicht verkneifen, einige ästhetische Anmerkungen zum gewählten Entwurf zu machen. Danach kommen etliche zuständige Behörden ins Spiel. Politische Bedenken, Sicherheitsauflagen und Kostenkalkulationen zwingen den Künstler zu derart vielen Änderungen, dass die Skulptur am Ende hauptsächlich die Ideen des Bürgermeisters und des Bauamtes ausdrückt und nicht jene, derentwegen es ursprünglich in Auftrag gegeben wurde. Von den Ideen des Künstlers ganz zu schweigen – dessen Name dann aber von der Öffentlichkeit gleichwohl mit dem vermurksten Objekt verbunden wird.

Die Architektur liefert wahre Musterbeispiele für verwässerte Ideen. Klar: Wer zahlt, schafft an. Schon ein Einfamilienhaus ist viel zu teuer und wird viel zu lange genutzt, als dass es bloß eine

Spielwiese für ausgefallene Architektenträume sein könnte. Erst recht gilt das für privatwirtschaftliche oder öffentliche Großbauten. So wird man gegen Änderungswünsche eines Bauherren in der Planungsphase denn auch wenig einwenden, solange sie sich in zeitlich, technisch und ästhetisch vertretbaren Grenzen halten. Aber irgendwann wird der Plan verabschiedet. Und dann sollte im Grunde nur noch etwas daran geändert werden, wenn es aus sachlichen Gründen gar nicht anders geht. Und nicht, weil irgendjemand über Nacht seine Meinung oder seinen Geschmack ändert. Schwierig wird es in der Regel besonders dann, wenn sich zuständige Politiker oder Konzernvorstände plötzlich selbst für die besseren Architekten halten. Oder wenn weitreichende Entscheidungen einzig und allein aus finanziellen oder organisatorischen Erwägungen heraus getroffen werden.

Ein bekanntes Beispiel ist der Berliner Hauptbahnhof, ein Entwurf des international renommierten Architekturbüros Gerkan, Marg und Partner. Die nicht eben einfach zu realisierende Grundidee für diesen sogenannten Turm- oder Etagenbahnhof: natürliches Licht von der obersten Ebene bis zum kreuzenden Tiefbahnhof, einschließlich der drei dazwischen liegenden Ebenen mit Geschäften und Restaurants. Wesentliche Teile dieses Konzeptes: die korbbogenförmig gewölbte und stützenlose Glasdachkonstruktion der oberen Bahnsteighalle – und eine ausgeklügelte Gewölbekonstruktion für den Tiefbahnhof. Einerseits um Kosten zu sparen, andererseits um den Bahnhof rechtzeitig zur Fußballweltmeisterschaft 2006 eröffnen zu können, wurde auf Druck des Bauherrn, der Deutschen Bahn, die obere Halle während des Baus um über 100 Meter eingekürzt. Was den baulichen Gesamteindruck, sehr vorsichtig formuliert, erheblich verändert. Der unterirdischen Halle wurde anstelle der Kuppelkonstruktion gar eine Flachdecke verpasst, die jedem Baumarkt Ehre machen würde. 2006 wurde dem Architekten Meinhard von Gerkan vom Landgericht Berlin bestätigt, dass das Gebäude dadurch „erheblich entstellt" worden sei. Am Ende wurde der Bahnhof durch diese erheblichen Eingriffe ins Konzept nicht einmal billiger. Auch gibt es immer noch die

Absicht, wenigstens die obere Halle, deren Segmente bereits fertig produziert und derzeit eingelagert sind, irgendwann in der geplanten Form zu vollenden. Was dann selbstredend erst richtig teuer werden wird ...

Meiner Meinung nach muss bei jedem größeren Projekt beständig darauf geachtet werden, dass die Ursprungsidee – soweit irgend möglich – genauso verwirklicht wird, wie sie gedacht war. Der Punkt, wo einzelne Veränderungen die ganze Idee verfälschen, wird nach meiner Erfahrung eher früher als später überschritten. Und dann ist es oft gar nicht mehr, und wenn überhaupt, dann nur unter großem Aufwand möglich, auf den ursprünglich geplanten Pfad zurückzufinden. Meist steht dann am Ende ein profilloses Irgendwas da. „A camel is a horse designed by a committee", lautet ein englischer Spottspruch, „ein Kamel ist ein Pferd, das von einem Komitee entworfen wurde". Das ist sicher ungerecht gegenüber den Kamelen. Aber der Scherz trifft die Sache ganz gut.

Wer erkennbar bleiben will, sei es als Mensch, als Künstler, als Unternehmer oder als Politiker, der sollte sich niemals solange verbiegen oder verbiegen lassen, bis scheinbar niemand mehr etwas auszusetzen hat. Denn der Wunsch, jedem gefällig zu sein, hat eine fatale Kehrseite: Niemand erkennt mehr wieder, was einmal der Anlass für seine Einwände oder Änderungswünsche gewesen sein mag. Eine Idee, ein Produkt, ein Konzept – was immer es sei, es ist weitgehend gesichtslos und damit austauschbar geworden. Sodass am Ende weder die Befürworter noch die Gegner der ursprünglichen Sache etwas an ihr finden.

Bevor eine meiner Ideen so stark verändert wird, dass ich mich darin am Ende nicht mehr wiedererkennen kann, plädiere ich im Zweifelsfall lieber ganz gegen ihre Umsetzung. Die Frage lautet: Wo mache ich mögliche, wo sogar sinnvolle Kompromisse? Wo erzwingt die Realität einfach Änderungen? Und wann ist der Punkt erreicht, wo ich endgültig nein sagen muss, wo aus dem Pferd ein Kamel geworden ist?

Zwei Beispiele: In den neunziger Jahren wollten wir einen Betriebskindergarten eröffnen, damit unsere Mitarbeiterinnen

nach der Geburt eines Kindes eher ins Unternehmen zurück-
kommen können, zumindest in Teilzeit. Uns war klar, dass damit bestimmte Auflagen verbunden sein würden. Und es ist ja
auch völlig richtig, dass ein leerer Raum, ein paar Aushilfen
und zwei Kisten buntes Spielzeug nicht ausreichen, um eine
vernünftige Kinderbetreuung anbieten zu können. Das Problem ist daher nicht, dass der Staat hier gewisse Auflagen macht
und deren Einhaltung auch kontrolliert. Sehr bald erwies sich
aber, dass diese Auflagen so zahlreich und teils auch so absurd
waren, dass wir die Idee aufgeben mussten. Selbstredend hatten wir ausgebildete Kindergärtnerinnen und Säuglings-
schwestern eingestellt. Aber muss in einem Betriebskindergarten auch tatsächlich jede Wochen zweimal ein Kinderarzt
vorbeisehen? Müssen Zahl und Höhe der Toiletten genaues-
tens normiert werden? Erfordert guter Brandschutz wirklich,
dass noch jeder Hocker fünf Prüfsiegel trägt? Wenn die Kommune das alles so genau weiß, dann muss sie es eben selber
machen.

Das andere Beispiel: Eine Zeitlang hat unsere Firma Fer-
tiggerichte für Übergewichtige und Diabetiker angeboten.
Das lief sogar ganz gut. Damals haben betroffene Menschen
ihre Zuckerkrankheit vor allem mit Diäten in den Griff zu
bekommen versucht. Heute können Diabetiker viel besser als
damals medikamentös eingestellt werden. Dann gab es plötzlich ein neues Gesetz, das verlangte, jede einzelne Mahlzeit
müsse den kompletten Eiweißbedarf für einen Tag decken; es
könne ja sein, dass ein Kunde nur eines dieser Produkte pro
Tag zu sich nimmt. Erst haben wir versucht das umzusetzen.
Aber durch die veränderte Rezeptur wurden die Produkte
nicht nur viel zu teuer. Sie schmeckten auch überhaupt nicht
mehr. Zu viel Eiweiß goutiert der Mensch nicht. Also haben
wir ziemlich bald die gesamte Produktlinie eingestellt. Das
vermeintliche Allgemeininteresse – mögliche Fehlernährung
zu vermeiden – hatte unsere Idee kaputt gemacht. Es war ein
wenig so, als würde man von einer Imbissbude verlangen, dass
eine Bratwurst mit Pommes frites den gesamten Nährwertbe-

darf für einen Tag abdecken müsse; schließlich kann ein Mensch auch auf die Idee kommen, jeden Tag im Schnellimbiss zu essen. Doch zu erkennen, dass das unmöglich gesund sein kann, darf man meines Erachtens schon jedem selbst zutrauen.

Original und Kopie

Wenn es um ein klares Profil geht, dann sind Originale, auffällige Originale zumal, klar im Vorteil. Am ehesten wird uns das bei Menschen bewusst, die im Licht der Öffentlichkeit stehen. Manche Leser erinnern sich gewiss noch an Politiker wie Franz Josef Strauß oder Herbert Wehner. Hier geht es nicht darum, wie man seinerzeit ihre Meinungen oder ihr Verhalten in bestimmten Situationen beurteilt hat – und in welchem Licht sie heute gesehen werden mögen. Beide Männer waren einfach sehr kontroverse Figuren mit sehr eigenen Positionen, in jedem Fall mit einem höchst unverwechselbaren Stil. Beide waren auch gewiss nicht immer – und schon gar nicht im Umgang mit jedem – angenehme Zeitgenossen. Aber wenigstens wusste dank ihrer klaren Ansagen jeder stets, mit wem er es zu tun hat. Ich will nicht sagen, dass heutige Politiker schlechter, unfähiger oder grundsätzlich profilloser sind. Aber ein Rundblick durch das gegenwärtige politische Spitzenpersonal der Republik lässt schon den Eindruck zu, dass allzu kantige und meinungsstarke Persönlichkeiten es nicht unbedingt leichter haben. Wo die Demokratie dank Demoskopie quasi auf die tägliche Abstimmung umstellt, ist offensichtlich höhere Flexibilität bei der politischen Meinungsbildung gefragt – nicht nur beim Wähler, sondern vor allem auch bei den Gewählten.

Originalität ohne Qualität ist wenig wert. Ob sich etwa bekannte Schauspieler oder Schauspielrinnen vor allem durch schrille bis peinliche öffentliche Auftritte, durch Skandale und Skandälchen oder durch überzeugende Leistungen auf der Leinwand ins Gespräch bringen, macht natürlich einen großen

Unterschied. Ebenso wie ein technisches Produkt nicht ausschließlich durch poppiges Design, sondern auch durch hohe Funktionalität und Qualität in der Verarbeitung auffallen sollte.

Doch beim einen wie beim anderen haben wir heute oft ein ganz anderes Problem. Nehmen wir als Beispiel das Schauspieler-Ehepaar Elisabeth Taylor und Richard Burton. Ihr ständiges Hin und Her zwischen wilden Ehekrächen und leidenschaftlichen Versöhnungen, dazu häufige öffentliche alkoholische oder verbale Exzesse waren legendär. Aber beide waren eben auch dies: herausragende Künstler, und das über Jahrzehnte. Wogegen das Selbstmarketing vieler heutiger Stars etwas seltsam Berechnendes und Abwaschbares hat, selbst da, wo mit gezielten Provokationen oder absichtsvoll gestreuten Gerüchten gearbeitet wird. Die wirklich peinlichen Auftritte werden dafür fast ausschließlich der zweit- und drittklassigen Pseudoprominenz überlassen. Und wer von den heutigen Spitzenverdienern Hollywoods es am Ende in die Annalen der Filmgeschichte schafft, dürfte auch relativ offen sein.

In vielen kommerziellen Produktkategorien lässt sich etwas Ähnliches beobachten, vor allem dort, wo die Produkte technisch im Prinzip seit Jahren oder gar Jahrzehnten ausgereift sind. Nicht dass es beispielsweise in der Automobiltechnik oder der Unterhaltungselektronik keinerlei technische Neuerungen mehr gäbe. Aber diese erstrecken sich immer mehr auf kleine und kleinste Details der Produkte. Der Verbrennungsmotor oder der elektronische Schaltkreis sind eben schon lange erfunden, und das Rad kann ohnehin niemand mehr neu erfinden. Eine Folge ist, dass die Verbraucher oft zwischen einer Unzahl grundsätzlich solide gefertigter Modelle wählen können – die sich zugleich zum Verwechseln ähnlich sehen.

Wer in solch einer Situation völlig neue Wege geht, etwa Apple mit seinem *iPhone*, der darf sich nicht nur der geballten Aufmerksamkeit der Kundschaft sicher sein, sondern auch deutlich höhere Preise für sein Produkt verlangen. Bis er seinerseits Wettbewerber mit ähnlichen Produkten im Nacken sitzen hat, was heutzutage deutlich schneller geht als früher.

Hier rede ich nicht von Produktpiraterie oder Patentklau. Solche Bemühungen, schnelles Geld aus der Arbeit und den Entwicklungskosten anderer machen zu wollen, sind schlicht illegal. Und sie sollten es – Stichwort Urheberrechte – auch in einer Zeit bleiben, in der im Prinzip jede Information und jedes Wissen in Sekundenbruchteilen um die ganze Welt gehen kann.

Doch auch ohne solche rechtlichen Verstöße folgt in der globalen Wirtschaft von heute die variierte Kopie fast jedem erfolgreichen Produkt alsbald auf dem Fuße. Dagegen hilft weder verbales noch juristisches Klagen. Dagegen hilft nur die ständige Fähigkeit zur Innovation. Wobei eine gute Idee zugleich umso besser ist, je schwieriger es ist, sie zu kopieren. Unser Unternehmen hat bereits 1956 damit begonnen, Babynahrung aus biologisch erzeugten Rohstoffen herzustellen. Damals fingen allenfalls hochwissenschaftliche Begriffe mit „Öko" an. Heute haben wir etliche Wettbewerber, die uns auf unserem Weg gefolgt sind. Gleichwohl ist es uns durch Kreativität wie mit Qualität gelungen, die Nase in diesem Markt vorn zu behalten.

Das Original ist gewöhnlich besser als die Kopie. Jedenfalls muss wesentlich mehr passieren, bis der Verbraucher einer seit langem etablierten Marke sein Vertrauen entzieht. Außerdem ist in jedem Markt nur begrenzt Platz für Anbieter von „Metoo"-Produkten. Der zweite kann noch gut davon leben, der dritte kommt zurecht. Doch für den vierten und jeden weiteren wird die Luft sehr schnell sehr dünn. Nicht zuletzt deshalb, weil Nachahmer vornehmlich über den Preis konkurrieren müssen. Da sind nicht nur die Spannen schmaler. Es kommt auch schnell der Punkt, wo es auf Kosten der Qualität geht. Und zwar nicht nur der Produktqualität, sondern auch der Prozessqualität. Die Beispiele sind Legion, in denen Firmen in ernste Schwierigkeiten geraten sind, weil sie an vermeintlich günstigen Produktionsstandorten plötzlich mit Skandalen konfrontiert waren: etwa Kinderarbeit, Hungerlöhne, unzumutbare Arbeitsbedingungen oder Umweltskandale. Auch da schaut der Verbraucher heute sehr genau hin.

Gewiss, die Grenzen zwischen legalen Nachahmerprodukten und rechtlich fragwürdigem Lizenzdiebstahl sind oft fließend. Wenn jemand eine Maschine nachbaut, die ein anderer entwickelt hat, und lediglich statt abgerundeter ein paar scharfe Kanten in Kauf nimmt, dann mag er behaupten, das sei ein vollkommen anderes Produkt. Möglich, das er damit sogar durchkommt. Aber ganz abgesehen davon, dass sehr viele Kunden den Vorteil der abgerundeten Kanten nach ersten negativen Erfahrungen mit den scharfen häufig doch zu schätzen wissen, haben nicht nur Lügen, sondern schon so manch kleinere Schwindeleien kurze Beine. Ich halte es da konsequent mit den Regeln des redlichen Kaufmanns: Wer eine gute Idee hat, der soll auch ihre Früchte ernten. Ich lasse mir daher lieber selbst ständig Neues einfallen, statt die Ideen anderer zu kopieren. So kann ich nicht nur mit ruhigem Gewissen zu Bett gehen – ich bin meist auch erfolgreicher als die Kopisten.

Wer die Wahl hat, macht es besser
Warum Ideen nur in Freiheit und Verantwortung gedeihen

„Die Gedanken sind frei", weiß ein altes deutsches Volkslied, dessen Grundgedanke sich wörtlich übrigens schon in einer Rede des römischen Denkers und Politikers Marcus Tullius Cicero findet: „Liberae sunt nostrae cogitationes" („Unsere Gedanken sind frei"). Weiter heißt es in besagtem Volkslied:

Ich denke, was ich will / und was mich beglücket, /
doch alles in der Still' / und wie es sich schicket. /
Mein Wunsch und Begehren / kann niemand verwehren, /
es bleibet dabei: Die Gedanken sind frei!

In der Tat: Denken, wünschen, begehren kann jeder Mensch, was immer er will. Selbst totalitäre Diktaturen sind dagegen letztlich machtlos. Sie verfolgen zwar jeden, der missliebige Gedanken und Meinungen öffentlich *äußert* – und selbstredend jeden, der aktiv gegen die Interessen des Regimes *handelt*. Diktaturen versuchen überdies, mit permanenter Propaganda sowie durch Abschottung ihrer Bürger nach außen deren Denken zu manipulieren. Aber total kontrollieren können sie es zum Glück nicht.

George Orwells Negativ-Utopie *1984* treibt den totalitären Schrecken auf die Spitze. In seinem Staat „Ozeanien" gibt es nicht nur ein „Ministerium für Wahrheit", das Propaganda im Sinne der Staatspartei betreibt und alle missliebigen Informationen und Fakten systematisch verfälscht. Zumindest für Mitglieder der Partei gibt es überdies den Tatbestand des „Gedankenverbrechens". Über „Teleschirme" werden die Leute permanent von der „Gedankenpolizei" des „Großen Bruders" überwacht. Bereits ein nervöses Zucken oder ein falscher Blick können zu Verhaftung und Einkerkerung führen. Die Psychologie von Orwells Roman mag ein wenig grob gestrickt sein. Aber es wäre in der Tat der größtmögliche Alptraum, dass irgendjemand versuchen könnte, Macht auch noch über unser Denken und Fühlen zu bekommen; es nicht nur *beeinflussen*, sondern tatsächlich *erkennen* zu können. Dann wären nicht einmal mehr die Gedanken frei.

Ideen wollen hinaus in die Welt

Nun mögen Ideen zwar bisweilen im stillen Kämmerlein („in der Still'") geboren werden. Doch um zu wirken, müssen sie hinaus in die Welt gelangen – und zwar unbehindert. Menschen müssen das uneingeschränkte Recht haben, ihre Meinungen, Gedanken und Ideen öffentlich zu äußern. Dabei müssen wir mit rechtlichen Beschränkungen sehr vorsichtig sein. Gegen grobe persönliche Beleidigungen oder rücksichtslose Verletzungen religiöser und sittlicher Gefühle anderer gibt es zu Recht Gesetze. Ansonsten muss die Meinungsfreiheit auch für extreme, versponnene und völlig haltlose Ansichten gelten. Es dürfen keine religiösen Symbole geschändet werden, es darf nicht in Kirchen, Synagogen, Moscheen oder Tempeln herumgepöbelt werden. Doch selbstverständlich hat jeder das Recht, die Existenz eines Gottes oder die Sinnfälligkeit bestimmter religiöser Lehren zu leugnen.

Ebenso muss es aber jeder, der etwas behauptet, ertragen, dass andere ihm widersprechen – gegebenenfalls auch laut und leidenschaftlich. Wer Menschen anderer Hautfarbe oder Religionszugehörigkeit körperlich angreift, der begeht eine verabscheuungswürdige Straftat. Wer meint, Ausländer oder Muslime hätten in Deutschland nichts zu suchen, der vertritt eine verabscheuungswürdige Meinung. Doch eine Meinungsfreiheit, die nur für angenehme, akzeptable und allgemein verbreitete Meinungen gälte, wäre wertlos.

Gedankenfreiheit ist ein unveräußerliches Menschen- und Bürgerrecht. Daneben hat sie allerdings auch einen ganz praktischen Nutzen. Nur wo Menschen frei denken und reden können, können sie sicher sein, dass sich Nachdenken auch *lohnt.* Nur wo sie das Gefühl haben, dass andere ihnen ihre Meinungen und Ideen nicht nur lassen, sondern sie tatsächlich hören wollen, werden sie ermutigt, sich über alles mögliche den Kopf zu zerbrechen. Kreativität, neue Ideen, Wissen, Erfindungen, überraschende Lösungen für allerlei Probleme – all das kann nur in einem Klima der Offenheit und der Toleranz gedeihen. Wo dagegen eigenständiges Denken unterdrückt oder auch nur misstrauisch beäugt und ängstlich abgewehrt wird, da herrscht bald der immergleiche Trott. Unfreie Gesellschaften sind nicht bloß unangenehm. Sie sind weitgehend unfähig zu Veränderung, Fortschritt und Innovation. Denn sie behalten nicht nur das Bewährte bei, sie kultivieren auch ihre Unzulänglichkeiten.

„Unmündigkeit", schrieb Immanuel Kant 1784 in seiner berühmten *Beantwortung der Frage: Was ist Aufklärung?*, sei „das Unvermögen, sich seines Verstandes ohne Leitung eines anderen zu bedienen". Die Freiheit, „von seiner Vernunft in allen Stükken öffentlichen Gebrauch zu machen" sei dagegen Bedingung jeder Aufklärung. Dabei sah Kant sehr wohl, dass der eigenständige Verstandesgebrauch Grenzen hat. Nicht allein aus „Faulheit und Feigheit" beschränkten Menschen oft selbst ihr Denken, so der Philosoph. Bestimmte Dinge müssten schließlich auch erledigt werden, ohne sie jedes Mal infrage zu stellen. Es sei, so Kant, „zu manchen Geschäften (…) ein gewisser Mechanism nothwendig, vermittelst dessen einige Glieder des gemeinen Wesens sich bloß passiv verhalten müssen". Ein Beispiel, das Kant selbst gibt, ist die Steuer. Wir dürfen selbstredend jede Steuer in ihrer Ausgestaltung oder Höhe kritisieren. Wir können sogar ein komplettes Steuersystem für Unfug halten. Und wir sollten unsere Kritik daran sowie unsere Gegenvorschläge auch öffentlich zur Diskussion stellen. Gleichwohl müssen wir Steuern zahlen.

Nicht anders ist es in einem Unternehmen. Geschäftsführung und Führungskräfte sind gut beraten, wenn sie alle Mitarbeiter ermutigen, neue Ideen vorzubringen. Wo jemand unzufrieden ist, wo etwas schlecht oder gar nicht funktioniert, soll er das unumwunden kritisieren können. Und zwar in der Form so höflich wie möglich, in der Sache so hart wie nötig. Es ist *immer* gut Änderungsvorschläge zu machen. Selbst wenn diese Vorschläge weniger gut sind. Gewiss, Offenheit für Ideen und Kritik ist nicht immer bequem. Manchmal kritisieren Menschen eben auch Bewährtes und schlagen Unsinniges vor. Aber es ist hier wie mit der Meinungsfreiheit im Allgemeinen: Wo nur gerechtfertigte Kritik, plausible Ideen und ausgereifte Konzepte erwünscht sind, da wird aus lauter Sorge, etwas Falsches zu sagen, bald keiner mehr etwas sagen.

Nicht wenige Führungskräfte fürchten, dass Dauerpalaver und ständige Quertreiberei den Betrieb aufhalten würden, wenn Debatten nicht „von oben" unterbunden oder zumindest abgekürzt werden. Dabei ist es nach meiner Erfahrung gerade umgekehrt: In Unternehmen, in denen eine offene und vernünftige Diskussionskultur herrscht, haben echte Querulanten und Quatschköpfe eher schlechte Karten. Wogegen sich diffuse Unzufriedenheit und vergiftete Stimmung besonders dort verbreiten, wo Ruhe erste Mitarbeiterpflicht ist.

Ein Wirtschaftsunternehmen ist sicher kein Debattierclub. Es muss in erster Linie Güter herstellen oder Dienstleistungen anbieten – und Geld verdienen. Nur: Wer aus Erfahrung weiß, dass Kritik und Ideen bei Vorgesetzten nicht per se auf taube Ohren stoßen, der hat auch mehr Freude bei der Arbeit. Wo sie die Hand heben dürfen, da packen die Leute beherzter an. Wo die Mitarbeiterinnen und Mitarbeiter den Mund aufmachen dürfen, geht auch vieles leichter auf Zuruf. Und wo neue Ideen willkommen sind, läuft das eingefahrene Alltagsgeschäft besser.

Meinen, Wissen, Glauben

Der Mensch hat ein grundlegendes Bedürfnis nach Freiheit. Er will selbst entscheiden und eigenverantwortlich handeln. Bei manchen ist dieses Bedürfnis stärker ausgeprägt, bei anderen weniger stark. Außerdem erstreckt sich der Freiheitsdrang bei verschiedenen Menschen auf ganz unterschiedliche Gebiete. Manche wollen in jedem Lebensbereich selbst gesteckte Ziele verwirklichen: im Beruf, im Familienleben, in ihrer Freizeit, im Rahmen politischen, sozialen oder künstlerischen Engagements. Andere denken: Dienst ist Dienst und Schnaps ist Schnaps. Sie machen ihre Arbeit eher pflichtgemäß und ohne größere Ambitionen, verwirklichen sich dafür aber in einem Hobby oder im Sport. Ein Eigenbrötler ist schon froh, wenn er in seinem unmittelbaren Wirkungskreis in Ruhe walten kann. Der Teamspieler leistet auf seiner Position Hervorragendes, hat aber kein übermäßiges Interesse, auch bei Strategie und Mannschaftsaufstellung ein Wörtchen mitzureden.

Aber dann gibt es eben auch Menschen, die von dem Wunsch getrieben sind, ihre Umgebung zu prägen, andere für ihre Pläne einzuspannen, vielleicht gar etwas Bleibendes zu hinterlassen. Menschen, die wollen, dass ihre ureigenen Ideen Wirklichkeit werden, die aber zugleich wissen, dass sie das nur gemeinsam mit anderen erreichen können. Im besten Falle sind diese Menschen aufrichtig von ihrer Vision überzeugt – und schaffen es, andere als Mitstreiter einzubinden und zu motivieren. Im schlimmsten Fall schieben sie eine Sache nur vor, um ihr Geltungsbedürfnis oder ihre Freude am Beherrschen anderer auszuleben. Zum Glück erkennen die meisten Menschen diesen Unterschied recht rasch.

Was wir uns schließlich nicht oft genug vor Augen führen können: Die einen haben vernünftige Ideen, abgewogene Meinungen, maßvolle und realistische Ziele. Andere hängen mit Inbrunst völlig aberwitzigen Ideen oder verbohrten Ideologien an, vertreten extreme Ansichten und verfolgen illusorische Pläne. Mit Betonköpfen und Traumtänzern ist sicher nicht leicht auszukommen, aber mit etwas Gelassenheit sind sie zu ertragen. Bloß weil es auch saure Weine gibt, stellen wir den Weinbau schließlich nicht ein. Ebenso wenig wie wir jeden Unsinn sofort unterschreiben müssen, wenn wir abweichende Meinungen zulassen und Kritik ermutigen.

Schwierig wird es, wenn wir uns schon über bloße Worte aufregen – statt Menschen aus Fleisch und Blut beim Wort zu nehmen. Ich verfolge, wenngleich nur gelegentlich, zu bestimmten Themen die Diskussionen in Internetforen oder Blogs. Da kann ich beobachten, wie sich Menschen, die sich nie in die Augen sehen müssen, sehr schnell erregen. Der Ton wird ruppig, auch der Hang zur Rechthaberei ist oft ziemlich ausgeprägt. Es hat sich da in letzter Zeit eine Redewendung eingebürgert, die wie eine Art rhetorisches Ausrufezeichen funktioniert: „Das ist eben meine Meinung!" Was die Leute damit sagen wollen: Red Du nur, ich werde sie deswegen nicht ändern. Versteht sich, dass diese Auskunft besonders oft jene geben, die zwar wuchtige Thesen, aber eher schwache Argumente zu deren Untermauerung vortragen. Die zwar lautstark Toleranz für sich fordern, mit anderen Meinungen aber weit weniger nachsichtig sind.

Das ist der Punkt, an dem auf das uneingeschränkte Ja zur Meinungsfreiheit ein erstes Aber folgen muss. Meinungsfreiheit ist nämlich keine Einbahnstraße. Je kontroverser eine Meinung, je abseitiger eine Idee, je haltloser eine Kritik ist, umso mehr sollte sich derjenige, der sie vorbringt, auf Gegenwind einstellen. Zwar bevorzuge ich persönlich einen ruhigen Umgangston. Ich habe auch keine große Vorliebe für verbalen Radikalismus und extreme Ansichten. Aber wer Kraftausdrücke oder Außenseiterpositionen bevorzugt, der muss es ertragen, wenn andere auf seine groben Klötze grobe Keile setzen. Erst recht gilt das für jene, die dummes Zeug in harten Worten formulieren. Tatsächlich sind es ja oft die Meinungs-Rambos, die sofort zur Mimose mutieren, wenn ihnen deutlich Kontra gegeben wird.

Schließlich verwechseln viele Menschen ihr Recht auf eine eigene Meinung dann auch noch mit etwas ganz anderem: dass ihnen gefälligst Recht gegeben werden sollte. Doch genau darauf hat *niemand* einen Anspruch. Recht bekommt in allen irdischen Fragen bestenfalls der, der aufgrund überzeugender Argumente andere für seine Meinung oder seine Idee gewinnt. Und selbst dieser Erfolg wird einem höchst selten in Reinform zuteil. Häufig setzt sich am Ende nämlich etwas durch, das ganz zu Unrecht den schlechten Ruf genießt „faul" zu sein: der Kompromiss. Gute Kompromisse nehmen die wichtigsten Einwände und Verbesserungsvorschläge anderer Menschen auf – die ja meist auch nicht auf den Kopf gefallen sind.

Wo es um Meinungen, Ideen, Gedanken, Erfindungen oder auch ganz praktische Vorschläge geht, da fällt die Entscheidung bei Lichte besehen überhaupt nie zwischen wahr und falsch, sondern nur zwischen besser und weniger gut. Wo wir hingegen nicht mehr diskutieren und keine Kompromisse mehr machen wollen, da reden wir nicht über wissen und meinen, sondern über glauben. Glaube ist jedoch etwas zutiefst Inneres und Persönliches. Etwas, das uns gewiss stark, aber keinesfalls rechthaberisch machen sollte. Wenn Menschen daher pathetisch verkünden, dies oder jenes sei nun mal ihre Meinung, dann sollten sie das nicht mit dem Gestus der Glaubensgewissheit tun. Denn die ist auf dem Felde des Meinens schlechterdings nicht zu haben. Sie sollten sie den letzten und tiefsten Fragen vorbehalten. In allen anderen Dingen sollten sie bescheiden und belehrbar bleiben.

Die Grenzen der Handlungsfreiheit

Mit der eigenen Meinung, mit einer Idee oder einem Vorschlag allein ist es natürlich nicht getan. Der geistige Plan soll irgendwann Wirklichkeit werden. Wer eine Idee vorbringt, der möchte daher am Ende auch etwas *tun*. Meistens möchte er auch, dass andere in seinem Sinne (mit-)handeln. Die Gedanken sind ohnehin frei. Wir brauchen jedoch zusätzlich die Freiheit, unsere Ziele zu verwirklichen, unseren Wünschen und Träumen nachzustreben, unsere Visionen in die Tat umzusetzen.

Doch wo der Wille zur Tat werden soll, da ist schnell die Freiheit der anderen berührt. Wenn ich eine Idee für ein neues Gemälde habe, ist das unproblematisch. Ich muss es einfach nur malen. Vielleicht wird es gut, vielleicht auch nicht. Ebenso mag es anderen gefallen oder nicht. Aber die Umsetzung meiner schöpferischen Idee greift nicht in die Freiheit anderer ein. Nicht zuletzt deshalb sind die Künste ja so etwas wie das Übungsgelände oder das Labor der Freiheit.

Doch schon wenn ich ein Haus bauen möchte, sieht das anders aus: Es wird neben den Häusern anderer Menschen stehen, denen ich nicht beliebig die Sicht oder den Weg verbauen darf. In einer Reihenhaussiedlung mag schon eine leicht exzentrische Architektur Anstoß erregen. Ohnehin ist eine Reihe sinnvoller Bauvorschriften zu beachten, die etwa den Brandschutz oder das Abwasser betreffen. Dass es darüber hinaus eine Menge weniger sinnvoller bis überbürokratischer Bauvorschriften gibt, ist ein anderes Thema.

Im Gegensatz zur weitgehend ungebundenen Gedankenfreiheit hat die Handlungsfreiheit also stets Grenzen – nämlich in den Rechten und Freiheiten unserer Mitmenschen. Seien das nun bestimmte Individuen, denen niemand einfach seinen Willen aufzwingen kann, sei das die Allgemeinheit, deren berechtigte Interessen ich durch mein eigenes Handeln nicht in Mitleidenschaft ziehen darf. Anders gesagt: Die Freiheit eines jeden unterliegt dem Zwang, sich im Blick auf die Entfaltungsmöglichkeiten seiner Mitmenschen zu beherrschen. Diese Grenze meiner Freiheit muss ich immer im Auge behalten. Welche Idee ich auch verwirklichen möchte, welchen Plan ich hegen mag – ich muss mir zugleich die Frage stellen, welche Folgen das für andere haben wird. Und weil die Erfahrung nun mal lehrt, dass wir uns hier nicht allein auf die vernünftige Einsicht des Einzelnen verlassen können, gibt es Gesetze. Gesetze sind im Kern nichts anderes als Schutzklauseln: Sie schützen die Freiheitsrechte der Einen vor den Freiheitsansprüchen der Anderen.

Das friedliche Zusammenleben in einer Gesellschaft gelingt nur, wenn es für alle gültige Regeln gibt. Der Mensch ist ein Lebewesen, das letztlich nur in Gesellschaft existieren kann. Selbstredend macht jeder eine ganze Reihe von Dingen allein. Und längst nicht alle unsere Aktivitäten haben unmittelbare

Folgen für andere. Zugleich sind wir aber schon in simpelsten Alltagsdingen ständig von anderen abhängig. Das Leben eines Eremiten wäre in unserer modernen Welt mit enormem Aufwand verbunden. Im Übrigen hat der Mensch gemeinsam mit anderen im Lauf der Geschichte Dinge erreicht, die er als eigensüchtiges Individuum nie hätte erreichen können. Der Nutzen *in* der Gemeinschaft einerseits, *für* die Gemeinschaft andererseits – und letztendlich auch für den Einzelnen – ist größer, als er dank der Freiheit des Einzelnen allein je sein könnte.

Ein Menschenalter nach dem Ende der nationalsozialistischen, fast ein Vierteljahrhundert nach dem Ende der kommunistischen Diktatur wird in Deutschland heute eine Generation erwachsen, die einen Alltag in Unfreiheit nie erlebt hat. Selbst bei den älteren Generationen beginnt diese Erinnerung zu verblassen. Zwar macht sich in den letzten Jahren eine ungesunde Skepsis breit, dass in einer Demokratie allgemeine Wahlen tatsächlich entscheidenden Einfluss auf die Politik hätten; dass die Politik zumindest in ihren Grundzügen, wenn auch nicht in jeder tagespolitischen Detailfrage, den Willen der Mehrheit der Wähler abbildet.

Aber die Freiheit, seine wesentlichen Lebensentscheidungen ohne fremden Druck – wenngleich sicher nie frei von äußeren Einflüssen – zu treffen, ist heute für jeden Bürger eine Selbstverständlichkeit. Erst recht gilt das für die vielen kleinen und größeren Entscheidungen unseres Alltags. Eine demokratische Verfassung setzt – wie auch die Marktwirtschaft – darauf, dass der Einzelne am besten weiß, was das Richtige für ihn ist: wie er sich ernährt, ob er sportlich oder bequem ist, was er lernen will und was nicht, welchen beruflichen Weg er gehen möchte, wie er für sich Wohlstand, Lebensqualität und Glück versteht. Und ob er in all dem am Ende auch einen höheren Sinn sehen möchte oder nicht.

Die Kehrseite der Medaille ist, dass meist die Qual hat, wer die Wahl hat. Angefangen vom täglichen Einkauf über den Bildungsweg und die Karriereplanung bis hin zur Wahl seines Lebensmodells – wer im Wesentlichen alles selbst entscheiden muss, für den mag die Fülle der Optionen gelegentlich auch zur Last werden. Denn Wahlmöglichkeiten bedeuten zugleich, sich falsch entscheiden zu können.

Zum Beispiel ein Produkt zu kaufen, das nichts taugt. In der Schule auf Tauchstation zu gehen und dann keinen Abschluss zu erreichen. Ein Studienfach zu wählen, das keine gute Berufsperspektive bietet oder von dem man irgendwann bemerkt, dass es den eigenen Interessen oder Begabungen gar nicht entspricht. Sich für den falschen Arbeitgeber oder gar den falschen Beruf zu entscheiden. Bei der Partnerwahl oder der Erziehung der Kinder eine weniger glückliche Hand zu beweisen. Kurz: Das Recht auf Irrtum ist ebenso wenig teilbar wie das Recht der freien Entscheidung.

Zwar können der Staat und die Sozialsysteme den Einzelnen ein gutes Stück weit vor den Irrtümern und Fehlern der anderen schützen. Im Falle mangelhafter oder gesundheitsschädlicher Produkte gibt es Haftungspflichten, Garantieansprüche und das Umtauschrecht. Versagen Eltern komplett bei der Pflege und Erziehung ihrer Kinder, wird das Jugendamt deren Interessen schützen. Und geht der Geschäftsplan einer Firma nicht auf, sodass diese Konkurs macht, fallen die Mitarbeiter nicht sofort ins Bodenlose, sondern werden zunächst durch die Arbeitslosenversicherung aufgefangen.

Doch in der großen Mehrzahl der Fälle müssen sich die Menschen die Folgen ihrer Fehlentscheidungen schon selbst zurechnen. Wer das für eine schlechte Nachricht hält, der verlangt letztlich nach einer allgegenwärtigen Obrigkeit, die jedem jederzeit sagt, was das Beste für ihn ist. Die Menge konkreter Fehlentscheidungen würde dadurch zwar vermutlich kaum verringert, aber wir hätten wenigstens immer einen Schuldigen zur Hand.

Darum ist es alles andere als eine Formel für Sonntagsreden, dass Freiheit ohne Verantwortung nicht denkbar ist. Demokratie und soziale Marktwirtschaft sind nicht nur geschichtlich gesehen so etwas wie Zwillingsgeschwister. Vor allem eint sie das gleiche Menschenbild. Dessen Grundlagen sind die Würde und die Freiheit jedes Einzelnen. Daraus entspringt ein Recht, das unübertroffen in der amerikanischen Unabhängigkeitserklärung formuliert wurde: „the pursuit of happiness", das Recht eines jeden Menschen, nach Glück zu streben. Die Menschenrechte und die politischen Freiheitsrechte, die sich aus diesem Menschenbild ableiten, gelten universell, uneingeschränkt und bedingungslos für jeden. Sie finden ihre Grenze einzig in den gleichen Rechten anderer. So steht es daher auch in unserem Grundgesetz: „Die Würde des Menschen ist unantastbar." – „Jeder hat das Recht auf die freie Entfaltung seiner Persönlichkeit, soweit er nicht die Rechte anderer verletzt." – „Alle Menschen sind vor dem Gesetz gleich."

Doch weder politische noch wirtschaftliche Freiheit können natürlich die Glückseligkeit selbst garantieren. Da der Mensch bekanntlich irrt, so lang er strebt, hat er auch das Recht, sich unsinnige oder unrealistische Ziele zu setzen. Er darf zur Erreichung seiner Ziele ungeeignete Mittel und Wege wählen. Und er ist nicht vor dem Risiko gefeit, bestimmte Rahmenbedingungen seines Handelns falsch einzuschätzen. Was im Kleinen fast schon banal klingt, kann im Großen und Ganzen dramatische Folgen haben. Jeder Mensch kann nämlich im Leben auch scheitern – wenn er mit seinen Entscheidungen zu oft oder in allzu grundlegenden Punkten danebenliegt.

Wer daraus nun wieder einfach den Schluss zieht, der Gescheiterte sei selbst schuld oder habe eben Pech gehabt, müsse folglich sehen wo er bleibt, endet allerdings in einem erbarmungslosen Sozialdarwinismus. Unsere Gesellschaft garantiert jedem Bürger ein Leben in Würde, seine persönliche Freiheit und das Recht, nach seinem Glück zu streben. Daher muss sie beides verlangen: Eigenverantwortung und Solidarität. Allerdings genau in dieser Reihenfolge.

Eigenverantwortung bedeutet unter anderem: Der Einzelne sollte möglichst für sich selbst sorgen können. Selbstverständlich darf er im Erfolgsfall die Früchte seiner Arbeit ernten und genießen. „Du sollst dem Ochsen zum Dreschen keinen Maulkorb anlegen" heißt es schon im 5. Buch Mose, und beim Evangelisten Lukas sagt Jesus zu seinen Jüngern: „Wer arbeitet, hat ein Recht auf seinen Lohn." Zugleich sollte jeder die Mittel und Wege seiner Bestrebungen aber mit größtmöglichem Bedacht wählen. Nur wer unverschuldet in existenzielle Not gerät, hat uneingeschränkten Anspruch auf Unterstützung der Gemeinschaft. Bis hier wird kaum jemand widersprechen.

Etwas schwerer fällt vielen eine andere Einsicht: Jeder muss auch für die Folgen falscher Entscheidungen und Handlungen geradestehen. Wer die Konsequenzen eigener Fehlentscheidungen auf andere abschiebt, der betreibt Ausbeutung. Das gilt für Banker, die ihre überzogenen Spekulationsrisiken den Steuerzahlern aufbürden, genauso wie für Langzeitarbeitslose, die zumutbare Arbeitsangebote auf Dauer ablehnen. In der sozialen Marktwirtschaft darf es nicht zur Ausbeutung der intellektuell, materiell oder sozial weniger gut Gestellten kommen. Aber eben auch nicht zur Ausbeutung der Tüchtigen, der Bedächtigen oder der Klügeren. Leider erleben wir beides immer häufiger.

Erziehung zur Mündigkeit

Weil Freiheit ohne Verantwortung weder denkbar noch praktisch lebbar ist, ist die Erziehung jedes Menschen zur Verantwortung die wichtigste Voraussetzung einer freiheitlichen Ordnung. Freie *und* verantwortliche Entscheidungen wiederum beruhen auf einer möglichst umfassenden Urteilsfähigkeit. Wie sonst sollte jemand die Voraussetzungen und Folgen seines Handelns halbwegs vernünftig einschätzen können? Nur sein Denkvermögen befähigt den Menschen dazu, angehäufte Informationen oder vermitteltes Fachwissen in kreative Lösungen umzusetzen. Bildung in diesem Sinne bedeutet: Ausbildung der Verstandeskräfte.

Die Fähigkeit zur Verantwortung verlangt jedoch zugleich ein Verständnis für die Wünsche, die Hoffnungen, die Bestrebungen wie auch die Sorgen der anderen. Wie sonst ließe sich verhindern, dass jeder nur rücksichtslos seine eigenen Interessen verfolgt, koste es, was es wolle? Gefordert sind hier Anstand, das heißt die Fähigkeit zu unterscheiden, was sich gehört und was nicht, soziale Kompetenz sowie die Fähigkeit zur Mitmenschlichkeit. Mit einem Wort: Herzensbildung. Schon im römischen Recht kennen wir den Satz „Non omne quod licet honestum est", das heißt nicht alles, was wir tun können, ist ehrenhaft.

Leider ist mit Bildung heute überwiegend eine gewisse Grund- und Allgemeinbildung, vor allem aber eine wissenschaftliche, technische und berufspraktische Ausbildung gemeint. Was wir jedoch wirklich brauchen, ist eine umfassende humanistische Bildung. Wir sollten junge Menschen in der nötigen Ruhe zu Persönlichkeiten heranreifen lassen, die neben ihrem Allgemein- und Fachwissen vor allem über Methodenkompetenz verfügen, und die mit Selbstbewusstsein und gesellschaftlichem Verantwortungsgefühl ins Leben treten. Das Ziel sollte immer der gebildete, nicht der lediglich ausgebildete Mensch sein. Nicht zuletzt deshalb, weil ein im umfassenden Sinne gebildeter Mensch weniger schnell der Gefahr erliegt, auch ein eingebildeter Mensch zu werden. Am klarsten hat diese Einsicht Johann Heinrich Pestalozzi formuliert: Kinder müssten „mit Kopf, Hand und Herz" lernen, so der große Pädagogikpionier.

Nicht anders ist es im späteren Studium. Nur wenn wir jungen Menschen auch an unseren Universitäten die nötigen Freiheiten und Spielräume geben, können wir Begeisterung wecken. Nur dann schauen die Leute ein wenig links und rechts vom Hauptweg. Im Moment werden dagegen straffe Organisation, aufs Komma durchgeplante Lehreinheiten und normierte Prüfungen zu sehr betont. Ich bin sicher der letzte, der ein

Bummelstudium propagieren würde. Aber wenn Schüler und Studenten nur noch nach dem Lehrbuch büffeln und nie mehr weiter blicken als bis zur nächsten Klausur, dann beschert uns das bloß engstirnige Fachidioten. Ganz abgesehen davon, dass die Prüfung als Dauerzustand immer seltener ein Anreiz zu eigenständigem und vertieftem Lernen ist, immer öfter dagegen eine Einladung zu Plagiaten und anderen Betrugsversuchen.

Ich möchte für mein Verständnis umfassender Bildung ein ganz praktisches Beispiel geben: Ich finde, dass jeder Student, ganz egal ob er Musik, Medizin oder Maschinenbau studiert, die Möglichkeit haben sollte, einen Philosophie-Schein auf sein Studium anrechnen zu lassen. Und damit meine ich kein obligatorisches Studium Generale, das viele bloß lustlos herunterreißen würden. Ich meine auch keine Schmalspurkurse, die in drei Monaten eine „Einführung in die Philosophie" oder eine handliche Portion Wirtschaftsethik versprechen. Ich meine die Teilnahme an einem ganz normalen philosophischen Proseminar zu einem beliebigen, von mir aus auch einem exotischen Thema. Da soll der Student dann wie alle anderen den zugrunde liegenden Text lesen, sein Referat halten und eine Arbeit einreichen, an die die gleichen Anforderungen gestellt werden wie an diejenigen „hauptberuflicher" Philosophiestudenten. Warum gerade Philosophie, und nicht Literatur oder Geschichte? Gerade *weil* es in der Philosophie zum Glück keine „Lösungen" gibt, sondern – neben historischem und begrifflichem Wissen – vor allem eine bestimmte Art Fragen zu stellen, Probleme zu formulieren und mögliche Antworten zu suchen. In der Philosophie lernen wir nicht bloß Gedanken kennen, sondern das Denken selbst. Ein solcher Schein sollte deswegen auch keine Blume im akademischen Knopfloch sein, die ganz nett schmückt, aber ansonsten wenig bringt. Er sollte vielmehr als vollwertige Studienleistung anerkannt werden, die sogar eine Scharte an anderer Stelle auswetzen kann.

Schließlich und endlich: Eine umfassende Bildung rückt die Maßstäbe des Menschen vernünftig zurecht. Für viele gelten hoher Verdienst und wachsender materieller Wohlstand als die größten Glücksverstärker. Ein Stück weit liegt das sicher in der Natur des freien Wettbewerbs, der nun einmal vom Streben des Menschen nach Mehr angetrieben wird. Aber es hat eben auch etwas mit Bildungsdefiziten, besser gesagt: mit einem beschränkten Bildungsbegriff zu tun. Erst umfassende Bildung befähigt den Menschen, an anderem Freude zu haben als an materiellen Dingen oder gar an Geld. Kunst, Musik, Literatur oder geschichtliches Wissen ermöglichen überhaupt erst Wissen, Kreativität und vertieftes Weltverständnis. Sie erst bereichern uns um all jene Aha-Erlebnisse, die über das Materielle hinausweisen. Genau genommen sind sie sogar die Voraussetzung dafür, sinnliche Freuden richtig genießen zu können.

Vom Wert des Subsidiaritätsprinzips

Aus der Ferne besehen sei alles schön, weiß der Volksmund. Die besseren Entscheidungen dagegen fallen ohne Zweifel, je näher diejenigen an der Sache dran sind, die sie zu entscheiden haben. Das ist, sehr vereinfacht ausgedrückt, der Grundgedanke des sogenannten Subsidiaritätsprinzips. Es leitet sich ab vom lateinischen Substantiv „subsidium", was soviel wie „Hilfe" oder „Reserve" bedeutet. Und es besagt, dass alle politischen, wirtschaftlichen und gesellschaftlichen Entscheidungen auf der Ebene entschieden werden sollen, wo Selbstbestimmung und Eigenverantwortung der Betroffenen am wenigsten eingeschränkt werden. Praktisch heißt das: je weiter „unten" desto besser.

Was der Einzelne entscheiden kann, ohne dramatisch in die Belange anderer einzugreifen, dass soll jeder selbst entscheiden. Was Familien, Nachbarschaften oder Unternehmen entscheiden können, das sollte der Staat so wenig wie möglich regulieren. Wenn die Abteilung es besser weiß, dann muss sich der Vorstand nicht unbedingt einmischen. Was vor allem die Gemeinde betrifft, das muss nicht in Rom entschieden werden.

Oder von einer Synode. Und was die Einzelstaaten entscheiden können, darüber muss nicht auf EU-Ebene in Brüssel befunden werden.

Gewiss, der Staat beziehungsweise das Recht setzen für alle Entscheidungen Rahmenbedingungen. Aber sie scheitern, wenn sie jeden Einzelfall regeln wollen. Ebenso wie eine Unternehmensleitung eine Strategie vorgeben, sich aber nicht ständig in alle operativen Details einmischen sollte. Die oberen Instanzen handeln nur dann, wenn es alle Glieder eines Gemeinwesens betrifft oder wenn untergeordnete Instanzen eine Frage nicht entscheiden können.

Das Subsidiaritätsprinzip gehört zum Kern jeder demokratischen Ordnung. Es stellt nämlich das alte Prinzip des Obrigkeitsstaates auf den Kopf: Es gibt keine Monarchen, die je nach Stimmung entscheiden; keine Diktatoren, die auf irgendeine geheimnisvolle Weise den Willen eines Volkes „verkörpern"; und auch keine Philosophenkönige, die exklusiven Zugang zum Wahren, Guten und Schönen besitzen.

Was manche auf den ersten Blick vielleicht erstaunen mag, ist der Umstand, dass in diesem Punkt auch die katholische Kirche in ihrer Soziallehre seit über einhundert Jahren ziemlich protestantisch argumentiert. 1571 hatte die Nationalsynode der Niederländischen Reformierten Kirche das Subsidiaritätsprinzip erstmals formuliert: In „Provinzial- und Generalsynoden" solle „nur das aufgeschrieben werden, was in den Sitzungen der Konsistorien und der Classicalversammlungen nicht entschieden werden konnte oder was alle Gemeinden der Provinz angeht." Der Gedanke, dass die Menschen ihre Lebensentscheidungen selbst treffen und sich besser freiwillig als unter Zwang zu Interessengemeinschaften zusammenschließen sollten, floss im 19. Jahrhundert in die Katholische Soziallehre ein. 1891 machte ihn Papst Leo XIII. mit seiner epochalen Enzyklika *Rerum Novarum* zum festen Bestandteil der römisch-katholischen Gesellschaftslehre. Seine klassische Formulierung fand er dann 1931 in der Sozialenzyklika *Quadragesimo anno* von Papst Pius XI.:

So wie „dasjenige, was der Einzelmensch aus eigener Initiative und mit seinen eigenen Kräften leisten kann, ihm nicht entzogen und der Gesellschaftstätigkeit zugewiesen werden darf, so verstößt es gegen die Gerechtigkeit, das, was die kleineren und untergeordneten Gemeinwesen leisten und zum guten Ende führen können, für die weitere und übergeordnete Gemeinschaft in Anspruch zu nehmen; zugleich ist es überaus nachteilig und verwirrt die ganze Gesellschaftsordnung. Jedwede Gesellschaftstätigkeit ist ja ihrem Wesen und Begriff nach subsidiär; sie soll die Glieder des Sozialkörpers unterstützen, darf sie aber niemals zerschlagen oder aufsaugen."

Das Bekenntnis zur Subsidiarität gehört in Deutschland zum festen Repertoire politischer Grundsatzerklärungen. Was wir dagegen in jüngerer Zeit tatsächlich erleben, ist zwar nicht gerade die Wiederkehr des Obrigkeitsstaates. Jedoch beschleicht einen zunehmend das Gefühl, dass Politik, Verwaltung und viele gesellschaftliche Großinstitutionen dem Bürger nichts mehr zutrauen wollen. In der Folge macht sich allenthalben eine Art volkspädagogischer Geist bemerkbar. So als müsse die Politik in der Hauptsache achtgeben, dass der Bürger auch ja nichts verkehrt macht.

Ein noch eher harmloses Beispiel ist die Politik beim Thema Rauchverbot. Ich selbst rauche nicht. Es ist erwiesenermaßen ungesund, und es schmeckt mir auch nicht. Zudem bin ich unbedingt dafür, dass Raucher, inzwischen eine Minderheit der Bevölkerung, auf Nichtraucher Rücksicht nehmen und nicht jedes Büro, jedes Restaurant und jede Kneipe vollqualmen. Die Bundesregierung darf zudem gerne über die gesundheitlichen Risiken des Tabakgenusses aufklären. Obwohl diese Risiken vermutlich auch ohne Beihilfe des Bundesgesundheitsministers bekannt geworden wären und obwohl nur wenige Raucher ihr Laster vor allem für gesundheitsfördernd halten dürften. Aber ob es tatsächlich detaillierter gesetzlicher Regelungen bedarf, in denen geklärt wird, was „Einraumgastronomie" ist und ob dort wann und unter welchen Bedingungen geraucht werden darf oder nicht, bezweifle ich. Meiner Meinung nach sollten mündige Bürger, ob nun mit oder ohne Glimmstängel in der Hand, fähig sein, so etwas unter sich auszumachen.

Ein anderes Beispiel ist das sogenannte Erziehungsgeld, um das jüngst mit heftigen Bandagen gestritten wurde. Eltern, die ihre Kinder in deren ersten drei Lebensjahren nicht in eine Krippe geben, sondern daheim erziehen wollen, sollen pro Kind und Monat 100, später 150 Euro erhalten. Die Frage ist nicht, ob es sich hier tatsächlich um ein geeignetes Mittel zur Familienförderung handelt – zumal der Wust an diesbezüglichen sozialen Leistungen vielleicht schon unübersichtlich genug ist. Die Frage ist, wie die Gegner des Familiengeldes auf das folgende Argument kommen: Die Leistung verhindere, dass gerade jene Kinder in die Krippe gingen, die es am Nötigsten hätten, nämlich Kinder aus „sozial schwachen und bildungsfernen Schichten". Nähme man diesen Einwand wirklich ernst, müsste man letzten Endes darüber nachdenken, Menschen unterhalb gewisser Einkommensgrenzen und formaler Bildungsgrade die Kinder schlichtweg wegzunehmen. Kinder so früh wie möglich in die Hand des Staates zu geben ist allerdings eine Idee, die bislang nur in Diktaturen erprobt wurde.

Nichts gegen gute Betreuungsangebote auch für Kleinkinder. Aber sehr viel spricht eben auch für eine Früherziehung in der Familie. Ich halte es im Sinne einer gelingenden Erziehung eher für gefährlich, frühkindliche Betreuungszeiten und später den Schultag so weit auszudehnen, dass keine Freiräume mehr bleiben. Die Menschen werden sich nämlich immer ähnlicher, je länger sie im gleichen Stall sind. In einer liebevollen Familie wachsen echte Persönlichkeiten heran. Staatliche Erziehungseinrichtungen begünstigen dagegen immer eher die Norm und den Durchschnitt.

Ohnehin sollte gelten: Was das Beste für Kinder und Eltern in einer bestimmten Lebenssituation ist, müssen – und können – die Menschen selbst entscheiden. Eine Politik, die vorgibt, Familien mit Kindern unbedingt fördern zu wollen, die aber gleichzeitig zu verstehen gibt, dass sie einem Teil der Eltern grundsätzlich misstraut, darf sich nicht wundern, wenn ihr selbst misstraut wird.

Der grundsätzliche Verdacht vieler Bürger, einem alles regulierenden Staat ausgeliefert zu sein, kann sich an den verschiedensten Punkten Luft machen. Ich denke, dass es, um ein letztes Beispiel zu nennen, bei der Diskussion um „Stuttgart 21" am Ende nicht um die Frage ging, was verkehrstechnisch und stadtplanerisch besser sei, der bisherige Kopfbahnhof oder ein neuer Tiefbahnhof. Ebenso wenig wie um die Liebe der Stuttgarter zum Bau der Architekten Paul Bonatz und Friedrich Eugen Scholer, der seit 1987 als Kulturdenkmal eingetragen ist, oder um 170 gefällte bzw. versetzte Bäume im Schlossgarten. All das spielt sicher eine Rolle. Aber im Kern fühlten sich viele Bürger der Stadt durch ein ebenso undurchsichtiges wie langwieriges Planungsverfahren in den Hinterzimmern von Bund, Land, Kommune und Deutscher Bahn überfahren. Mehrfach schien das Projekt aus finanziellen Gründen auf der Kippe zu stehen – um dann wenig später von jeweils verschiedenen Seiten wieder forciert zu werden. Im Zuge eines furchtbar komplizierten siebenstufigen „Planfeststellungsverfahrens" – allein das Wort lässt einen gruseln – wurden zwar einzelne Projektabschnitte nach Recht und Gesetz in irgendwelchen Amtsstuben zwecks möglichen Widerspruchs ausgelegt. Aber das Bahnhofsprojekt als Ganzes wurde nie zum Gegenstand einer breiten öffentlichen Diskussion gemacht.

Haben die Menschen dann ohnehin das Gefühl, von kaum kontrollierbaren wirtschaftlichen oder politischen Entwicklungen überrollt zu werden, macht sich der Wille zur Teilhabe an politischen und wirtschaftlichen Entscheidungen verständlicherweise als erstes im Nahbereich bemerkbar. Und wenn die Verantwortlichen zu wenig darüber informieren, warum ein Projekt wie „Stuttgart 21" ihrer Meinung nach im Interesse der Allgemeinheit liegt, dann dürfen sie sich nicht darüber wundern, wenn die Menschen auf den Gedanken kommen, dass „die da oben" einfach über sie hinweg Geschäfte machen wollen.

Mündige Bürger nehmen sich nicht allein die Freiheit, ihre Meinung kundzutun. Sie verlangen überdies zu Recht, dass diese Meinungen von den jeweiligen Entscheidungsträgern auch *gehört* werden. Das macht große öffentliche Bauprojekte wie „Stuttgart 21" sicher nicht leichter. Zumal die Volksabstimmung Ende 2011 gezeigt hat, dass die Mehrheit der Bürger Baden-Württembergs und der Stadt Stuttgart tatsächlich gar nicht gegen den neuen Bahnhof eingestellt war. Das Projekt ist also weniger zwischen Bevölkerung und Regierung bzw. Bahn, sondern vor allem innerhalb der Bevölkerung umstritten. Was nur ein Grund mehr ist, den ungezwungenen Meinungsaustausch zu pflegen – und niemanden per se wegen seiner Ansichten niederzumachen. Die zahllosen komplizierten Detailfragen, die naturgemäß mit so einem Großprojekt verbunden sind, müssen nun mal entsprechend gründlich diskutiert werden. Sicher schadet es in solchen Fällen auch nichts, sich des Rats verschiedener Experten zu versichern. Aber bei Fragen von öffentlichem Interesse hat niemand die Weisheit mit Löffeln gefressen.

Mit dem Verweis auf „Sachzwänge", das ist sicher eine ganz wichtige Lehre aus Konflikten wie den um „Stuttgart 21", ist in einer offenen Gesellschaft heutzutage nichts mehr durchzusetzen. Und das ist richtig so. Denn eine Entscheidung, die nach Abschluss einer öffentlichen, meist auch kontroversen Diskussion gefällt wurde, hat schlicht größere Chancen allgemein akzeptiert zu werden als eine, die von wenigen im stillen Kämmerlein gefällt wurde. Auch das ist Subsidiarität: vor allem diejenigen zu fragen, die es betrifft. Und nicht die, die meinen zu wissen, was den Betroffenen gut tut.

Das geordnete Chaos

Sollen neue Ideen entstehen, dann muss es auch in einem gut funktionierenden Unternehmen ausreichend große Freiheitsspielräume für jeden einzelnen Mitarbeiter geben. Und zwar nicht nur für Führungskräfte, Kreative oder Ingenieure. Auch ein einfacher Arbeiter in der Produktion oder eine Reinigungskraft haben oft erstaunliche Ideen, dank derer sich ihre Arbeit effizienter, produktiver oder schlicht angenehmer gestalten lässt. Und warum sollte eine Telefonistin mit kleinen Kindern keine sinnvolle Produktidee für unser Sortiment haben können?

Freilich spielen in einem Unternehmen zugleich Grenzen und Regeln eine große Rolle. Vermutlich sogar eine größere als in Staat und Gesellschaft insgesamt. Ein Unternehmen, ein mittelständisches Familienunternehmen zumal, unterscheidet sich nämlich in einem sehr wesentlichen Punkt vom Staat und seinen Gliederungen: Versiegt bei uns der Geldfluss, ist der Spielraum für überbrückende Kredite weit schneller erschöpft. Wir könnten auch nicht einfach die Preise für unsere Leistungen erhöhen, so wie es ein Staat in der Klemme gerne mit den Steuern tut. Daher können wir Entscheidungen meist nicht so lange aufschieben, bis sich alle Fraktionen geeinigt haben. Erst recht können wir nicht die Arbeit liegen lassen, während wir diskutieren. Während wir neue Produkte entwickeln, stellen wir unsere bisherigen unvermindert her. Und während wir stets einige unserer Abläufe verbessern, müssen etliche weniger gute dennoch zunächst weiterlaufen.

Bildlich gesprochen gleicht ein Unternehmen am ehesten einem Orchester. Auch da gibt es immer mal falsche Töne. Erst recht ist nicht jedes Konzert ein Glanzpunkt. Aber Musiker und Dirigent bemühen sich doch jeden Abend um Harmonie. Stets wollen sie den Geist des aufgeführten Werkes auf die bestmögliche Weise ausdrücken. Um das zu erreichen, braucht es eine Art geordnetes Chaos.

Der Musiker muss zunächst einmal das spielen, was auf dem Programmzettel und was in der Partitur steht. Brahms statt Beethoven, D-Dur statt a-Moll oder *fortissimo* statt *forte*, all das steht ihm nicht frei. Sodann muss jedes einzelne Orchestermitglied auch so spielen, wie es der Dirigent vorgibt. Tempi, Phrasierungen, Dynamik, Klangfarbe und vieles mehr sind Teil seiner Vorstellung, wie ein Werk zu interpretieren sei. Da kann zum Beispiel ein Oboist nicht plötzlich ankommen und sagen, dass er diese oder jene Passage sonst aber langsamer spiele. Ein einziger allzu eigenwilliger Mensch am dritten Pult – und die Harmonie ist zerstört. Sicher darf jeder sich in der Kantine hernach über die Ideen des Dirigenten beklagen. Aber während des Konzertes muss er sich einfügen. Das gemeinsame Ziel, dem sich alle unterordnen, beschränkt die Freiheit des Einzelnen.

Nun ist ein Klangkörper aber zugleich eine Zusammenkunft selbstständig denkender und meist auch recht sensibler Menschen. Beschränkt ein Dirigent daher die Freiheit seiner Musiker zu sehr, lässt er ihnen etwa überhaupt keinen Raum für ihre eigene Klangfarbe oder gibt er einen quasi militärischen Prägetakt mit vier Schlägen vor, wo zwei Schläge als Impulse für das Orchester völlig reichen würden, dann klingt es ebenfalls nicht mehr schön. Und wer als Maestro allzu ruppige Vorgaben macht, dem können zumindest die Stimmführer das Leben spürbar erschweren. Frei nach dem Motto: Wir wissen nicht, was dieser Herr dirigiert – wir spielen heute Abend die „Linzer Sinfonie".

Im Übrigen ist es im Orchester wie bei allen größeren Gruppen: Wer die Musiker von seiner Idee überzeugt, sie gar für seine Klangvorstellung begeistern kann, der hat es leichter als ein autoritärer Pultstar, dem die Eigenheiten seiner Musiker gleichgültig sind. Hauptsache seine Interpretation wird von Publikum und Kritik bejubelt.

Ebenso wenig wie ein Dirigent kann ich mir als Leiter eines Unternehmens alles erlauben. Die Raster, in denen sich die einzelnen Mitarbeiter bewegen, sollten möglichst groß sein. Dann macht die Arbeit den Menschen mehr Freude und sie bringen eine bessere Leistung. Das erlebe ich in meinem Unternehmen immer wieder als ungemein bereichernd. Es ist die Basis für erfolgreiches Wirtschaften und für eine zufriedene Belegschaft. Beschneide ich die Freiheit des Einzelnen zu sehr, auch dort, wo es gar nicht nötig ist, dann verdrießt es zuerst die Belegschaft. Aber eher früher als später geht es auch auf Kosten des Ergebnisses.

Innovationen können sich in einer Atmosphäre von Befehl und Gehorsam ohnehin kaum durchsetzen. Wenn jemand beispielsweise einen Verbesserungsvorschlag hat, sich aber denkt, es sei sowieso egal, ob er den jetzt vorbringe oder nicht, dann ist das ein großer Nachteil für das Unternehmen. Doch wie oft werden Vorschläge aus der Belegschaft von den Verantwortlichen abgebügelt, bloß weil die Idee von „ganz unten" kommt. Und weil man für das betriebswirtschaftliche oder technische Wissen doch schließlich diplomierte und hoch bezahlte Fach- und Führungskräfte beschäftigt.

Uns hat zum Beispiel einmal ein Vorschlag von Mitarbeitern in der Verpackungsabteilung 50 000 Euro gespart. Wir wollten damals einem neu eingeführten Produkt kleine Tierfiguren aus Holz als Werbemittel beigeben. Einen simplen Aufdruck im Stile von „Jetzt mit niedlichem Spielzeug in der Packung" verwarfen wir sofort als völlig fantasielos. Die Figuren sollten sichtbar an der Packung befestigt werden. Eine Maschine, die das in der gewünschten Weise leistet, hätte aber besagte 50 000 Euro gekostet – für eine einmalige Werbeaktion zu teuer. Also haben wir die zuständigen Arbeiter nach möglichen Alternativen gefragt. Der rettende Vorschlag war binnen Stunden umgesetzt: Im Baumarkt wurden zwei Heißluftpistolen besorgt, dazu ein kleiner Tunnel für die Verpackungsstraße gebaut. So konnten wir das Problem für 200 Euro lösen. Zwar nicht voll automatisiert, aber mit vertretbarem händischem Aufwand.

Ob die Mitarbeiter wohl auch ohne die Sicherheit, dass sie gehört und ernst genommen werden, die Initiative ergriffen hätten? Ich bezweifle das. Vorgesetzte, die niemandem außer sich selbst den wahren Durchblick bescheinigen, ersparen sich sicher den einen oder anderen unsinnigen Einwand oder Vorschlag. Aber vor allem ersticken sie jedes Engagement.

Meine Überzeugung ist: Je mehr Freiheit ich allen Mitarbeitern – wenn auch in einem gewissen Rahmen – gebe, umso unternehmerischer wird der Einzelne denken, umso motivierter wird er sich bemühen, etwas für die Firma beizutragen, und umso besser wird es für das Gesamtergebnis sein. Jedes Unternehmen sollte daher eine wohl verstandene Freiheitskultur pflegen. Genau das ist nämlich auch mit der oben beschriebenen Subsidiarität gemeint: Freiheit zu geben in einem Rahmen, den der Einzelne beherrschen kann. Nur wenn die Wahlmöglichkeiten zu groß werden, läuft das Geschehen irgendwann auseinander und wird unüberschaubar.

Bei uns im Unternehmen gibt es zum Beispiel in Hinblick auf das äußere Erscheinungsbild und die Farbgestaltung unserer Räumlichkeiten gewisse Dinge, die zu beachten sind. Doch innerhalb dieses Rahmens hat jeder Mitarbeiter die Freiheit, seine Arbeitsumgebung so zu gestalten, wie er will. Er muss es – und das sage ich mit einem Augenzwinkern – allerdings auch nicht übertreiben. Würde jeder die Fenster in seinem Büro anders anstreichen, könnte der Gesamteindruck des Unternehmens Schaden nehmen. Wem die große Linie nicht gefällt, der hat die Freiheit zu gehen.

Im Produktionsprozess ist der Rahmen ebenfalls klar gesteckt. An erster Stelle steht die Marke mit ihrem uneingeschränkten Qualitätsversprechen. Sie ist die Basis für das Vertrauen unserer Kunden. Und das erstreckt sich eben nicht nur auf die Ware an sich, sondern auch auf die Prozesskette, in der sie hergestellt wird. Deshalb sind wir zum Beispiel bei der Abfalltrennung, bei der Wasseraufbereitung und in Fragen des Energieverbrauchs ziemlich streng. Unser Markenversprechen und gewisse Regeln für den Umgang miteinander werden in unserem Firmenleitbild und in unserer Ethikcharta konkretisiert. Beide sind keine heiligen Schriften. Sollten sich die Umstände ändern oder sich etwas als mangelhaft begründet erweisen, kann man diese Papiere auch ändern. Aber solange niemand derartige Bedenken vorträgt, gelten diese Rahmenrichtlinien ebenfalls für alle Mitarbeiter. Schließlich gibt es dann noch gewisse Selbstverständlichkeiten, wie sie in jeder Firma gelten, etwa Pünktlichkeit und Verlässlichkeit. Und solche, ohne die gerade ein Lebensmittel verarbeitender Betrieb unmöglich funktionieren kann, vor allem: penible Hygiene.

Doch innerhalb dieses Rahmens ermutigen wir unsere Mitarbeiter, Ideen für Innovationen und Weiterentwicklungen jederzeit einzubringen. Wollen wir wachsen, dann sind wir auf die Kreativität unserer Leute angewiesen. Übertragen auf das gesamte Wirtschaftsgefüge ist das ein starkes Plädoyer dafür, so viel unternehmerische Freiheit wie möglich zuzulassen. So können die einzelnen Marktteilnehmer die Angebotslücken dort suchen, wo sie auch zu finden sind. Das Gegenteil wäre ein System der Planwirtschaft, in dem alles aus der Zentrale heraus geregelt wird. In einem solchen System fehlt jedes Korrektiv. Die sozialistische Planwirtschaft ignorierte sowohl die legitimen wirtschaftlichen Interessen als auch die persönliche Freiheit des Einzelnen. Und der Mangel an individueller Freiheit kam nicht einmal der Gesellschaft als Ganzes zugute. Weder gab es mehr oder bessere Waren und Dienstleistungen, noch gab es bessere Straßen, Schulen, Krankenhäuser oder Theater. Die Planungsbürokratie war schwerfällig, ineffizient, unfähig zur Innovation, weitgehend taub für die Bedürfnisse der Menschen, außerdem permanent anfällig für Korruption und Vetternwirtschaft. Im Ergebnis war diese Wirtschaftsordnung – entgegen ihrem eigenen Anspruch – sozial viel ungerechter als eine freie und soziale Marktwirtschaft. Diese beschränkt sich auf die Regelung allgemeiner Rahmenbedingungen, die als Spielregeln für alle gelten. Die konkreten Spielzüge überlässt sie dagegen den einzelnen Akteuren.

Wahlfreiheit und Gerechtigkeit

Befragte man Menschen ganz unbefangen, was „Freiheit" für sie persönlich bedeutet, dann würde man wohl kaum philosophische oder politische Grundsatzreferate zu hören bekommen. Neben eher unspezifischen Auskünften („Freiheit bedeutet, dass ich machen kann, was ich will") dürften die Antworten überwiegend in zwei große Gruppen fallen. Die einen legen den Schwerpunkt auf die Meinungsfreiheit. „Freiheit" in diesem Sinne bedeutet: Ich kann jederzeit ungehindert und ohne Angst vor Repressalien meine Meinung sagen oder schreiben – und zwar auch öffentlich. Umgekehrt habe ich über verschiedenste Medien Zugang zu den Meinungen anderer Menschen. Das alles müssen im Übrigen keineswegs immer Meinungen zu großen gesellschaftlichen oder politischen Fragen sein.

Die andere Gruppe legt den Schwerpunkt auf die persönliche Wahlfreiheit. „Freiheit" in diesem Sinne bedeutet: Ich entscheide selbst, was auf den Tisch kommt, wie ich mich kleide oder einrichte, welches Auto ich fahre, wohin ich verreise, welchen Beruf ich ausübe oder wie ich meine Kinder erziehe. Es entspricht einem freien, marktwirtschaftlichen Wirtschaftssystem, dass sehr viele Menschen gerade auf diese Freiheit der Wahl großes Gewicht legen. Und dass umgekehrt all jene empfindlich reagieren, deren Wahlfreiheit im Vergleich recht beschränkt ist.

Die Meinungsfreiheit gilt uneingeschränkt für jeden. Zumal in unserer Zeit, in der dank des Internets die technische Schwelle, seine Meinung auch zu verbreiten, so niedrig ist wie nie zuvor in der Geschichte. Im Unterschied dazu wird die Wahlfreiheit des Einzelnen zwar nicht äußerlich, gar staatlich beschränkt. Aber sie ist in einem sehr viel weiteren Sinne *bedingt*. Zunächst einmal müssen wir für die meisten Dinge, zwischen denen wir im Alltag wählen können, bezahlen. Daher könnten sich zwar theoretisch bei allen die Designertische biegen, praktisch aber nur bei jenen, die beim Einkauf keine Sekunde aufs Geld schauen müssen. Ebenso wie die reale Reisefreiheit leider nur so weit reicht wie die Reisekasse.

Sodann stehen eine ganze Reihe Wahlmöglichkeiten aus anderen Gründen nicht jedem offen: Die prinzipielle Freiheit der Berufswahl wird durch schulische und berufliche Bildung begrenzt, beide wiederum durch Intelligenz, Begabung, Fleiß, Herkunft, teils auch von verfügbaren Budgets. Die Partnerwahl ist nicht unabhängig von den persönlichen Chancen auf dem Heiratsmarkt, die ebenfalls nicht hundertprozentig gerecht verteilt sind. Die Freiheit, heute Abend ein Sinfoniekonzert zu besuchen wird demjenigen wenig bedeuten, der nie zuvor Zugang zu klassischer Musik gefunden hat.

Aus solchen und ähnlichen Gründen ist die Freiheit der Wahl nicht nur eine Quelle des Glücks für die Menschen. Für manche ist sie bisweilen auch eine Quelle des Unglücks, zumindest des Verdrusses. Nicht selten spielt hier das unausrottbare Laster des Neids eine Rolle. Viele macht es unfroh, dass andere so viel Auswahl haben. Zahlreiche Studien belegen ja immer wieder, dass selbst deutliche Wohlstandszuwächse die Menschen immer nur so lange glücklicher machen, wie ihnen das frisch gewonnene Mehr einen Vorsprung vor den anderen Menschen in ihrer Umgebung verschafft. Zieht der Kollege beim Gehalt, der Nachbar beim Automodell gleich, ist die Freude auch schon wieder dahin. Auf Dauer erschöpft der Überbietungswettbewerb gegen seinen Nächsten den Menschen mehr, als dass er ihn glücklich machte.

Doch was wir oft mit dem Schlagwort „Neidgesellschaft" abtun, hat durchaus auch tiefer liegende soziale Gründe. Einerseits leben wir in einer nahezu grenzenlosen Überflussgesellschaft. Knapp ist höchstens die Nachfrage nach, höchst selten das Angebot an Waren und Dienstleistungen. Andererseits müssen wir beobachten, dass die 1953 vom Soziologen Helmut Schelsky beschriebene „nivellierte Mittelstandsgesellschaft" der Nachkriegszeit ins Bröckeln gerät. Die Einkommensunterschiede verschärfen sich seit Jahren erheblich. Erst in den letzten ein, zwei Jahren konnten viele Arbeitnehmer wieder spürbare Reallohnzuwächse verbuchen. Doch selbst manche Vollzeitstelle bringt nach wie vor keinen Lohn ein, von dem eine Familie wenigstens bescheiden leben könnte. Zugleich werden die Angebote, die Geschmäcker und die Lebensmodelle immer vielfältiger und bunter. Und all das ist täglich in den Medien zu beobachten. Weshalb wir uns durchaus Sorgen machen sollten, wie lange es gut gehen kann, wenn eine wachsende Zahl von Bürgern den anderen bei der freien Auswahl oft nur noch zuschauen kann – und selbst kaum eine Wahl hat.

Gewiss werden ein hochqualifizierter Ingenieur, ein diplomierter Betriebswirt oder ein Spitzenbeamter immer deutlich mehr Geld verdienen als ein ungelernter Arbeiter oder eine Kassiererin in Teilzeit. Aber ob der Vorstandschef eines bestimmten DAX-Unternehmens wirklich das 150-fache eines durchschnittlichen Mitarbeiters verdienen muss; ob es reicht, dass es im Schnitt aller DAX-30-Chefs das 70-fache ist; oder ob es, wie vor 25 Jahren, auch das zehn- bis 20-fache täte, die Frage muss schon erlaubt sein. Auch wenn es sich gesamtwirtschaftlich eher um ein symbolisches Thema handelt.

Allerdings auch um ein Thema, bei dem so mancher Akzent einmal gerade gerückt werden sollte. Weder könnte ja VW-Chef Martin Winterkorn die 16,3 Millionen Euro, noch der scheidende oberste Deutschbanker Josef Ackermann die 9,4 Millionen Euro, die sie 2011 verdient haben, auch nur annähernd für ihren persönlichen Luxus ausgeben. In der Debatte um angemessene Managergehälter wird aber gerne so getan, als ginge es da um individuelle Gier. Dabei haben derlei Spitzengehälter und „Erfolgsprämien" in Wahrheit mehr Ähnlichkeit mit den schweren Orden und imposanten Epauletten bestimmter Generäle, die sich damit wechselseitig ihrer enormen Bedeutung versichern. Viele Manager der Oberliga spenden zudem große Teile ihrer Einkünfte wieder. Und den Rest investieren sie meist höchst konservativ – was beides der Gesellschaft zugute kommt.

Der Eindruck, „die Herrschenden" würden auf Kosten der Allgemeinheit lustig prassen, entsteht meines Erachtens auch ganz woanders als auf den Chefetagen: nämlich auf dem Boulevard. Privatsender und bunte Blätter geben sich ja rund um die Uhr große Mühe, uns die Eskapaden der „Reichen und Schönen" vorzuführen. Und da sehen die Menschen – seltsamerweise zwecks Unterhaltung – in der Tat vieles, was schwer nach „spätrömischer Dekadenz" riecht. Nur dass sie mit den geschmacklichen oder moralischen Entgleisungen von Popstars und allerlei B- und C-Prominenz erstaunlich wenig Probleme haben.

Weshalb alle Diskussionen über die Relation von Einkommen und Leistung bei Großverdienern immer auch etwas Verlogenes haben. Selbst viele jener Menschen, die jeden Cent umdrehen müssen, dürften es kaum anrüchig finden, dass ausgerechnet ein Golfspieler, nämlich Tiger Woods, im Jahr 2011 56 Millionen Euro verdient hat. Der Rennfahrer Michael Schumacher nahm ungefähr 24 Millionen ein, der Fußballer Michael Ballack 11,3 Millionen Euro. In allen drei Fällen waren diese Einkünfte nur noch sehr begrenzt durch sportliche Leistungen gedeckt – von deren Wert wiederum jeder halten mag, was er will. Oder: Hat es etwas mit Gerechtigkeit zu tun, wenn Bundeskanzlerin Angela Merkel monatlich 15.768,14 Euro verdient, während der Musikproduzent Dieter Bohlen pro Staffel der RTL-Castingshow „Deutschland sucht den Superstar" angeblich 1,2 Millionen Euro erhält? Und ist es „gerechter", einer Opernsängerin pro Abend eine mittlere fünfstellige Gage zu zahlen – wie sie zumindest bekannte Solistinnen durchaus erzielen? Oder reichen 1.600 Euro brutto im Monat? Das ist das tarifliche Mindestgehalt für Sänger und Tänzer nach dem sogenannten „Normalvertrag Solo".

Meines Erachtens ist die „Gerechtigkeitsdiskussion" in weiten Teilen eben auch eine Scheindebatte. Mit Gehältern, Löhnen und Einkommen ist es nämlich in der Marktwirtschaft grundsätzlich nicht anders wie mit den Preisen: Sie werden von Angebot und Nachfrage reguliert. Wer besondere Fähigkeiten besitzt oder einen stark nachgefragten Beruf erlernt hat, der wird mehr verdienen. Wer nur angelernt ist, bekommt entsprechend weniger. Nicht anders am oberen Ende: Solange Jahreshauptversammlungen großer Konzerne Aufsichtsräte wählen, die auf Wunsch auch Fantasiegehälter abnicken, werden einzelne Vorstandsbezüge in den Himmel wachsen. Wo die Aktionäre dagegen vernünftig bleiben, da bleiben es ihre obersten Angestellten meist auch.

Nur eines sollte für Spitzenmanager ebenso konsequent gelten wie für jeden normalen Mitarbeiter: Versager werden gefeuert. Und zwar ohne goldenen Handschlag. Ebenso wie kein

Unternehmen, sei es eine Großbank oder ein Handwerksbetrieb, das Recht hat, in guten Zeiten seine Gewinne zu privatisieren, eventuelle Verluste aber auf die Allgemeinheit abzuwälzen.

Alle übrigen Fragen einer gerechten Entlohnung müssen sich, so schwer das im Einzelfall auch sein mag, die Verbraucher selbst stellen: Was ist mir eine Sache oder eine Leistung wert? Wer für ein T-Shirt drei Euro bezahlt, der muss sich fragen, wo ein auskömmlicher Lohn selbst für eine indische oder vietnamesische Näherin herkommen soll. Erst recht sollte er sich fragen, warum in Deutschland kaum noch Textilien hergestellt werden.

Anders als viele Arbeitsplätze in der Industrie lassen sich jene im Supermarkt, beim Friseur oder im Nahverkehr nicht exportieren. Außer Frage steht, dass auch eine Kassiererin, eine Friseurin oder ein Busfahrer soviel verdienen müssen, dass sie selbst davon leben und gegebenenfalls eine Familie ernähren können. Das ist allerdings nur möglich, wenn solch auskömmliche Einkommen anteilig in jede Tüte Milch, jeden Haarschnitt und jeder Fahrkarte eingepreist werden.

Erst recht gilt das Gebot in den Spiegel zu schauen für solche Leistungen, von denen viele Leute offenbar glauben, sie seien eine Spende des Himmels. Kaum jemand bestreitet, dass Erzieherinnen und Kindergärtnerinnen hierzulande eher wenig verdienen. Dass die Bezahlung von Pflegekräften teilweise sogar skandalös niedrig ist. Doch würden, um diesen Missstand zu beheben, die Steuern oder die Versicherungsbeiträge spürbar erhöht, gäbe es einen riesigen Aufschrei.

Der Unterschied zur unterbezahlten Verkäuferin: Im Falle sozialer Arbeit müssen wir uns nicht als individuelle Verbraucher, sondern als Gesellschaft insgesamt fragen, was es uns allen wert ist, wenn Dritte unsere Kinder erziehen und ausbilden oder unsere gebrechlichen Eltern und Großeltern pflegen. Und das heißt letzten Endes: Jeder muss erkennen, dass der Ruf nach dem Staat immer nur ein Ruf der Bürger an sich selbst ist.

Wenn wir aus der Dekade des „Geiz ist geil" eines gelernt haben sollten, dann wohl dieses: Der ewige Wettlauf um den niedrigsten Preis schadet am Ende allen. Den Verbrauchern, weil erst die Qualität und irgendwann sogar das schiere Angebot bestimmter Waren und Dienstleistungen unter die Räder kommt. Den Beschäftigten, weil in einigen Branchen oft keine vernünftigen Löhne und Gehälter mehr gezahlt werden können. Den Unternehmen, weil deren Gewinnspannen ihren Kapitalkosten bisweilen gefährlich nahekommen. Und der Gesellschaft insgesamt, weil sie ihre „Ersparnisse" in der linken Tasche aus der rechten ausgleichen muss – sei es durch eine steigende Steuer- und Abgabenlast, sei es durch drastische Etatkürzungen, an deren Ende ein Verfall des öffentlichen und kulturellen Lebens oder ein Verrotten unserer Infrastruktur droht. Jedes Theater und jedes Schwimmbad, das aufgrund kommunaler Finanznot schließen muss, jeder Bahnhof, der nicht mehr angefahren wird, jede baufällige Straße, die man nur noch mit gewissen Risiken benutzen kann, bedeuten nämlich auch dies: Wir haben eine Wahl weniger.

Vor allem anderen gehört zur Freiheit der Wahl, jedenfalls der in materiellen Fragen, allerdings die gegenteilige Erkenntnis: Jeden Euro müssen wir erst einmal erwirtschaften – und dann kann er auch nur einmal ausgegeben werden.

Die Qual der Wahl

Das vornehmste Recht eines jeden Bürgers in demokratischen Gesellschaften ist das Recht, seine politischen Repräsentanten zu wählen – in freien und allgemeinen Wahlen, bei denen jede Stimme gleich zählt. Leider verzichtet eine wachsende Zahl von Bürgern auf dieses Recht, sei es aus Protest, aus Ratlosigkeit oder aus Gleichgültigkeit. Offenbar sehen sich viele von den bestehenden Parteien und den derzeit aktiven Politikern nicht mehr angemessen repräsentiert. Das mag man so oder anders sehen. In jedem Fall halte ich es für die denkbar schlechteste Lösung, deshalb am Wahltag daheim zu bleiben. Zumal sich in der Geschichte der Bundesrepublik mehrmals gezeigt hat, dass neue Parteien und Politiker durchaus eine Chance haben, wenn sie die Stimmung und die Meinungen einer hinreichend großen Zahl von Menschen aufgreifen. Aktuell zeigen dies die Erfolge der Piratenpartei – deren Inhalte, Auftritt oder Personal ich selbst überhaupt nicht bewerten muss, um sie als Beweis zu nehmen, dass wählen „etwas bringt".

Während viele Menschen also glauben, auf dem Felde eines sehr wichtigen Wahlrechts, dem politischen, zu wenig echte Auswahl zu haben, ächzen sie bei jeder kommerziellen Wahl unter der Last des Überangebots. Ob beim täglichen Besuch im Supermarkt, ob im Fachhandel oder im Reisebüro, ja selbst beim Durchblättern des lokalen Kulturkalenders, überall stößt man auf etwas, das eigentlich unmöglich zu sein scheint: auf zu viel Freiheit. Und das hat erhebliche Folgen für unseren Gemütszustand.

Als Erstes führt das Zuviel an Freiheit nachweisbar zu enormen Entscheidungsschwierigkeiten. Nicht immer ist es nämlich so einfach wie beim Chinesen, wo ich sehr schnell sehe, dass sich hinter den 175 Positionen auf der Speisekarte am Ende nur fünf Sorten Fleisch oder Fisch mit drei oder vier verschiedenen Saucen verbergen. Will ich mir zum Beispiel eine Jacke kaufen, dann versteht es sich von selbst, dass ich zwischen verschiedenen Größen wählen kann. Es ist sogar gut, dass es inzwischen fast überall spezielle „halbe" Größen für eher kleine und korpulente sowie „doppelte" für besonders großgewachsene Herren gibt. Das erspart vielen den früher nötigen Gang zum Änderungsschneider. Schließlich finde ich es auch noch schön, wenn ich zwischen sieben Farben oder Mustern sowie drei oder vier Herstellern wählen kann. Doch spätestens wenn mir neun verschiedene Marken mit 15 verschiedenen Grauschattierungen angeboten werden, fühle ich mich überfordert. Das Ergebnis ist dann nicht selten, dass ich vorderhand überhaupt keine Jacke kaufe.

Zu diesem Thema des sogenannten „Auswahlkonflikts" gibt es eine mittlerweile klassische Studie von Sheena Iyengar, Wirtschaftsprofessorin an der New Yorker Columbia Universität, und Mark Lepper, Professor für Sozialpsychologie in Stanford („When Choice is Demotivating: Can One Desire Too Much of a Good Thing?"). Die Forscher boten in einem Supermarkt an einem Probierstand einmal sechs, ein anderes Mal 24 verschiedene Sorten Marmelade an. Jeder Kunde, der dort probierte, erhielt einen Rabattcoupon im Wert von einem Dollar, den er beim Kauf einer beliebigen Sorte des Marmeladenherstellers einlösen konnte. Standen sechs Sorten Marmelade zur Auswahl, dann lösten 30 Prozent der Kunden den Coupon ein. Waren es 24 Sorten, dann kauften nur drei Prozent der Leute Marmelade.

Zum Zweiten erzeugt zu viel Wahlfreiheit große Unsicherheit. Denn je mehr Auswahl ich habe, desto größer ist ja am Ende auch die Zahl der Optionen, die ich ablehnen muss. Statt mich darüber zu freuen, das für mich Richtige oder Passende gefunden zu haben, plagt mich folglich die Sorge, höchstwahrscheinlich etwas noch Besseres übersehen zu haben. Die Sorge, dass es die gleiche Ware oder Leistung anderswo womöglich billiger gab. Oder auch nur die Sorge, dass ich modisch danebengegriffen haben könnte. Zugespitzt gesagt: Zuviel Freiheit macht Angst. Zumal ich eine mögliche Fehlentscheidung niemandem in die Schuhe schieben kann.

Zum Dritten macht große Wahlfreiheit viel Arbeit. Denn da ich die beschriebenen Sorgen aus leidvoller Erfahrung kenne, versuche ich mich natürlich gegen mögliche Fehlgriffe zu wappnen. Ganze Verlagsgruppen mit Hunderten sogenannter „Special-Interest"-Zeitschriften leben von nichts anderem als diesem Informations- und Vergleichsbedürfnis. Sodass ich beispielsweise vor dem Kauf eines neuen Computers erst einmal unter zwei Dutzend Computerzeitschriften wählen muss. Um den Verbraucher im Dschungel der Optionen nicht allein zu lassen, fördert der Staat sogar eine öffentlich-rechtliche Stiftung, die *Stiftung Warentest*. Mit dem Ergebnis, dass es der kritische und mündige Verbraucher noch schwerer hat als der gedankenlose Impulskäufer. Zumal er sich – sehr zu Recht übrigens – eine ganze Reihe wichtigerer Fragen stellt als bloß die, ob es anderswo schöner, billiger oder lustiger gewesen wäre.

Zum Beispiel die, ob ein Produkt, seine Inhaltsstoffe oder seine Herstellung gesundheitlich unbedenklich und umweltverträglich sind. Oder ob das Produkt fair produziert und gehandelt wurde.

Ich bin ein bedingungsloser Verteidiger der Sozialen Marktwirtschaft. Jeder Anbieter sucht sich aus eigenem Antrieb seine Marktlücke. Da wo er sie vermutet. Ob sie wirklich existiert, muss sich dann zeigen. Jeder Kunde sucht sich aus der Vielzahl der Angebote das aus, was er braucht, was er sich wünscht und was er sich leisten kann. Es liegt geradezu in der Natur der Marktwirtschaft, dass er dabei das Allermeiste stehen lässt. Ein Beispiel: Von einem unserer Kunden, einer Drogeriemarktkette, weiß ich, dass eine Filiale im Schnitt rund 12.500 Artikel anbietet. Der durchschnittliche Kunde aber verlässt den Laden mit fünf bis sieben Artikeln. Nur sind es eben nicht bei allen Kunden und jeden Tag die gleichen fünf.

Wenn ich deshalb das Gefühl habe, dass mich die Fülle der Angebote am Markt überfordert, wenn ich denke, dass es ebenso sinnlos wie vergeblich ist, mich zwei Wochen mit der Suche nach dem günstigsten Handytarif zu beschäftigen, dann mache ich mir immer klar, dass ich unter den Abertausenden von Wahlmöglichkeiten eine ganz entscheidende nicht übersehen darf: eben die Freiheit, überhaupt keine Wahl zu treffen. Oder jedenfalls meine Entscheidung nicht allzu wichtig zu nehmen. Stattdessen wundere ich mich dann lieber über solche Zeitgenossen, die zwar vier Wochen auf die Auswahl eines Flachbildfernsehers verwenden, sich dann aber „aus dem Bauch heraus" in drei Tagen für ein Studienfach entscheiden – oder ohne mit der Wimper zu zucken über Nacht ihre Familie sitzen lassen.

Es ist eine hohe Kunst, den richtigen Gebrauch von seiner Freiheit zu machen. Das Zauberwort dieser Kunst lautet „Güterabwägung". Immer muss ich mich entscheiden, was mir in einer bestimmten Situation besonders wichtig ist – Qualität oder Preis, Image einer Marke oder persönlicher Stil, Auto oder Urlaub, Konsum oder Kultur. Vor allem aber muss ich mich entscheiden, was mir im Leben insgesamt wirklich wichtig ist. Die Qual der Wahl im Laden verblasst ziemlich schnell, wenn ich mir klar mache, dass Konsum und Unterhaltung, zumal in einer freien, wettbewerbsorientierten Wirtschafts- und Gesellschaftsordnung sicher nicht völlig unwichtig sind. Aber eben auch nicht die Hauptsache.

Wir haben nämlich die Freiheit, nicht alles zu tun, was wir tun könnten. Diese Freiheit des Unterlassens dient oft dem Wohle der Allgemeinheit mehr als die des Handelns – und noch öfter unserem eigenen Wohle. Denn wenn wir es mit der Freiheit übertreiben und uns ungeniert alles zu nehmen versuchen, was wir kriegen können, dann schaden wir anderen, vor allem aber uns selbst.

Vornehmlich gilt das, wenn wir die Grundkonstanten unseres Lebens zum Tummelplatz vermeintlicher Freiheit machen. Denn Freiheit braucht als Gegengewicht Bindung, Loyalität und gefestigte Vertrauensbeziehungen. Sinnerfüllte Arbeit muss mehr als eine momentane Einkommensquelle sein. Auch seinen Lebensmittelpunkt, den Partner, die Familie, seine Freunde, all diese Ankerpunkte unserer Existenz wechselt niemand ungestraft wie seine Unterwäsche. Ebenso wenig wie geistige Grundüberzeugungen und Glaube – andere mögen es lieber „Spiritualität" nennen – zu Artikeln für einen Sinn-Supermarkt taugen. Wer meint, sich ausgerechnet da immer wieder als frei erleben zu müssen, wo gerade Bindung Freiheitsräume erst eröffnet, der wird bloß ruhelos, aber weder zufrieden noch glücklich. Er gleicht eher einem Süchtigen, der sich bei der endlosen Jagd nach dem Objekt seiner Begierde erschöpft. Am Ende wird er sein Leben vergeudet haben – statt eine Idee vom Sinn seiner Existenz zu entwickeln.

Zwischen Bewahren und Erneuern
Vom richtigen Umgang mit der Tradition

„Ob Du es auch mal so machen wirst?", fragte meinen Vater schon als Kind dessen eigener Vater. Die gleiche Frage stellte mein Vater auch mir. Und ich stelle sie wiederum meinen Kindern. In unserer Familie ist es seit Generationen üblich, dass alle Familienmitglieder sich immer frei und unverstellt äußern dürfen. Zugleich gehört es zum Geist und zur Kultur unserer Familie, dem Zeitgeist keine leichtfertigen Zugeständnisse zu machen, die den überkommenen Werten widersprechen. Es herrscht also eine Tradition, die den Wert der Tradition selbst schätzt und pflegt, diese zugleich aber auch immer wieder auf den Prüfstand stellt.

Tradition entsteht, wenn Menschen in ihrem Denken und Handeln nicht nur auf die Gegenwart und von da aus in die Zukunft schauen, sondern sich auch der Vergangenheit bewusst sind. Ganz pragmatisch ausgedrückt: Tradition entwickelt sich und kommt etwa da zum Tragen, wo Eltern ihren Kindern schildern, wie es früher war und was alles unternommen wurde, um das Gegenwärtige zu erreichen. Gleiches gilt für die Meister, die den Lehrlingen ihre wertvollen Erfahrungen weitergeben und von deren Herkunft berichten. Tradition ist also eine Form der Übersetzung. Das Wort leitet sich von dem lateinischen Verb *tradere* ab, was soviel heißt wie weitergeben. Der – im Übrigen sehr umfassende – Begriff Tradition umschreibt also im engeren Sinne das Weitergeben von Erfahrungen und Techniken, im weiteren Sinne aber auch das Weitergeben und Bewahren von Einstellungen, Werten bis hin zu Weisheiten. All das wird vor allem in der guten Absicht weitergegeben, den Nachfolgenden zu ersparen, die mitunter über Jahrhunderte gesammelten Erfahrungen mühsam selbst sammeln zu müssen. Natürlich lernt jeder Mensch auch aus Fehlern und kann im Erproben der eigenen Fähigkeiten stets nur bedingt auf Traditionen und dem Erlernten aufbauen. Aber er muss eben nicht das Feuermachen erneut erfinden, oder das Prinzip des Rads. Und er muss nicht alle menschlichen Lernschritte neu durchleben. Das gilt für das familiäre Privatleben gleichermaßen wie für Schule, Ausbildung und Beruf.

Alle Eltern wollen ihren Kindern so gut es eben geht den Weg ebnen und ihnen die besten Startpositionen ermöglichen. Deshalb geben sie ihnen alle Hilfsmittel an die Hand, die ihnen bekannt sind. Nämlich die, die sie selbst von ihren Eltern und Vorfahren übernommen haben und die, die sie durch die eigenen Lebenserfahrungen dazu erworben haben und mit denen sie ihr Leben meistern. Diese Erfahrungen betreffen alle Lebensbereiche, vor allem aber den Wertekanon: Von der Religion über die Einstellung zu Toleranz und Gerechtigkeit bis hin zu Anstand und Höflichkeit.

Solcher Art übertragene Werte können ein Leben lang halten, denn sie prägen den jungen Menschen früh und werden sehr selten ganz vergessen. Und wenn sie eine Weile abgelehnt oder verworfen werden, tauchen sie doch meistens im späteren Leben wieder auf. Aber das ist eine andere Geschichte.

Tradition beinhaltet das Weitergeben von Lebensweisheiten ebenso wie ganz pragmatisch das Bewahren von bewährten Einrichtungen, sowie das Beibehalten von fest gefügten Formen und Strukturen. Tradition im echten Sinne ist für mich geistige Nachhaltigkeit. Bei uns in der Firma ist es zum Beispiel Tradition, dass alle Beschäftigten vor Weihnachten zu den Gesellschaftern kommen, wir uns dann gesegnete Weihnachten wünschen und jeder Mitarbeiter eine Flasche Rotwein erhält. Diese Tradition festigt unser Zusammengehörigkeitsgefühl und gehört seit geraumer Zeit zur Firmenkultur, wie es heute so schön heißt. Erfunden wurde dieser Brauch als es das Wort Firmenkultur noch gar nicht gab, denn bereits mein Vater hat dieses Weihnachtsritual gepflegt und dafür gesorgt, dass es zum festen Bestandteil des Jahreslaufs wurde. Jeder Mitarbeiter sollte zumindest einmal im Jahr mit persönlichem Händedruck begrüßt werden.

Eine andere Tradition bei uns in der Firma betrifft den Drei-köningstag, der heutzutage anderswo kaum noch gefeiert wird. An diesem Tag gehen wir mit Weihrauch durch alle Räume mit dem Gedanken, dass wir auch im nächsten Jahr mit Gottes Hilfe segensreiche Arbeit leisten können. Dieser Brauch beruht auf unserer tiefen Überzeugung, dass die Orte, an denen die Arbeit verrichtet wird, weder gleichgültig noch austauschbar sind. Dort arbeiten unsere Mitarbeiter und dort entstehen unsere Produkte. Mit dem Weihrauch bringen wir unsere Wert-schätzung den Mitarbeitern und ihrem Arbeitsort gegenüber gleichermaßen zum Ausdruck.

Mein Vater brachte uns Kindern schon sehr früh bei, dass es wichtig ist, möglichst unabhängig von der Meinung einer Mehrheit zu handeln, sondern uns ausschließlich an unserer eigenen Überzeugung und unserem Gewissen zu orientieren. Dieses Ideal einer unabhängigen und authentischen inneren und äußeren Haltung ist nicht leicht zu leben und bequem schon gar nicht. Das ganz freie und unverfälschte Äußern der eigenen Meinung erfordert gehörigen Mut. Heute bin ich sehr stolz aus einer Familie zu kommen, in der mehrere Familien-mitglieder in der Zeit des Nationalsozialismus zu leiden hatten, weil sie mutig ihrer kritischen Einstellung gegen das Regime treu geblieben sind. Je früher das Kindern vermittelt und durch Ermunterung geübt wird, umso besser. Auch wenn man in der Jugend vielleicht gar nicht so gern mit seiner Meinung allein sein will.

Als sehr junger Mensch wollte ich zum Beispiel nicht anders als die Anderen sein und war bedrückt, wenn ich mich durch meine Andersartigkeit oder meine differierende Meinung aus-geschlossen fühlte. Ich habe nicht immer sofort geschätzt, was ich an Werten vermittelt bekam. Sehr oft bedarf es eines langen Gärungs- und Reifeprozesses, um die Werte wirklich zu verste-hen und zu verinnerlichen. Nicht immer wird das Weitergege-bene auch sofort angenommen. Davon können alle Eltern wohl ein Lied singen. Und ich glaube, auch das gehört zum Lauf der Dinge, zum lebendigen Prozess der Auseinandersetzung mit

Tradition und Werten. Vieles müssen wir in unserem Leben einfach selbst, sozusagen am eigenen Leib erfahren. Um es dann mit dem Erlernten abzugleichen und das Überlieferte an den eigenen Erfahrungen zu überprüfen. Wenn ich zum Beispiel ein Kind davor warne, an den Ofen zu greifen, weil der nun mal heiß ist und es sich verbrennen kann, wird das in der Regel nicht viel nutzen. Nur wenige Kinder werden die Mahnung ernst nehmen und als gut gemeinten Rat begreifen. Die meisten werden den Ofen oder die Herdplatte in einem unbeobachteten Moment eben doch anfassen, um dann schmerzlich zu merken, dass das ein fataler Fehler war. Und dass die elterliche Ermahnung, dort nicht hinzufassen eben doch richtig und sinnvoll war. Jetzt weiß das Kind das aber aus eigener Erfahrung. Solche schmerzhaften Einsichten, die jeder wider besseres Wissen selbst gewinnen muss, bevor er sie ganz buchstäblich „begreift", können sich durch unser ganzes Leben ziehen. Und ich meine damit nicht nur die typischen „Jugendsünden", die nun einmal zur Jugend dazu gehören.

Brauchtum

Wenn ich über Traditionen nachdenke, gehört auch das Brauchtum dazu. Das Brauchtum ist nur eine äußere Erscheinungsform, hinter der sich stets ein tieferer Sinn verbirgt. Wie zum Beispiel beim besagten Ausräuchern der Häuser und in unserem Fall der Unternehmensräume am Dreikönigstag. An diesem Tag werden auch heute noch in katholischen Gemeinden die Häuser mit Weihrauch gesegnet. Der Ursprung dieses Brauchs liegt aber gar nicht in der Religion begründet, sondern in einer ganz praktischen Notwendigkeit. Denn ursprünglich diente das Ausräuchern der Desinfektion der Wohnräume. Im Abstand von einer Woche versuchten die Menschen, mit dem Rauch die Parasiten abzutöten, die sich im Laufe des Winters eingenistet hatten. Später füllte sich diese Säuberungsaktion, die zur festen Einrichtung geworden war, mit übergeordneten, abstrakteren

Inhalten. Nun wollten die Menschen nicht nur Insekten, sondern einmal im Jahr auch böse Geister vertreiben. Sie baten damit symbolisch um einen Schutz für ihre Häuser. Dieser höhere, spirituelle Zweck verband sich mit einer ritualisierten Form.

Wir müssen aber gar nicht so weit zurückgehen in der Geschichte, um den Wert von Bräuchen und Ritualen aufzuzeigen. Nehmen wir als zweites Beispiel das früher übliche gemeinsame Gebet vor jeder Mahlzeit. Dieses Ritual war in einer Zeit, als es noch alles andere als selbstverständlich war, vor einem stets ausreichend gedeckten Tisch zu sitzen, zunächst einmal Ausdruck ehrlich empfundener Dankbarkeit. Missernten, Hungersnöte und Versorgungsengpässe in den Wintermonaten waren noch vor wenigen Jahrzehnten auch hierzulande keine Seltenheit. Mit dem Gebet bedankten sich die Menschen lange Zeit dafür, dass sie überhaupt etwas zu essen hatten. In üppigeren Zeiten und in vielen Familien bis in die heutige Zeit hinein ist das Tischgebet die Erinnerung daran, dass es auch in der Gegenwart nicht selbstverständlich ist, genug zu essen zu haben.

Heute machen Mediziner auf dieses Ritual aufmerksam, um zu betonen, wie sinnvoll es auch für die Gesundheit ist, vor dem Essen zur Ruhe zu kommen und sich mit Wertschätzung einer Mahlzeit zu widmen, anstatt mit Heißhunger und womöglich nebenher noch lesend oder telefonierend möglichst schnell so viel wie möglich hinunterzuschlingen. Das Tischgebet ist also ein spirituelles Ritual mit einer überaus lebenspraktischen Seite. Es ist gewissermaßen ein Atemholen, das dem Prinzip des Fastfood entgegensteht. So sind viele nützliche und auf mehreren Ebenen wirkende Traditionen an gewisse Riten gebunden worden, um nicht vergessen zu werden.

Tradition und zünftiges Handwerk

An anderer Stelle habe ich bereits von der Bedeutung des eigenen Profils gesprochen. Wenn wir diesem unserem Profil nicht untreu werden wollen, spielen auch Traditionen eine nicht zu unterschätzende Rolle. Denn wenn wir authentisch und unseren Werten treu sein wollen, müssen wir auf manchen Traditionen geradezu beharren. Beziehungsweise ihnen treu bleiben, weil sie eben ein wichtiger Teil unserer Persönlichkeit und verinnerlichte Werte sind, die uns zur zweiten Natur geworden sind.

Eine der wichtigsten Traditionen in unserem Unternehmen lässt sich auf unsere Vorfahren zurückführen, auf ihren Handwerkerstolz, dem es allererstes Gebot ist, immer bestmögliche Qualität herzustellen. Nur das, was wirklich sehr gut ist, ist dem echten Handwerker gut genug. Mit diesem Stolz im Bewusstsein, diesem Berufsethos gibt er sich nicht mit dem Zweitbesten oder dem irgendwie Genügenden zufrieden. Der Handwerkerstolz gilt in unserem Unternehmen weiterhin, er gibt den Takt vor und appelliert an Verantwortlichkeit und Gewissen eines jeden Mitarbeiters. Die Tradition des Handwerkerstolzes steckt uns sozusagen in den Knochen. Dieses Prinzip verfolge ich als Unternehmer jedoch nicht nur im Hinblick auf unsere Produkte. Ich sehe unsere Mitarbeiter als Menschen, die dieses Berufsethos verinnerlicht haben und damit keine austauschbaren, bloß ausführenden Arbeitnehmer sind, sondern Menschen, für die der Handwerkerstolz ebenfalls kein leeres Wort ist.

Bereits von meinem Großvater rührt die Tradition her, alle Menschen, mit denen wir zu tun haben, gut zu behandeln und von jedem immer zunächst nur das Beste anzunehmen. Das ist eine Lebenshaltung, die in unserem Unternehmen zur Tradition wurde, zur gelebten Unternehmenskultur. Ich muss dies ausdrücklich betonen, da diese Haltung in Unternehmen alles andere als eine Selbstverständlichkeit ist. Schon gar nicht in den Zeiten meines Großvaters, als autoritäre Strukturen der Normalfall waren und der kleine Angestellte wenig zu sagen und schon gar nichts zu entgegnen hatte. Damals waren die Chefs noch Patriarchen alten Schlags und blickten zumeist misstrauisch auf ihre Untergebenen. Auch heute noch, in Zeiten der angeblich flachen Hierarchien, der Teamarbeit und der lernenden Organisation hören wir immer wieder von Unternehmen, die ihre Unternehmenskultur auf Misstrauen aufbauen und ihren Mitarbeitern stets das Schlechteste unterstellen. Solche Unternehmen zeichnen sich aus durch Kontrollwahn, Repression und Bespitzeln der Mitarbeiter. Schlechtes Betriebsklima inklusive.

Von daher erlebe ich zum Bespiel die Tradition der Wertschätzung unserer Mitarbeiter als Geschenk und als wertvolle Richtschnur für mein eigenes Leben. So ist es mit allen Traditionen: Sie werden mir gegeben von jemandem, der diesen Wert erhalten wissen will. Ich eigne mir – vielleicht mit anfänglichen Zweifeln oder auch Auseinandersetzungen – diesen Wert, diese Tradition an und versuche, damit umzugehen. Ich versuche, damit zu leben und mich mit dieser Tradition anzufreunden. Wenn es mir dann damit gut geht, verinnerliche ich sie ganz und gebe sie dann weiter.

Traditionen schützen uns. Dank ihrer müssen wir keine unnötigen Umwege gehen, und wir müssen nicht immer wieder ganz von vorne anfangen, um das Rad neu zu erfinden. Nehmen wir zum Beispiel die Arbeit eines Handwerkmeisters, der seinen jungen Lehrlingen sein Handwerk beibringt. Er sagt ihnen ganz genau, wie sie etwas zu machen haben. Und er begründet es, indem er sagt: „So hat es sich bewährt. Anders geht es nicht, Du wirst es sehen." Er gibt sein Können und seine Erfahrung an die nächste Generation weiter. Ausbilder, Lehrer und Professoren helfen ihren Lehrlingen, Schülern und Studenten, an unserem Weltwissen und unserer Kultur teilzuhaben. Vieles davon, was sie uns beibringen, begleitet uns bis ins hohe Alter. Das Unterweisen und Anlernen ist eine typische und eine der wichtigsten Arten der Traditionswahrung, die zum Beispiel auch in den Zünften gepflegt worden ist. Wenn jemand eine Sache zunftgerecht oder zünftig macht, bedeutet das, dass er sie auf die einzig richtige Weise macht. Über Jahrhunderte ist dieser feste Strang der Handwerkstradition nie abgerissen.

Sorge bereitet mir in der Gegenwart jedoch, dass sich im Bezug auf das handwerkliche Wissen und im Blick auf viele Jahrhunderte alte Fertigkeiten zunehmend blinde Flecken bilden. Ich fürchte, dass manches Wissen um Fertigkeiten und Techniken heute nur noch theoretisch überlebt. So konnte es zu dem mittlerweile oft gehörten Ausspruch kommen: „Jeder weiß, wie es geht, aber keiner kann es mehr." Das ist eine Tendenz, die ich für fatal halte. Denn wenn Fertigkeiten und Techniken nirgendwo mehr praktisch unterrichtet werden, wenn also das ganz konkrete Können nicht mehr weitergegeben wird, dann stirbt eine Tradition. Schon jetzt gibt es zum Beispiel nur noch wenige Handwerker, die es verstehen, die venezianischen Gondeln zu bauen. Irgendwann wird es niemand mehr können. Die schriftliche Aufzeichnung und sonstige Dokumentationsformen, die dann nachzulesen sind, halten eine Tradition nicht lebendig. Google oder Wikipedia werden die lebendige Tradition erst recht nicht ersetzen.

Tradition und Veränderung

Wie alles auf der Welt haben auch Traditionen ihre Kehrseite. Wenn sie nicht lebendig bleiben oder exerziert werden, ohne immer wieder aufs Neue befragt und neu mit Leben gefüllt zu werden, können sie hinderlich und geradezu zum Bremsmechanismus werden. Nämlich dann, wenn das Gute aus der Vergangenheit nur noch deswegen geschätzt wird, weil es eben immer so war. Wenn alle Chancen und Verbesserungen, die sich in der Gegenwart bieten, mit dieser Begründung abgeschmettert werden. Von dem großen Komponisten, Dirigenten und Opernerneuerer Gustav Mahler ist der schöne Ausspruch überliefert: „Tradition ist Schlamperei." Damit pflegte er Kritiker zu parieren, die ihm vorwarfen, mit seinen neumodischen Praktiken die Tradition zu missachten. Ebenfalls Gustav Mahler zugeschrieben, tatsächlich aber aus der Feder von Thomas Morus stammt ein weiterer kritischer, oder sagen wir besser differenzierender Satz: „Tradition ist nicht das Halten der Asche, sondern das Weitergeben der Flamme." Beide sprichwörtlichen Sätze bringen die Kehrseite der Tradition und des bloßen Bewahrens auf

172

den Punkt. Denn wenn wir etwas immer und immer wieder auf eine bestimmte Weise tun, ohne dieses Tun kritisch zu befragen und auf seine aktuelle Gültigkeit zu prüfen, dann trifft es unter Umständen die Zeit nicht mehr.

Die meisten Menschen fürchten – aus durchaus guten Gründen – das Risiko, einen bewährten Weg zu verlassen und sind überängstlich, etwas zu verändern. In der Schweiz gibt es dazu das Sprichwort „Ztood gfüürcht isch ou gschtorbe" („Zu Tode gefürchtet ist auch gestorben"). Oft werden wir auch von überalterten Vorschriften und Gesetzmäßigkeiten behindert, die zu neueren Entwicklungen einfach nicht mehr passen wollen. Dagegen wehren viele Menschen sich zu Recht. Traditionen sind gut und wichtig, um Werte und Kenntnisse zu bewahren und uns als Richtschnur zu dienen. Jenseits aller Traditionen müssen wir uns aber auch die Freiheit bewahren, neue Ideen wachsen lassen zu können. Es kann niemals ein hinreichender Grund sein, an Etwas festzuhalten, nur weil dieses etwas immer so war. Manchmal müssen wir eben mit Altem auch brechen und die Dinge ganz anders machen.

Den Heizer beispielsweise, der aus Tradition noch lange Zeit auf der Elektrolokomotive mitfahren musste, weil eben immer ein Heizer dabei gewesen war, den brauchten wir damals schon nicht mehr. Wir sollten so beweglich sein, das, was wir als Verbesserung und Fortschritt erkennen, auch selbstverständlich anzunehmen und mutig umzusetzen. Das, was wir verändern, können wir dann als eine neue Tradition weitergeben, bis wieder etwas noch Besseres kommt.

Ich selbst habe mit mancher Tradition in meiner Familie bewusst gebrochen. Nicht leichtfertig oder aus purer Provokationslust. Sondern immer dann, wenn mir eine Tradition unsinnig erschien. Ein schönes Beispiel dafür ist die Essensordnung im heimatlichen Elternhaus. Bei uns war es üblich, dass sich am Sonntagmittag alle Familienmitglieder zu einem festlichen Familienessen versammelten. In meiner Erinnerung schien draußen derweil meistens herrlich die Sonne, und ich hätte gern Sport getrieben oder einen Ausflug gemacht. Das erschien mir viel verlockender, als um einen Tisch herumzusitzen und die schönste Zeit des Tages mit einem langen Essen zu verbringen. Dementsprechend gelangweilt und traurig war ich bei diesem sonntäglichen Ritual. Als Erwachsener habe ich später in meiner eigenen Familie mit dieser Tradition gebrochen. Meine Kinder waren nicht dazu verpflichtet, am Sonntagmittag alle da zu sein. Wir haben uns lieber am Abend getroffen. Ich habe also mit einer Tradition gebrochen, um eine neue einzuführen.

In einem Unternehmen werden oft Traditionen aufgegeben, sobald neue Erkenntnisse über grundlegende Produktionsprozesse vorliegen. Das halte ich für einen elementaren und ausgesprochen wichtigen Prozess. Wenn es neue technische Möglichkeiten gibt, wirkt sich dieser Fortschritt auf alle bislang bewährten Verfahrenswege aus. Wie viele Dinge wurden früher traditionell von Hand gefertigt und werden heute dank technischer Errungenschaften maschinell erledigt. Und wie oft erlebe ich, dass junge Mitarbeiter sagen: „Die Zeiten sind vorbei, das geht doch heute viel eleganter!" Und fast immer haben sie recht. Oft waren früher aus sicherheitstechnischen Gründen bestimmte Abläufe festgelegt, die heute dank technischer Weiterentwicklung oder einer verbesserten Kenntnis der Rohstoffe gar nicht mehr nötig sind.

Die für die erfolgreiche Weiterentwicklung des Unternehmens wichtigen Schritte hingegen sind häufig nicht einmal so grundlegend wie solche Veränderungen der Produktionsabläufe. Ein Unternehmen kann beispielsweise auch mit der Tradition brechen, dass eine Mitarbeitersitzung stets eine Stunde dauern muss. Weil es schon immer so war. Die Verantwortlichen beschließen dann einfach, dass die erforderlichen Abstimmungen auch in einer kürzeren Zeit zu schaffen sind. Oder ein Unternehmen beendet bewusst eine erfolgreiche Zusammenarbeit mit einem Berater, um neue Ideen ins Unternehmen hereinzubekommen. Es kann auch vorkommen, dass ein Unternehmer jahrelang mit einer Agentur zusammengearbeitet hat, die im Marketing eine Image-Tradition aufgebaut hat, die irgendwann einfach nicht mehr funktioniert. Wenn der Unternehmer dann merkt, dass sich die Zahlen nicht mehr gut entwickeln, muss er – nach gründlicher Analyse natürlich und der Erkenntnis, dass das Marketing einer Richtungsänderung bedarf – die Zusammenarbeit beenden. Denn das Image des Produkts wird offenbar als veraltet wahrgenommen. Und damit leider auch das Image der Firma, weil das altbackene Image des Produkts auf sie zurückwirkt. Wir alle wissen es: Nichts ist so schnelllebig wie die Werbung. So entsteht immer wieder die Notwendigkeit, neue Ideen umzusetzen. Werbeauftritte, die vor 50 Jahren die Menschen begeistert haben, funktionieren heute nicht mehr. Daher ist es im Marketing geradezu brennend notwendig, sich immer wieder zu verändern und mit Traditionen gelegentlich auch zu brechen.

Es gibt unzählige andere Beispiele für Traditionsbrüche und die Reibungen, die sie verursachen. Wenn zum Beispiel in der Kirche etwas am Ritus geändert wird oder bekannte Melodien in der Kirchenmusik wegfallen und dafür Synkopen oder Rhythmen eingesetzt werden, die von der Gemeinde nicht gut beherrscht werden, dann empfinden das viele Menschen als einen starken Bruch und sagen: „Schade, dass es nicht mehr so ist wie früher." Im Bewusstsein derer, die ihr Gefühl so oder ähnlich äußern, geht durch diese Veränderung für immer etwas Wertvolles verloren. Gerade in der Kirche umfasst Tradition in besonderem Maße auch Geborgenheit.

Ein anderes Beispiel aus der Welt der leiblichen Genüsse: Ein Gast liebt ein bestimmtes Restaurant ganz besonders, weil es eine wunderbare alte Einrichtung besitzt, in der er sich seit langem sehr wohl fühlt. In diesem Lokal wird selbstverständlich auch traditionell gekocht und es schmeckt immer so wie früher und immer wie erwartet. Dann aber erkennt der Inhaber plötzlich: „Mir bleiben die jungen Leute weg, ich muss etwas ändern". Er reißt die alte Einrichtung heraus, schreibt eine neue Speisekarte und entwickelt überhaupt ein ganz anderes Konzept. Diese grundsätzliche Veränderung und Neuausrichtung wird später als Grundstein einer neuen Tradition wahrgenommen werden, denn diejenigen, die sich nun in der renovierten

Umgebung wohlfühlen, werden wiederum an dieser rasch wie an einer alten Tradition hängen. Aber zunächst einmal ist die Neuorientierung ein deutlich wahrnehmbarer Bruch. Und das heißt leider auch, dass der Wirt mit ziemlicher Sicherheit einige seiner alten Stammgäste verlieren wird.

Nur so entstehen aber jederzeit neue Traditionen für die kommenden Generationen. Das können wir auch an vielen ganz alltäglichen Beispielen beobachten. Wir sind als Studenten zum Beispiel gerne in ein paar kleine Lokale im Münchener Szene-Stadtteil Schwabing gegangen, die damals aber noch gar nicht als besonders modern galten und nicht teuer waren. Die fanden wir einfach gut und waren treue Gäste. Wenn ich heute eines dieser Lokale betrete, kann ich mir sicher sein, dass es mir dank mancher Erinnerung warm ums Herz wird. Anderen wird das Lokal gar nichts bedeuten und nur eines von vielen Schwabinger Restaurants sein. Jeder hat seine ureigenen Erinnerungsorte und Traditionen.

Einschreibung und Emanzipation

Ebenso wenig, wie die Tradition nur um ihrer selbst wegen gewahrt werden sollte, steht auch das Prinzip der Veränderung im Spannungsverhältnis von Notwendigkeit und sinnloser Missachtung der Tradition. Denn wer die Dinge nur um der Veränderung willen verändert handelt schnell orientierungslos und begibt sich auf einen höchst brüchigen Holzweg. Um Dinge wirklich neu denken zu können, müssen wir die Traditionen kennen, in denen wir stehen. Die Kunst besteht eben darin, in doppelter Hinsicht das eine zu tun, ohne das andere zu lassen. Will sagen, das Gute weiterzugeben und das Belastende aufzugeben.

In der Tradition wird es immer wieder Einzelheiten geben, die inzwischen veraltet und nicht mehr zeitgemäß sind. Da hilft keine Nostalgie und kein fundamentales Festhalten an alten Dingen. Wir müssen die alten Formen vielmehr mit neuen Inhalten auffüllen. Die eigentliche Herausforderung der Tradition besteht darin, sie anzunehmen und sie zu etwas Eigenem zu machen, nur so bleibt sie lebendig.

Unsere Eltern, Lehrer und Meister meinten es gut mit uns, als sie uns ihre Traditionen weitergaben. Dennoch kam irgendwann einmal für jeden von uns der Punkt, an dem wir uns von ihnen – von den Eltern, Lehrern und Meistern ebenso wie von ihren Traditionen – irgendwie absetzen und unterscheiden wollten. Jeder Lehrer kann die Schüler bei allem Wohlwollen ab einer bestimmten Zeit in ihrer Entwicklung auch einengen. Und leider gibt es natürlich auch viele Lehrer, die ihrer wirklichen Aufgabe, nämlich der guten Balance von Erziehung und Loslassen, nicht gewachsen sind und es geradezu provozieren, dass sich die Schüler von ihnen absetzen wollen.

Machen wir uns nichts vor: Lernen ist anstrengend und mit Mühe verbunden. Vor allem geht es für die Lernenden immer auf Kosten der persönlichen Freiheit. Deswegen haben Schüler zu allen Zeiten die Neigung gehabt, sich wo es nur geht vor der Schule zu drücken oder sich gar über ihre Lehrer lustig zu machen. Beides sind ganz natürliche Reflexe auf das Gefühl, in der Schule vieles unfreiwillig und unter Druck tun zu müssen. Während die eigenen Neigungen – vom kindlichen Spieltrieb ganz zu schweigen – häufig unter die Räder dieses Drucks zu kommen scheinen.

In meiner Schulzeit habe ich einmal meinen Musiklehrer gefragt, woran es eigentlich liege, ob ein Lehrer bei den Schülern ankommt oder nicht. Beziehungsweise, was darüber entscheidet, ob er als natürliche Autorität ernst genommen wird, oder Opfer von Spott und Streichen wird. Er erklärte mir, aus seiner Erfahrung habe der Lehrer genau dann gewonnen, wenn er es in einer neuen Klasse schaffe, die Schüler innerhalb der ersten zehn Minuten einmal herzhaft zum Lachen zu bringen. Noch entscheidender sei es freilich, dieses Lachen innerhalb kurzer Zeit auch wieder einzubremsen. Ansonsten laufe er Gefahr, als unverbindlicher Alleinunterhalter wahrgenommen zu werden.

Das bedeutet: Wenn die Schüler das Gefühl haben, der Lehrer meint es gut mit ihnen, dann werden sie ihn gerne akzeptieren und sich von ihm leiten lassen. Wenn er aber nur von oben herab Kraft seines Amtes ein Terrorregime ausübt und die Schüler schikaniert, wird er die Herzen der Schüler nicht gewinnen und auch nur schwerlich Begeisterung für die Sache wecken können. Solcher Machtmissbrauch kommt an Schulen auch in subtiler Form leider immer noch vor. Dann werden Tradition und der Erwerb von Wissen zu Belastungen, die intuitiv abgelehnt werden.

Unabhängig von solchen Extremfällen können wir immer wieder Wellenbewegungen im Emanzipationsstreben der nächsten Generation beobachten. Nehmen wir zum Beispiel die Kunst, und im Speziellen das Theater oder die Oper. Im Moment sind unter den Meinungsführern traditionelle Aufführungen eher verpönt und das sogenannte Regietheater zwar in der Kritik, aber noch immer im Trend. Mir als Theater- oder Opernbesucher drängt sich häufig der Eindruck auf, dass es bei vielen der Regie-Experimente mehr um die Selbstdarstellung des Regisseurs geht, als um das Werk selbst. Diese oft skandalträchtigen Inszenierungen gehen im Grunde nach einem immer gleichen Muster vor: Absichtlich und mitunter krampfhaft werden Traditionen gebrochen von Menschen, die sich ganz offensichtlich vor allem selbst darstellen möchten. Werktreue gilt diesen Künstlern als negatives Qualitätsmerkmal.

Viele mögliche Besucher meiden deshalb dieses Regietheater. Sie denken sich womöglich, dass sie die Bilder im Museum auch im Original anschauen möchten und nicht in einer willkürlichen Übermalung, um dadurch angeblich neue Interpretationen zu ermöglichen. Auch bei mir gibt es diese Grenzen des Verständnisses. Viele moderne Inszenierungen finde ich schlüssig und spannend, aber nicht alles Neuartige findet meine Zustimmung. Problematisch wird es für mich vor allem dann, wenn ich das zugrunde liegende Stück nicht mehr erkennen kann.

Ich denke, der aktuelle Emanzipations- und Selbstdarstellungsdrang vieler Regisseure wird sich eine Zeit lang noch weiter austoben, und dann wird es auch wieder vorbei sein damit. Denn irgendwann einmal kommt in jeder Entwicklungsphase zwischen Tradition und Neuerung der Umschlagpunkt. Es ist wie in allen Lebensbereichen: Solange eine Regie-Tradition gut und erfolgreich ist, lohnt es sich, sie aufrecht zu erhalten. Wenn dies nicht mehr der Fall ist, werden andere Sachen ausprobiert.

Genauso gibt es die Fälle, wo wir eine Tradition unverändert stehen lassen, weil sie so, wie sie ist, nicht mehr verbessert werden kann und sich über Jahrzehnte oder Jahrhunderte bewährt hat. Das ist dann das, was wir eine unantastbare Tradition nennen.

Lebkuchen können wir beispielsweise industriell herstellen und über die richtigen Gewürze ein recht ordentliches Geschmackserlebnis erzielen. Richtige, echte Lebkuchen lassen sich aber nur in der uralten Tradition herstellen. Nach dem Originalrezept wird der Lebkuchenteig bereits im Februar angerührt und den ganzen Sommer über in Fässern gelagert, in denen er fermentiert. Dieser fermentierte Stammteig entwickelt übers Jahr einen Geschmack und eine Würze, die mit anderen Mitteln niemals zu erreichen sind.

Beim Wein verhält es sich ähnlich. Wir können viele der Prozesse industriell optimieren, aber ohne handwerkliche Sorgfalt und den zeitaufwendigen Einsatz von Menschen wird kein erstklassiger Wein herzustellen sein. Es gibt eben gewisse traditionelle Verfahren, die industriell einfach nicht ersetzbar sind. Denken Sie nur an das mühsame Schütteln der Flaschen bei der Champagner-Herstellung, das vom Kunden honoriert wird.

Oder nehmen Sie ein ganz einfaches Beispiel: Sie können heute in jedem Baumarkt zu vertretbaren Preisen die tollsten Geräte kaufen, darunter viele, die noch vor einem Jahrzehnt nur für Handwerksbetriebe einer gewissen Größe erschwinglich waren. Aber was machen Sie, wenn Sie einen Nagel in die Wand schlagen wollen? Sie werden nach wie vor zum Hammer greifen. Wohl gibt es Hunderte spezielle Formen, dazu ständige Verbesserungen beim Material. Aber die Grundform des Werkzeugs ist seit Tausenden von Jahren unverändert.

In unserer Zeit, die ungeheure technische Möglichkeiten bietet, ist schon seit Längerem zu beobachten, dass die Menschen gerade die traditionellen Dinge wieder besonders schätzen. Ganze Branchen leben davon, Dinge wieder auf traditionelle Weise herzustellen, und die Menschen sind dazu bereit, die wesentlich höheren Preise dafür auch zu bezahlen. Weil sie den Wert der Tradition, der alten Techniken und der Handarbeit erkennen und wertschätzen. Seien es Koffer oder Uhren, Küchengeräte, Textilien oder eben auch Lebensmittel. Der Aufstieg der Bio-Branche wäre anders nicht zu erklären. Ebenso wenig die Erfolgsgeschichte einer Einzelhandelskette wie *Manufactum*, die gezielt auf die Suche nach den letzten verbliebenen Handwerksbetrieben und Manufakturen geht und ihnen zu neuer Kundschaft verhilft. Die Handarbeit und das alte Handwerk feiern – trotz des Kultes von Billigwaren und Ramschpreisen – eine beachtliche Renaissance.

Freilich sind es nur gewisse Bereiche, wo wir Traditionen gerne unberührt lassen oder in ihrer alten Form wieder erstehen lassen. Wir wollen zum Beispiel sicher nicht zum Zahnarzt gehen und dort mit Mitteln wie vor hundert Jahren behandelt werden. In diesem Bereich schätzen wir durchaus den Laserbohrer und die Implantat-Technik. Ohne Zögern befürworten wir den neuesten Stand der Technik und alles, was hilft, möglichst schonend und schmerzfrei über die Runden zu kommen. Und ebenso macht es zwar Spaß, gelegentlich in einem Oldtimer zu sitzen. Aber auf Dauer fahren wir doch lieber ein Auto mit Airbag, Stoßdämpfern und einem Navigationssystem, das auf dem neuesten Stand der Technik ist.

Zu den tradierten Werten, die bleiben, auch wenn wir sie immer wieder an die jeweilige Gegenwart anzupassen haben, gehören auch und vor allem unsere Umgangsformen. Also die Art und Weise, wie wir mit unseren Mitmenschen und mit den Dingen des Alltags umgehen. Umgangsformen sind keineswegs leere Rituale, denn sie befördern oder behindern das zwischenmenschliche Miteinander, sie drücken Achtung und Respekt aus und demonstrieren Verbindlichkeiten. Davon erzählt uns unter anderem die Bibel: Schon zu Zeiten Jesu galt es als ungehörig, einer Einladung zu einem Fest unentschuldigt, also ohne triftigen Grund und ohne höfliche Absage, nicht nachzukommen.

Höflichkeit muss allerdings nicht immer nur anerzogen sein. Sie kann ihre Begründung auch in einer Art natürlicher Herzensbildung finden. Ich habe zum Beispiel einen Freund, der im Elternhaus keine übertriebenen Umgangsformen gelernt hat, aber er macht all diese Dinge von Natur aus fast immer richtig – denn er hat Taktgefühl. Dieser Freund fragt sich stets, wie er seinen Mitmenschen eine Freude bereiten und wie er nett sein kann, ohne sich anzubiedern oder aufdringlich zu sein.

Genau darin liegt der tiefere Sinn der Höflichkeit. Es geht nicht um das mechanische Befolgen eines komplizierten Regelwerks, das sich gegen die Menschen richtet, sondern darum, dass wir den Mitmenschen wahrnehmen und harmonisch miteinander auskommen, ohne uns selbst aufzugeben. Höflichkeit ermöglicht uns, in allen Situationen das Gesicht zu wahren. Sie wirkt zivilisatorisch, sie schafft eine freundliche Atmosphäre, durch sie werden Konflikte vermieden oder verringert.

Unhöflich ist es beispielsweise, wenn jemand die natürliche „Bannmeile" seiner Mitmenschen unterläuft. Wenn mir jemand zu nahe rückt, bekomme ich schlechte Laune und fühle mich bedrängt. Also gehe ich entweder rückwärts oder reagiere aggressiv. Wie viel besser wäre es doch, dieser jemand hielte von sich aus den gebührenden Abstand? Oder umgekehrt, wenn ich jemanden mit einer dummen Frage belästige, fühlt dieser sich zu Recht angegriffen und verletzt. Wieso kann ich mich nicht zügeln? So haben kleine Ursachen oft große Wirkungen, und eine unbedachte Unhöflichkeit oder Laune kann Beziehungen und damit ganze Projekte nachhaltig stören. Das Nichtbeachten der einfachsten Umgangsformen behindert letztlich sogar das Fortkommen unserer Ideen.

Dagegen ist es zum Beispiel eine schöne Tradition, dass ich in der Oper, im Theater oder im Kino, wenn ich durch eine schon gut gefüllte Reihe gehen muss, um meinen Platz zu erreichen, den Menschen, an denen ich mich vorbeizwänge, mein Gesicht zukehre und nicht das Hinterteil. Das ist höflich und drückt meinen Respekt aus. In jeder Situation hilft zudem der gesunde Menschenverstand, um nicht unfreiwillig rücksichtslos oder unhöflich zu sein. Wenn ich weiß, dass ich in der Mitte einer Reihe sitze, gehe ich doch am besten schon ein bisschen früher an meinen Platz und nicht auf den letzten Drücker, um nicht im wahrsten Sinne des Wortes einen Aufstand zu erzeugen.

Genauso sollte ich mich bei einem Konferenztermin besser nicht so prominent fühlen, dass alle auf mich warten müssen, bis ich selbst dann endlich als Letzter erscheine. Das alles sind Gesten der Rücksichtnahme. Ein Sinn für solche Traditionen der Höflichkeit hilft im Leben ungemein. Natürlich gibt es auch auf dem Felde der Höflichkeit Rituale, die krampfhaft am Leben erhalten werden, künstlich aufgesetzt wirken und nicht mehr wirklich notwendig erscheinen. Denken wir nur an die alten Verbeugungen oder Knickse, die heutzutage nur noch gültig sind, wenn wir an einen Hof geladen sind. Oder denken wir an die antiquierten und uns heute skurril erscheinenden Umgangsformen in manchen Studentenverbindungen. Dass der Mann traditionell links von der Dame geht, gilt heute auch nur noch beschränkt. Diese Tradition hat aber, wie so viele, einen praktischen Hintergrund: Der Mann trug früher einen Degen auf der linken Seite. So hätte die Dame blaue Flecken bekommen, wäre sie auf dieser Seite gegangen. Und sie konnte Schutz finden, falls der Mann sie mit der rechten Hand hätte verteidigen müssen. Diese Sitte wird sehr wahrscheinlich in naher Zukunft vollkommen in Vergessenheit geraten sein und nicht mehr zum Kanon der Höflichkeit gehören, da sie ihren Inhalt verloren hat.

Einzelne Konventionen der Höflichkeit werden sich jedoch immer wieder ändern, sie gehen mit der Zeit, um den ewig gleichen und zeitlos aktuellen Zweck zu erfüllen, respektvoll miteinander umzugehen. Das spanische Hofzeremoniell, das im kaiserlichen Wien noch gegolten hat, ist an den heutigen Höfen schon abgerüstet worden. Neue Gebote kommen jedoch immer wieder hinzu: So konnte es ein Mobiltelefon-Verbot beim Essen früher aus verständlichen Gründen nicht geben. Heute ist es meines Erachtens unverzichtbar geboten, wenn ich dem Essen und meinen Tischnachbarn die nötige Wertschätzung entgegenbringen möchte.

Als wir Kinder waren, hat ein Chauffeur unsere Familie manchmal in die Stadt gefahren. Dieser Mann kam aus dem Münchener Schlachthofviertel und verfügte über eine ganz eigene Sprache, mit ganz besonders originellen Kraftausdrücken. Uns Kindern hat es damals großen Spaß gemacht, ihm zuzuhören, wie er die anderen Verkehrsteilnehmer anschrie und ausschimpfte und welche herrlichen Wörter er dabei gebrauchte. Nur manchmal wurde das Schlachthof-Gepolter meinem Vater zu viel, dann schritt er offiziell ein, obwohl auch er sich amüsiert hat. Heute wäre es generell unmöglich, im Straßenverkehr einfach das Fenster runterzukurbeln und dem Gegenüber solche Schimpfkanonaden an den Kopf zu werfen. Damals aber war das der übliche Umgangston in München, und es war im Übrigen auch gar nicht so böse gemeint. Es war eben so Sitte und das Zeichen, das einer dazugehört.

Auch die Kleiderordnungen ändern sich enorm im Laufe der Zeit. Dennoch ist es immer noch ein Akt der Höflichkeit, sich mit seiner Kleidung der jeweiligen Umgebung einigermaßen anzupassen und in Maßen konform zu verhalten. Niemand sollte sich zum Beispiel so auffällig dekorieren, dass er damit zwangsweise im Mittelpunkt steht und die Aufmerksamkeit aller auf sich zieht. Bei meinen eigenen Kindern habe ich in Sachen Dresscode glücklicherweise nie ein Problem gehabt. Meine Söhne sind im Geschäftsleben von klein auf schon immer korrekt angezogen gewesen, sie haben sich stattdessen im Privatleben ausgetobt. Ich muss gestehen, ich selbst war da etwas „wilder" und habe mich als junger Mensch gegen diese Art der Anpassung an die Konventionen des Geschäftslebens vehement gewehrt. Wenn mein Vater mir eindringlich empfahl, in Anzug und Krawatte zu erscheinen, habe ich mich stets gesträubt. Mir ging es damals um meine Individualität, die ich mit meiner Kleidung ausdrücken wollte. So habe ich ewig mit meinem Vater diskutiert, warum er denn etwas dagegen hätte, wenn ich mich ein bisschen bunter anziehen würde. Solange nichts Schmutziges dabei wäre, müsse das doch in Ordnung sein. Er entgegnete stets und unnachgiebig, dass auf einer Industriemesse ein grauer Anzug das richtigere Kleidungsstück sei, weil wir dort einen guten Firmennamen vertreten und entsprechend geachtet werden möchten. Ich aber behielt meinen Dickkopf und bestand darauf, anders sein zu wollen.

Heute sehe ich, dass das für meinen Vater damals eine schwere Belastung war, die ich ihm hätte ersparen können. Es war eine Wichtigtuerei meinerseits anderen gegenüber, die absolut nicht notwendig war. Heute habe ich auf mein damaliges Verhalten einen anderen Blick. Vielleicht bin ich auch einfach gelassener geworden. Wenn ich in einer Gruppe bin und es in dieser gewisse gesellschaftliche Verhaltensnormen gibt, ist es für mich heute nicht der Rede wert, mich diesen anzupassen. Es ist vielmehr eine selbstverständliche Reverenz an die Gemeinsamkeit. Ganz bestimmt braucht es in der Entwicklung eines jeden Menschen die Erfahrung der Abgrenzung, um eine eigenständige Persönlichkeit zu werden. Aber die muss nicht unbedingt im Verletzen von Kleiderordnungen bestehen. Mich beeindruckt viel mehr eine individuelle Leistung oder das Vorbringen einer individuellen Meinung, als ein ausgefallenes und nur oberflächlich provozierendes Kleidungsstück.

Vom Sinn der Form
Erst die Schönheit macht eine Idee begehrenswert

Die ästhetische Dimension gehört zu allen unseren Ideen und Vorhaben dazu. Die Menschen sind nun mal sinnliche Geschöpfe – sowohl im Blick auf die Sinnesorgane, als auch im Blick auf das Sinnliche als solches. Das Schöne macht eine Sache begehrenswert. Dabei ist zu unterscheiden zwischen der äußeren und der inneren Schönheit von etwas. Das äußerlich Schöne ist einfach nur hübsch – und sehr oft auch nur vorübergehend schön, wie die Mode. Die wirkliche Schönheit kommt von innen, aus dem Wesen heraus. Das ist nicht bloß eine landläufige Plattitüde, sondern schon seit Menschengedenken ästhetisches Wissen. Im Griechischen gibt es für die Worte „schön" und „gut" dieselbe Vokabel: καλλός και αγαθός. Der schöne Mensch war für die Griechen auch ein guter Mensch. Umgekehrt konnte ein hässlicher Mensch ihrem Verständnis nach nicht gut sein. Das können wir heute so natürlich nicht mehr akzeptieren. Für uns gibt es durchaus Menschen, die wir äußerlich als nicht schön empfinden, denen wir aber dennoch gutes Handeln attestieren, wie wir uns umgekehrt schöne Menschen vorstellen können, die Schlechtes tun.

Das Streben nach Schönheit ist tief im Menschen verankert. Schauen wir nur auf den Beginn der Menschheit, als die Urvölker anfingen, die ersten Gefäße aus Ton zur Aufbewahrung von Dingen herzustellen. Einige sind schnell zerbrochen, andere haben sich auch bei größeren Belastungen gut gehalten. Die Formen, die stabil blieben, haben die Menschen damals auch als schön empfunden, sie erschienen ihnen als brauchbar und gut, die anderen waren nichts wert. Die schönen Formen wurden verziert und noch schöner gemacht. Bei der Erfüllung des Zwecks allein sind die Menschen also nicht stehen geblieben, davon zeugen frühe Vasen und Gefäße, die im täglichen Einsatz waren, aber auch über ihre Bestimmung hinaus mit Mustern und Ornamenten geschmückt waren. Und im Blick auf feste Gestaltungskonzepte, die die Wissenschaftler ausgemacht haben, können wir auch die Brücke zur Gegenwart schlagen. Wiedererkennbarkeit ist auch heute noch ein wichtiges Kriterium bei der Produktgestaltung und beim Marketing. Und ich möchte fast sagen: Das war damals gewissermaßen die Geburtsstunde der ersten Markenartikel.

Es gibt Gerätschaften des täglichen Lebens, die uns gut in der Hand liegen, die wir gerne haben und deren Aussehen uns beim Gebrauch erfreut. Das kann ein Taschenmesser sein oder ein Schreibgerät, bei dem der Nutzen und das äußere Erscheinungsbild zusammen den Wert ausmachen, den der Gegenstand für uns hat. Und für mich als Maler haben natürlich Pinsel und sonstige Gestaltungswerkzeuge eine besondere Bedeutung. Um es ganz schlicht zu sagen: Es macht einfach mehr Freude, mit einem schönen Gegenstand umzugehen als mit einem Gegenstand, der uns optisch weniger anspricht. Wir essen ja auch lieber von einem schönen Geschirr oder trinken aus einem schönen Gefäß als aus einem praktischen, aber hässlichen. Meine Erfahrung ist, dass dieses Prinzip auch auf Ideen und Pläne zu übertragen ist. Es geht um ihre Akzeptanz beim Menschen. Das Schöne wird eher angenommen als das Hässliche. Vieles, was wir als schön empfinden, beurteilen wir aus der Erfahrung heraus so: Dinge, die funktionieren, die gut sind, die wir als angenehm kennengelernt haben, sind für uns einfach schön. Sicher, das Hässliche vermag mitunter eine größere Aufmerksamkeit zu erregen. Wenn wir etwas Hässliches sehen, schauen wir oft zweimal hin, denn auch davon geht ein eigentümlicher Reiz aus.

Neben der Erfahrung spielt beim ästhetischen Urteil auch die Erziehung eine Rolle. Deren Maximen verändern sich im Lauf der Jahre und Jahrhunderte immer wieder. So entsprachen beispielsweise dem Schönheitsideal in Bayern auf dem Land im 19. Jahrhundert Frauen mit strammen Waden: Diese Frauen erweckten den Eindruck, dass sie belastbar waren und gut arbeiten konnten. Weniger dem Schönheitsideal entsprachen dagegen die Dürren und Mageren, weil sie nichts auszuhalten schienen oder am Ende gar irgendwie krank waren. Die Kunst ist dabei immer ein Gradmesser für das ästhetische Empfinden und Ideal einer Epoche: Ich denke da zum Beispiel an den Barock, etwa Bilder von Rubens, wo füllige Frauen als schön galten und die Kunstwerke bevölkerten. Schönheitsideale haben immer auch etwas mit Reichtum und dem vorherrschenden Wertesystem zu tun. Das war im Barock nicht anders als heute. Frauendarstellungen aus der Frühgeschichte zeigen uns, dass es damals die wichtigste Eigenschaft des weiblichen Geschlechts war, vielen Kindern das Leben zu schenken und sie gut ernähren zu können. Zu späteren Zeiten wandelte sich dieses Schönheitsideal. Heute werden in der Regel die Frauen für attraktiv gehalten, deren Körper selbst nach einer Geburt am besten straff und schlank ist und der ewige Jugend und Sportlichkeit ausdrückt.

Schönes macht Freude. Schönes ist begehrenswert. Dass eine neue Idee bei anderen gut ankommt und gut verkauft werden kann, ist sehr viel leichter zu erreichen, wenn diese schön ist. Ein Objekt, das ich gerne in die Hand nehme, wird größeren Erfolg haben als eines, das ich nicht gerne in die Hand nehme, selbst wenn es dieselbe Funktion hat. Und wenn wir ehrlich sind: Ein ganzer Wirtschaftszweig lebt von dieser Neigung zum Sinnlichen – angefangen bei Grafikern, Textern bis hin zu Designern und Marketingmenschen.

Die Menschen dekorieren sich gerne mit Schönem. Sie haben Gebrauchsgegenstände um sich, die schön sind, weil die Schönheit dieser Gegenstände ihren Besitzern zugeordnet wird. Und selbst diejenigen, die bewusst das Auffällige, Hässliche suchen, wollen sich damit von den anderen absetzen und auffallen – und finden darin wiederum das Schöne für sich selbst. Das Bedürfnis sich zu schmücken ist schon aus prähistorischer Zeit bekannt. Die Menschen haben sich buchstäblich ihr Vermögen um den Hals gehängt, etwa Ketten aus Gold und Edelsteinen oder auch Metallspangen, die als Zahlungsmittel eingesetzt wurden. Es galt als schön, herzuzeigen, was einer besaß. Die

Schönheit des Objektes ist auf den Träger übergegangen. Noch im Bestattungskult schlug sich das nieder. Die Toten wurden so schön wie nur irgend möglich hergerichtet und reich dekoriert, auch wenn sie selbst zweifellos kaum mehr Wert darauf gelegt haben dürften.

Das Äußere soll sich auf den Menschen selbst übertragen – dieser Gedanke zieht manchmal arg weite Kreise, bis in militärische Zusammenhänge hinein: Breite Schultern vermitteln Macht und Entschlossenheit, Schulterklappen betonen das noch extremer. Waffen, die zur Schau getragen wurden, sollten andere abschrecken. Noch heute gibt es Menschen, die sich mit Waffen umgeben und sich damit überlegen fühlen. Und was unseren Vorfahren das schnelle und tüchtige Pferd war, ist heute das entsprechende Auto, mit dem der eine oder andere dann auch ganz zügellos unterwegs ist. Früher, als die Schuster noch selbst die neuen Schuhe anfertigten, ließen sich die jungen Burschen auf dem Land extra die Sohlenleder so präparieren, dass es geknarzt hat. Damit zeigten sie: „Ich habe neue Schuhe an, ich kann mir das leisten."

Schönheit ist das, was die Idee begehrenswert, attraktiv macht. Sie ist eine Sache des Marketing und der Werbung. In den entsprechenden Abteilungen der Wirtschaftsunternehmen machen sich Menschen viele Gedanken, Dinge so zu gestalten, dass sie schön sind und im wörtlichen Sinne Gefallen finden. Da gibt es gewitzte Strategien: Unter Umständen kann es sogar so sein, dass ein neues Produkt, zum Beispiel ein neues Auto, erst einmal gar nicht als schön empfunden wird und auch gar nicht als solches empfunden werden soll. Weil es sich von den gewohnten Modellen aber extrem unterscheidet, wird es als neu empfunden. Und dann kommt es zu dem gleichen Verhaltensmuster wie bei den Schuhen der Bauernburschen. Der Besitzer fällt auf als Inhaber eines neuen Autos, das er sich leisten kann. Der Geschmack der Allgemeinheit wandelt sich, gewöhnt sich an den Anblick des neuen Modells und verbindet damit Wohlstand. So wird dann ein Produkt als schön empfunden, bis es wieder von einem Neuen abgelöst wird.

Vielfach müssen die Marketingabteilungen weit voraus denken, um den Geschmack der Menschen in eine gewisse Richtung zu lenken. In der Modebranche funktioniert das ebenso: Das schöne Kleidungsstück ist das Neue, das, was seinen Träger schmückt und begehrenswert macht, indem es zeigt, dass er ein gegenwärtiger, moderner Mensch ist, der sich Geschmack leisten kann. Und vielleicht kennt man das Gefühl, wenn man den Kleiderschrank öffnet. Wir nehmen nicht mehr das Modell vom letzten Jahr, obwohl es genauso gut wärmt und bedeckt und es im Grunde völlig unnötig wäre, wieder Geld auszugeben. Aber wir dekorieren uns lieber mit neuen Formen und Gestalt gewordenen Ideen.

Bei aller Kurzlebigkeit der Schönheit in Modefragen: Es gibt zum Glück auch eine Kehrseite, die mir persönlich sehr gefällt: Die Klassiker, die unabhängig von Modetrends existieren, beziehungsweise über jedem aktuellen Trend stehen. Manchmal drücken sie aus, dass sich jemand schon vor langer Zeit etwas besonderes leisten konnte, dass einer schon vor langer Zeit „dazugehört" hat und somit kein Emporkömmling ist. Mit ihnen können wir aber auch Unabhängigkeit demonstrieren und Bewusstsein für Tradition, auch das kann begehrenswert machen.

Innere und äußere Schönheit

Dekoration ist etwas, was sich an der Oberfläche abspielt. Wir müssen aufpassen, dass wir uns darauf nicht beschränken – sonst fehlt es schlichtweg an Tiefe. Wenn Schönheit nur mehr zum Dekor dient, dann wird sie zum Schein, dann fallen Äußeres und Inneres auseinander. Was bleibt, ist nur der Versuch, etwas als schön gelten zu lassen. Der Inhalt wird belanglos, es gibt keine Botschaft oder Aussage einer Sache.

Heutzutage fangen bereits die Kinder an, sich zu dekorieren. Sie legen Wert auf bestimmte Accessoires und Marken und plappern dabei nach, was ihnen von Erwachsenen vorgesagt worden ist. Ob jedoch dieser oder jener Aufnäher auf einer Jacke prangt, hat mit deren Funktion rein gar nichts zu tun. Die Kinder und Jugendlichen schmücken sich mit einer Marke, damit die Kraft des Markenkerns, getragen von ihren Sporthelden, auf sie übergeht. Wenn es das Einzige ist, weshalb sich Kinder stark fühlen können und für das sie Bewunderung und Wertschätzung erfahren, dann haben wir in unserer Gesellschaft etwas falsch gemacht. Und ich bin überzeugt, dass es zu den großen Aufgaben in der Erziehung gehört, Kindern den Sinn für die eigentlich wichtigen und tiefgehenden Dinge und Erkenntnisse zu vermitteln. Eine wichtige, sicher aber keine leichte Aufgabe.

Accessoires und reine Äußerlichkeiten machen den Menschen selbst nicht unmittelbar schöner. Ich glaube, dazu bedarf es mehr. Zur wahren Schönheit gehört eben auch die Schönheit der Seele und die des Geistes, die natürlich wieder sinnlich erfahrbar werden: in der Bewegung, in der Handlung, in der Denkweise, in der Reaktion eines Menschen. Die innere Schönheit, die ein alter Mensch auszustrahlen vermag, kann uns begeistern, genauso wie es uns umgekehrt gruseln kann davor, wie sehr einem jungen, hübschen Menschen die innere Schönheit fehlt. Nicht von ungefähr bezeichnen wir einen Menschen, der einen schönen ersten Eindruck erweckt, dann aber giftig redet oder hartherzig handelt, als eine falsche Person. Ein Mensch mit einem Engelsgesicht kann in einer Weise agieren, dass sich seine Mitmenschen nur mehr mit Grausen abwenden wollen. Die äußere Schönheit korrespondiert zu offensichtlich nicht mit dem inneren Wesen.

Zur inneren Schönheit gehört für mich auch eine Erhabenheit, ein natürlicher Stolz, den ich von einem aufgesetzten Stolz unterscheide. Ein Mensch, der aus innerer Sicherheit heraus aufrecht geht, wird von seiner Umgebung anders wahrgenommen als einer, der sein Kinn hochreckt und im Bewusstsein seiner Macht daher schreitet. Es gibt natürliche Größe und imitierte, aufgesetzte Größe. Frauen erfreuen durch ihr Auftreten die Männer. Eine Frau sieht begehrenswerter aus, wenn sie ihre Vorzüge unterstreicht und erwartet, dass die Männer das anerkennend wahrnehmen. Aber wie schnell kann der Eindruck ins

Kühle oder Arrogante kippen. Ganz einfache Menschen können von Natur aus eine Erhabenheit ausstrahlen, die uns vor Schönheit innehalten lässt; andere Menschen, die sich stolz geben, wirken dagegen einfach nur aufgeblasen. Das Bewusstsein der eigenen Fähigkeiten drückt sich nach außen aus, aber wenn der Ausdruck mehr sagt, als dahinter steckt, merken wir das als Betrachter sehr schnell und reduzieren den Menschen in Gedanken wieder auf sein eigentliches Maß.

Wir kennen auch das Gegenteil, dass einer zu bescheiden auftritt, kein Selbstvertrauen hat, zu schüchtern ist. Zugegeben, ein gewisses Maß an Eigenwerbung muss schon sein, wenn wir etwas erreichen wollen. Aber es kommt hier auf das rechte Maß an. Ein Zuviel kann das Gegenteil bewirken, genauso wie überall in der Werbung. Das Gespür für das rechte Maß ist entscheidend für Erfolg oder Misserfolg.

Schlichtheit und Opulenz

Meine Erfahrung bei Ideen und Vorhaben ist: Die Schlichtheit ist oft überzeugender als ein überladenes Konzept. Mit weniger wird oft mehr ausgedrückt. Die innere Schönheit ist stark genug. Wenn ich ein Bild male und darauf alle Techniken unterbringen will, die ich jemals gelernt habe, und alle Farben, die ich zur Verfügung habe, dann wird es deswegen garantiert nicht besser als eines, bei dem ich zurückhaltender bin, nur eine Idee ausdrücke und lediglich das anbringe, was nötig ist. Nicht anders verhält es sich beim Erzählen von unterhaltsamen Anekdoten oder Witzen. Wir lachen mehr über jemanden, der in kurzen Worten treffend formuliert als über denjenigen, der den Witz langweilig und schier endlos erzählt. Eine Pointe muss auf den Punkt kommen – so sagt es ja auch ihr Name.

Beim äußeren Erscheinungsbild eines Gebrauchsgegenstandes verhält es sich ähnlich: Wenn ich immer alles mache, was möglich ist, schieße ich womöglich weit über das Ziel hinaus und die Gestaltung des Gegenstands wirkt aufgesetzt.

Selbst im Barock haben die Menschen bei aller Opulenz der Formen auch große Zurückhaltung geübt, zum Beispiel bei den Farben. Die Künstler haben damals zwar fast alle geraden Linien in Bögen, Ornamente und Dekors aufgelöst, aber in der Farbgebung waren sie sehr zart und zurückhaltend. Die Harmonie des Gesamtwerks war zentral. Da hätten sie auch viel knalliger sein können, haben sich aber stark zurückgenommen, um andere Dinge mehr zur Geltung zu bringen.

Natürlich kann Opulenz an sich auch etwas Schönes sein, wenn sie im Gesamtbild stilvoll gestaltet ist, sei es beispielsweise in der Oper oder bei den Messgewändern in der Kirche. Manche von ihnen sind ganz bewusst zu Ehren Gottes so reichhaltig wie möglich gefertigt, die Gläubigen sollen sozusagen auf Erden einen Blick in den Himmel erhaschen können.

Jede Kunstepoche hat ihr eigenes stilbildendes Ideal, das selbst wiederum Entwicklungsschritte durchläuft. Die meist einfache Anfangsidee wird umgesetzt, bis sie zu einer gewissen Perfektion gereift ist, dann wird sie immer weiter getrieben und ausprobiert, bis sie überladen wirkt und die Menschen sie nicht mehr sehen können, sodass darauf wieder ein neues Ideal erwächst, das dominant wird, bis es durch vielfache Ausschmückung vollkommen ausgereizt ist. Dieses Prinzip gilt im Grunde überall, sei es bei der Mode, bei Autos oder bei Handys. Es gibt eine neue Idee, und wenn diese dann so weit ausgebaut und übertrieben gestylt wurde, dass sie kein Mensch mehr sehen kann, schreiten die Hersteller zu etwas Neuem fort. Dabei hat die weitergeführte Idee genauso ihre Berechtigung wie die Anfangsidee. Ich denke da zum Beispiel an die Musik. Wir können die Kompositionen von Bach schätzen wie die von Donizetti. Der eine steht am Anfang, der andere am Ende seiner Epoche. Auch Autos sind ein gutes Beispiel. Oftmals werden sie im Laufe ihres Modelllebens so überladen, dass das ursprüngliche Gestaltungsprinzip und die klare Formensprache kaputtgehen. Solche Fehler der Markengestaltung sind meist erst erkennbar, wenn sie sich am Markt niederschlagen und die Absatzzahlen zurückgehen. Dann muss ein Unternehmen schnellstens zurücksteuern.

Als begeisterter Fahrradfahrer bin ich beileibe kein Autonarr. Aber ich bin der Überzeugung, dass sich eine gute Form prinzipiell sehr lange am Markt halten kann. Porsche ist dafür ein gutes Beispiel. Zwar bin ich noch nie einen gefahren, aber in meinen Augen stellt er eine sehr schöne Form dar. Vom ersten Modell bis heute haben wir zwischendurch viele Variationen sehen können. Die ursprüngliche, unverkennbare Idee war immer vorhanden, die Handschrift blieb gleich. Zwischendurch haben wir Zugeständnisse an den Zeitgeschmack in Form von Ergänzungen erlebt, die uns heute nicht nötig erscheinen, und wir haben auch Bekenntnisse zu klaren Linien, zurück zur ursprünglichen Idee, gesehen. Auch hier gilt: Weniger ist oft mehr. Ähnliche Prozesse lassen sich bei anderen Automarken erkennen, sei es bei Mercedes, BMW oder Audi. Das Zurück zur Schlichtheit und Eleganz der Ursprungsidee ist in gewissen Konjunkturzyklen immer wieder ein großer Marketingtrend.

Der Sinn für Schönheit und seine Auswirkungen auf die Kreativität

Für ein gutes Arbeitsklima im Unternehmen ist es von großer Bedeutung, dass die Umgebung schön ist, dass die Mitarbeiterinnen und Mitarbeiter sich in ihren Büros und in den Sitzungsräumen wohlfühlen. Bei uns kann sich jeder bei der Büroausstattung selbst die gewünschten Bilder aussuchen. Ich halte das für eine wichtige Voraussetzung auch für den Erfolg des Unternehmens: Erst wenn der Einzelne sich in seiner Umgebung wohlfühlt, kann er auch seine Fähigkeiten und Talente entfalten. Und blickt man auf die Zeit, die man ein Leben lang bei der Arbeit verbringt, dann wäre es fatal, wenn es dort alles andere als einladend und freundlich wäre. Auch ich selbst finde es ungemein wichtig, dass die Umgebung im Unternehmen schön gestaltet ist und die Mitarbeiter die Arbeits- wie die Pausenzeiten in einer schönen Atmosphäre verbringen können. Die Mitarbeiter wollen stolz sein auf ihre Firma und sich auf ihre Arbeitsstätte freuen können. Sie identifizieren sich leichter, wenn sie in einem Unternehmen arbeiten, das ihnen auch rein äußerlich gefällt. Wenn die Firmengebäude grau und schmutzig erschienen, wäre die Begeisterung sicherlich gedämpfter. Auch eine Schule, die heruntergekommen und dreckig aussieht, wird es schwer haben, Kinder zu erziehen und sie dazu zu bringen, gegenüber ihrer Umwelt Rücksicht zu nehmen. In einer gepflegten Umgebung sind Kinder von sich aus etwas gebremster.

Um solche Dinge kümmere ich mich bei uns im Unternehmen persönlich. Nur gelegentlich, bei Neubauten oder grundlegenden Renovierungen, lassen wir uns auch von außen beraten, sind aber sehr kritisch und lassen uns nichts aufschwatzen.

Und eine weitere Sache erlebe ich als ungemein wichtig: Zur Stärkung einer innovativen Atmosphäre braucht ein Unternehmer vor allem Mitarbeiterinnen und Mitarbeiter, die selbst einen Sinn für Schönheit haben. In unserer Firma achten wir bei der Schulung junger Menschen darauf, dass sie auch für eine weitergehende Bildung sensibilisiert werden. Mit unseren Auszubildenden gehen wir jährlich einmal in die Oper und erklären ihnen, was da passiert. Und wir machen ein festliches Essen mit ihnen, einfach um zu zeigen, wie so etwas abläuft – in der Hoffnung, es möge sie anregen.

Dahinter steckt die Erfahrung, dass ein kulturell gebildeter Mensch in den meisten Situationen anders reagiert als ein ungebildeter. Ein gebildeter Mensch hat Freude an vielen Dingen, die ein ungebildeter gar nicht mitbekommt. Das können Feinheiten sein, Kleinigkeiten, die dem Gebildeten zur Freude gereichen, eine Klangfolge, die bestimmte Empfindungen auslöst, ein revolutionäres Formmuster, das er wiedererkennt, ein Gespür für Farben und Gestaltungen. Der Volksmund sagt: „Man sieht nur, was man kennt." Und ich möchte das noch weiter führen: Wir können nur umsetzen und weiterentwickeln, was wir kennen. Durch die Bildung, die von der Ausbildung im engeren Sinne zu unterscheiden ist, wird der Mensch in die Lage versetzt, zu unterscheiden, was schön und was nicht schön ist.

Ein Mensch mit ausgebildetem ästhetischem Urteilsvermögen vermag Dinge zu unterscheiden, bei denen er früher gar keinen Unterschied gesehen hätte. Ein Gespür für Feinheiten, für Zwischentöne stellt sich ein, und damit auch Möglichkeiten und Freiräume, zu assoziieren und Lösungen zu finden.

Auch hier macht es ein Beispiel aus der Kunst deutlich: Wenn ich über geschichtliche Ereignisse informiert bin und mit diesem Wissen Kunstwerke aus der entsprechenden Zeit ansehe, dann vermag ich dabei auch an vieles andere zu denken, was damals passiert ist, und kann es wieder abrufen. Das ist wie ein Film, den ich erneut sehe. Oder nehmen wir die Musik. Derjenige, der sich ein bisschen mehr mit ihr beschäftigt hat, wird ein Musikstück durch wiederholtes Hören immer tiefer erfassen und wird sicher mehr Freude daran erleben können. Ein anderer hat vielleicht eine gewisse Anfangsfreude, doch dann ist es bald vorbei. Wer sich zu wenig mit den Dingen beschäftigt, kann mit seinem vorschnellen Urteil arg danebenliegen. Vor allem aber verschließt sich ihm eine Möglichkeit, Freude zu schöpfen und inneren Reichtum. Um ihm diese zu eröffnen, müssen wir ihn bilden und darauf hinweisen, wie die Dinge gemacht sind.

Wenn Sie heute junge Leute in ein Sinfoniekonzert schicken, von dem sie keine Vorkenntnisse haben, werden die allermeisten auf die Uhr schauen, wann es endlich wieder vorbei ist. Und wenn Sie die jungen Leute in ein Museum schicken, werden sie einfach so durchgehen und schauen, ob sie irgendwo etwas wirklich Auffallendes finden. Haben Sie die jungen Leute vorher aber einmal in die Materie eingeführt und ihnen grundlegende Dinge erklärt, dann gehen sie auch alleine wieder dahin, dann finden sie dort alte Bekannte und können eine Wiedersehensfreude empfinden.

Ob es sich tatsächlich im Unternehmenserfolg niederschlägt, wenn die Mitarbeiter entsprechend gebildet sind, ist natürlich nicht messbar. Es ist ein Wunschdenken von mir. Auf jeden Fall fördert es den inneren Reichtum. Mir liegt es sehr am Herzen, jungen Menschen, die aufgrund ihrer Herkunft und Ausbildung nie mit gewissen Dingen der Kultur in Berührung gekommen sind, zu zeigen: Da gibt es noch mehr. Und dann mag einer darunter sein, der es schön findet und dem sich eine neue Welt eröffnet. Das wäre schon ein großer Erfolg.

Sehr gut erinnere ich mich daran, dass ich selbst als junger Mensch den Dingen der Kunst gegenüber – mit Ausnahme der Malerei – überhaupt nicht aufgeschlossen war. Ich wollte weder ins Konzert noch in die Oper noch ins Theater, das hat mich nicht berührt. Ein Hauptgrund war sicherlich, dass ich es schlicht nicht kannte und dass mich die Natur draußen damals mehr anzog. Mir stand der Sinn einfach nach anderem. Meine Beziehungen zu Handwerkern, zur praktischen Arbeit und zum Sport waren viel stärker als die zu den Denkern, den geistig Arbeitenden. Für mich war nur das Arbeit, dessen Ergebnis ich sehen konnte. Ein Skispringer hat mich weit mehr beeindruckt als ein Musiker.

Mich musste meine ältere Schwester motivieren. Erst dadurch, dass sie mich zu vielen Ereignissen einfach mitgenommen hat, habe ich die Künste kennen und schlussendlich auch lieben gelernt – und nicht zuletzt darüber viele spannende Bekanntschaften geschlossen. Wenn wir die Menschen nicht hinführen zu den Dingen der Bildung, werden die allermeisten nie etwas von der Vielfalt und dem kulturellen Reichtum der Welt mitbekommen. Darum bin ich auch so ein starker Befürworter des Prinzips der humanistischen Bildung an den höheren Schulen. Würden wir uns in der Pädagogik davon ganz abwenden und an unseren Schulen nur mehr zweckdienliche Fächer unterrichten, brächten wir unsere Jugend um vieles. Wenn jedes Fach, jeder Lerninhalt immer nur allein damit gerechtfertigt würde, dass er eine unmittelbare Anwendbarkeit hat, dann wäre das ein allzu verkürzt gedachtes Modell von Schule. Über die humanistische Bildung werden den jungen Menschen auf einfache Weise Zusammenhänge klargemacht, die sie später ausbauen können. Durch die intensive Beschäftigung mit alten Sprachen und der Geisteshaltung, die hinter zentralen Texten der Antike steckt, wird ihnen etwas vermittelt, das sie irgendwann einmal wieder hervorholen und zu neuen, welthaltigen Verknüpfungen nutzen können. In England ist es nicht umsonst Sitte, dass angehende Banker eben nicht, was naheliegend wäre, nur Betriebswirtschaftslehre studieren, sondern allgemeinbildende Fächer dazu wählen. Das zweckdienliche Denken lernen wir alle früh genug. Für einen Reichtum an Ideen bedarf es weit mehr.

Unser Denken und Handeln wird von vier verschiedenen Faktoren beeinflusst. Da ist zunächst unsere Wahrnehmung, auf die eine Vielzahl verbreiteter Redensarten Bezug nimmt. Wir behalten etwa eine Sache im Auge, manchmal drücken wir auch ein Auge zu. Je länger wir vor einer Sache die Augen verschließen, desto eher fällt es uns irgendwann wie Schuppen von den Augen. Und gewiss wird sich niemand auf etwas verlassen, das er nur vom Hörensagen kennt. Dann schon lieber auf seinen guten Riecher. Zumindest sollte ich merken, wenn eine Sache zum Himmel stinkt.

Dass es so unendlich viele Redensarten rund ums Sehen, Hören, Fühlen, Riechen und Schmecken gibt, zeigt aber nicht nur, wie wichtig für uns das Zeugnis unserer Sinne ist. Die obigen Beispiele zeigen auch, dass wir eigentlich Ahnungen und Gefühle meinen, wenn wir von Auge, Ohr, Nase oder Haut sprechen. Sehen oder hören wir doch im Grunde mit dem Gehirn, das sämtliche eingehenden „Daten" verarbeitet, ohne dass es uns zunächst überhaupt bewusst würde. Im Gegenteil: Was unsere Sinnesorgane empfangen, überschreitet so gut wie nie unsere psychischen Wahrnehmungsschwellen. Denn unser sogenanntes sensorisches Gedächtnis vergisst extrem schnell. Was ich bewusst „höre" oder „sehe", ist im Grunde schon ein gedankliches Konstrukt, das mein Gehirn aus einem winzigen Teilbereich der eingegangenen Reize zusammengesetzt hat. Ein Konstrukt, das zudem rasch auf den Prüfstand meiner Wahrnehmungsgewohnheiten, Erfahrungen, Denkweisen oder Vorurteile kommt. Was wiederum dazu führt, dass Menschen ungewohnte Eindrücke nicht selten auch für trügerisch oder unwichtig halten – und beiseite schieben.

Wir wären wohl reine Gewohnheitstiere, hätte unsere sinnliche Erfahrung nicht zwei alternative Routen zur Auswahl, um den geraden Weg vom Wahrnehmen zum Meinen manchmal umgehen zu können: eine extreme Abkürzung und einen mühseligen, aber lohnenden Umweg. Die Abkürzung, das ist die Emotion, das, was wir auch als „Bauchgefühl" bezeichnen. Der Umweg, das ist das gründliche Nachdenken.

Verstand und Gefühl werden hirnphysiologisch an verschiedenen Stellen verarbeitet. Schließlich hätten wir als Gattung kaum überlebt, wenn unsere frühen Vorfahren in jeder kritischen Situation erst gründlich überlegt oder ausdiskutiert hätten, ob Gefahr droht oder nicht. Ein Großteil unserer Emotionen wird über das limbische System gesteuert, dessen Zentren zu den evolutionär ältesten Teilen unseres Großhirns gehören. Unser rationales Denken, dem seinerseits eine höchst komplexe „Zusammenarbeit" von Gedächtnis und logisch-abstrakter Symbolverarbeitung zugrunde liegt, sowie unsere sensorischen und motorischen Fähigkeiten hängen dagegen an verschiedenen „jüngeren" Teilen der Großhirnrinde.

Zwei Strukturen des limbischen Systems – der *Amygdala* als „Frühwarnsystem" und dem *Nucleus Accumbens* als „Belohnungsorgan" unseres Gehirns – kommt eine besondere Bedeutung zu. Sie steuern unsere stärksten Emotionen. Und weil das limbische System sehr kurze Drähte zum vegetativen Nervensystem hat, reagieren bei starken Gefühlen wie Freude und Trauer, Überraschung, Zu- und Abneigung oder Angst vor allem jene Organe sehr heftig, die wir traditionell zum Sitz unserer Gefühle erklären: der „Bauch" und das Herz.

Was wir Intuition nennen, ist daher im Grunde nichts anderes, als unser weitgehend ungebrochenes Vertrauen in deren Regungen. Schließlich sind wir über Jahrmillionen ganz gut damit gefahren. Und auch wenn uns Zivilisationsbürgern nur noch selten echte Gefahren drohen – unsere Welt wird nicht gerade übersichtlicher, unser Wissen und unsere Zeit bleiben begrenzt, die Zukunft ist unsicher. Jede Entscheidung auf Basis aller verfügbaren Informationen und Argumente rational abgewogen zu treffen, würde uns völlig überfordern. Weshalb es durchaus sinnvoll ist, wenn wir zumindest am Anfang auf unser Bauchgefühl hören, wenn wir neue Ideen und Vorhaben angehen wollen. Vor allem, wenn gleich die Alarmglocken läuten, sollten Sie sich die Sache mehr als gründlich überlegen. Wenn dagegen bei einem Geistesblitz sofort ihre Glückshormone überfließen: Vertrauen Sie diesem guten Gefühl – ziehen Sie aber auch in Betracht, dass Liebe blind machen kann.

Das ist nun einmal das Doppelgesicht unserer Intuitionen und Emotionen: Zu großen Teilen orientieren wir unser Handeln an ihnen, nicht an den strengen und aufwendigen Forderungen unseres Verstandes. Und sehr oft funktioniert das erstaunlich gut. Doch manchmal wird der Wunsch auch zum Vater zu vieler oder allzu kühner Gedanken. Dann lassen intuitive Verhaltensregeln und durchaus bewährte „Vorurteile" uns in Denk- und Entscheidungsfallen tappen.

In solchen Zweifelsfällen hilft, neben kühlem Verstand, meines Erachtens am besten die individuelle Erfahrung, der vierte Faktor, der unser Denken und Handeln beeinflusst. Für mich verbindet die Erfahrung den Verstand mit dem Gefühl, haben doch beide Anteil an ihr. Denn Erfahrung bildet sich erstens aus angesammeltem Wissen, also etwas sehr rationalem; zweitens aus erlernten Fähigkeiten, teils automatisierten, teils sogar rein motorischen Handlungsroutinen; und drittens aus einem schwer zu beschreibenden „Radar", das uns mehr oder minder bewusst anzeigt, ob wir früher in vergleichbaren Situationen erfolgreich oder weniger klug gehandelt haben.

Was immer Sie anfangen wollen, die Grundregel meines „Hipp-Prinzips" lautet: Bleiben Sie stets offen für neue, auch für zunächst vielleicht irritierende Eindrücke und Meinungen. Vertrauen Sie Ihrer Intuition. Verlassen Sie sich vor allem auf Ihre Erfahrung. Und wenn es um die Wurst geht: Denken Sie so gründlich wie möglich und so lange wie nötig nach.

Die übrigen sieben Regeln in Kurzform:

* Machen Sie sich klar, wo Sie stehen: im Verhältnis zu Ihren Wünschen, Träumen und Lebenszielen; im Verhältnis zu an-

deren Menschen; und im Verhältnis zu den Normen, Sitten und Traditionen Ihrer Umwelt.

- Nehmen Sie sich die Zeit, die Sie brauchen, um eine Sache für Ihr Gefühl gründlich genug zu erwägen; und lassen Sie sich diese Zeit keinesfalls von anderen stehlen.

- Entscheiden und handeln Sie mit Bedacht, aber entscheiden und handeln Sie dann auch mutig. Und hegen Sie keine übertriebene Furcht vor einem – leider immer möglichen – Scheitern ihrer Pläne.

- Beziehen Sie klar Stellung. Stehen Sie zu Ihren Ideen und Vorhaben. Aber stehen Sie dann auch zu Ihrer Verantwortung für deren Folgen.

- Nutzen Sie Ihre Freiheit klug und maßvoll. Bedenken Sie, dass Ihre Freiheit endet, wo die der anderen beeinträchtigt wird. Behalten Sie neben den Chancen die Risiken im Blick. Schätzen Sie Ihre Kräfte möglichst realistisch ein. Und lernen Sie Ihre Grenzen kennen.

- Bleiben Sie in all Ihrem Tun optimistisch und lassen Sie sich durch nichts entmutigen.

- Nichtsdestotrotz wird immer ein Quantum Unsicherheit bleiben, und hier hilft letztendlich immer nur eines: Gottvertrauen!